马克思诞辰200周年纪念文库
The 200th Anniversary Books for Karl Marx

马克思主义哲学大众化的当代视域及践行路径

朱荣英 | 著

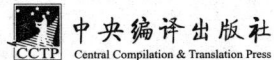
中央编译出版社
Central Compilation & Translation Press

图书在版编目（CIP）数据

马克思主义哲学大众化的当代视域及践行路径／朱荣英著．
—北京：中央编译出版社，2019.4
ISBN 978-7-5117-3657-4

Ⅰ．①马…
Ⅱ．①朱…
Ⅲ．①马克思主义哲学—发展—研究—中国
Ⅳ．①B27

中国版本图书馆 CIP 数据核字（2018）第 284965 号

马克思主义哲学大众化的当代视域及践行路径

出 版 人	葛海彦
责任编辑	李易明
责任印制	刘　慧
出版发行	中央编译出版社
地　　址	北京西城区车公庄大街乙5号鸿儒大厦B座（100044）
电　　话	（010）52612345（总编室）　　（010）52612339（编辑室）
	（010）52612316（发行部）　　（010）52612346（馆配部）
传　　真	（010）66515838
经　　销	全国新华书店
印　　刷	三河市华东印刷有限公司
开　　本	710毫米×1000毫米　1/16
字　　数	221千字
印　　张	16.5
版　　次	2019年4月第1版
印　　次	2019年4月第1次印刷
定　　价	85.00元
网　　址	www.cctphome.com　　邮　箱：cctp@cctphome.com
新浪微博	@中央编译出版社　　微　信：中央编译出版社（ID: cctphome）
淘宝店铺	中央编译出版社直销店(http://shop108367160.taobao.com)（010）55626985

本社常年法律顾问：北京市吴栾赵阎律师事务所律师　　闫军　梁勤
凡有印装质量问题，本社负责调换，电话：（010）55626985

目录

引论 马克思主义哲学大众化何以可能 ············ 1

一、从"学术形态"走向"大众形态" ············ 1

二、从"文本形态"走向"实践形态" ············ 3

三、从"外在形态"走向"内在形态" ············ 7

上篇 马克思主义哲学大众化的现代视域 ············ 17

第一章 "哲学是时代精神的精华"

——马克思主义哲学本真精神的生活化表述 ············ 19

一、哲学是射入人民心田的一道思想闪电 ············ 19

二、哲学与时代的互动旨在思入生活 ············ 21

三、哲学创新需要艰辛探索与语义提升 ············ 23

四、哲学变革需要理性凝练与品质养成 ············ 25

第二章 人类对某种崇高理想的自觉追求

——实现马克思主义哲学大众化的中外视野 ············ 28

一、哲学不能被小化、细化和窄化 ············ 28

二、哲学人并不是出离生活的"槛外人" …………………… 30

三、哲学人也不是仅能进行纯思的"单面人" …………………… 32

第三章　中华民族思想自我的"活的灵魂"
　　——马克思主义哲学大众化的民族文化底蕴 …………………… 35

一、马克思主义哲学大众化的文化产能 …………………… 35

二、当代马克思主义哲学大众化研究的七种模式 …………………… 37

三、中华民族思想自我的当代精神营造 …………………… 39

第四章　"被把握在思想中的文化律动"
　　——马克思主义哲学大众化研究的中国方向 …………………… 44

一、各种"解马"模式及其理性缺失 …………………… 44

二、是真的"化不成"抑或是"假晶现象"？ …………………… 47

三、如何"回到""走近"或"走进"马克思？ …………………… 49

四、马克思主义哲学被如何"汉学化"？ …………………… 50

第五章　"中源说""西源说"及其"多元化生"
　　——马克思主义哲学大众化的功能定位 …………………… 53

一、过量引介试图为自己"吹一个西方式的牛" …………………… 53

二、"中源说""西源说"的"二王并立" …………………… 56

三、时下面临的种种质疑及其破解理路 …………………… 60

第六章　"人是什么"与"我是谁"
　　——马克思主义哲学大众化的形象塑造与生活回应 …………………… 63

一、哲学智慧常常是"无用之用" …………………… 63

二、哲学并不能"拘于虚"和"束于教" …………………… 66

三、哲学对于人的存在可谓性命攸关 …………………… 72

第七章 "个性吐槽"与"百姓言谈"
　　——马克思主义哲学大众化的公共空间与话语快感 ……… 75
　　一、"个性吐槽"与"百姓言谈" ……………………………… 75
　　二、"哲学就是哲学史吗?" …………………………………… 78
　　三、人民最美好、最珍贵的思想意愿 ………………………… 81
　　四、哲学的"间性存在"与公共表达 ………………………… 85
　　五、"教西方哲学说汉语"与"教中国哲学说洋话" ……… 90

第八章 理性至上主义及其"迷头认影"
　　——马克思主义哲学大众化的科际整合与民营方略 ……… 94
　　一、后形而上学早已日暮穷途、风光不再 …………………… 94
　　二、理性、非理性与反理性及其发展趋向 …………………… 96
　　三、后现代语义及其意义的崩塌 ……………………………… 98

第九章 "能被大众理解和言谈的存在"
　　——马克思主义哲学大众化的诗意接受与意义穿越 …… 103
　　一、诗意接受与意义穿越旨在重新发现人自身 …………… 103
　　二、哲学的诗意想象旨在探究人的神圣性维度 …………… 106
　　三、以诗去思旨在实现人学解蔽并复归真我 ……………… 108
　　四、借诗象表征生活神意、以喻象通达玄妙境界 ………… 110

第十章 "积极的断裂"和"批判的接续"
　　——马克思主义哲学大众化的后现代转身 ……………… 113
　　一、后现代"本源性遗忘的完成" ………………………… 113
　　二、现代与后现代的视域融通 ……………………………… 116
　　三、后现代之后的哲学及其动势 …………………………… 120

下篇　马克思主义哲学大众化的践行路径……… 125

第十一章　消解"科学主义"的科技异化
——当代马克思主义哲学大众化的科技通道……… 127
一、现代科学观的要点及其反科学立场……… 127
二、后现代科学观及其消解一切的努力……… 131
三、马克思主义科学观及其大众化路线……… 136

第十二章　西方哲学的"生活世界理论"
——实现马克思主义哲学大众化的生存际遇……… 140
一、生活世界的异化呼唤开展人学革命……… 140
二、存在论哲学及其"生活世界理论"……… 142
三、西方"生活世界理论"的另类表达……… 145
四、社会批判理论的"生活世界理论"……… 148

第十三章　"曲解的交往、合理的交往"
——当代马克思主义哲学大众化的诠释理路……… 153
一、我国哲学解释学的三种理解观……… 153
二、理解和解释的联系与区别……… 155
三、合理理解需具备什么样的条件……… 159
四、合理理解是人的一种存在方式……… 161

第十四章　"人就是人的世界"
——践行马克思主义哲学大众化的人学策略……… 164
一、后学视域下人学研究的基本主张……… 164
二、在何种意义上"哲学应当是人学"……… 167
三、西方哲学的人学转向及其意涵……… 169
四、后现代哲学对人的"无由性"追问……… 171

第十五章　"信仰争夺"与"思想引领"
  ——对马克思主义哲学大众化的青年接纳问题……………… 174
  一、加强马克思主义对青年群体的思想融入……………… 174
  二、争夺青年群体的信仰阵地……………………………… 178
  三、以创新精神加强对青年群体的思想引领……………… 180
  四、青年人应树立崇高理想、坚定理论自信……………… 183

第十六章　"学方法"而非"背教条"
  ——科学的马克思主义学习观及其大众化问题……………… 186
  一、树立科学马克思主义学习观的重要意义……………… 186
  二、我党历史上特别重视加强学风建设…………………… 191
  三、坚持马克思主义学习观搞好党风建设………………… 193

第十七章　返本开新下的理论与现实结合
  ——推进马克思主义哲学大众化的创新路径………………… 198
  一、推进马克思主义哲学理论创新的意义………………… 198
  二、不断推进马克思主义实践创新的基本要求…………… 202
  三、返本开新是创新马克思主义的活力源泉……………… 204

第十八章　儒学复兴与"中体马用"
  ——实现马克思主义哲学大众化的儒学路线………………… 208
  一、传统儒学复兴的当代困境……………………………… 208
  二、传统儒学再度复兴如何可能…………………………… 211
  三、儒学复兴与马克思主义哲学大众化…………………… 214

第十九章　向普遍处生长、对准生活开放
  ——马克思主义哲学大众化的未来取向……………………… 217
  一、向普遍处生长为之劈开了新视域……………………… 217
  二、对准生活开放使之焕发生机与活力…………………… 220

三、推进社会和谐是实现马克思主义哲学大众化的政治
　　出口 ………………………………………………………… 222

第二十章　哲学是"共产党人的信仰"
　　——马克思主义哲学大众化的信仰力量 ……………………… 226
　一、哲学要能够内化于心、外践于行 ………………………… 226
　二、哲学能让人过一种有信仰的生活 ………………………… 229
　三、哲学能"引人上路"、超凡脱俗 …………………………… 236
　四、人民有信仰，民族有希望，国家有力量 ………………… 243

参考文献 …………………………………………………………… 248

后　记 ……………………………………………………………… 251

引论　马克思主义哲学大众化何以可能

推动当代马克思主义哲学大众化的过程就是我们不断积累实践经验并在实践中检验、丰富、发展适用于中国特色社会主义的理论的建构过程，当然也是不断为马克思主义哲学理论注入鲜活的时代内容并促使它在深度中国化中实现不断增值、升华和跃迁的过程。以社会主义核心价值体系引领当代马克思主义哲学的本真精神融入人的社会化过程，在社会生活实践中汲取经验和能量并反过来推动马克思主义哲学大众化，唯此才能在改革开放和民族复兴的伟大实践中实现双向互动、实践整合，为确保中国特色社会主义事业不断发展提供强大的智力支撑。

一、从"学术形态"走向"大众形态"

马克思主义哲学大众化是从实践主体和现实功能的角度，对其当代价值取向和未来发展动势做出基本定位和理性选择的，它突出强调的是马克思主义哲学理论要面向群众、面向生活、面向未来，理论研究要贴近实际、"思入时代"、服务生活，换言之，就是以通俗易懂的大众语言和人们喜闻乐见的方式，宣传普及马克思主义哲学的基本思想和方法，使之成为人们普遍掌握、灵活运用的基本生活原则，使之转化为人民群众的思想观念和价值取向，并内化为他们自觉的思维方式和行动指南。实现理论的普及化、通俗化和民族化构成了当代马克思主义哲学大众化的基本要素，这既是马克思主义哲学理论内在本性的根本需要，也是提高大众思维水平、提升国民素质的基本需要；既是系统建构、拓展中国特色社会主义理论体系的根本需要，也是推进科学发展、促进社会和谐、构筑社会主义核心价值体系的现实需要。从学理上说，能否及在何种程度上实现马克思主义哲学大众化的问题，的确是当代事业发展赋予全党、全社会的一项重大任务。当代中国化的马克思主义哲学具有"政治形态""学术形态"和"大众形态"，这三种形态并非毫不相关、互相割裂的，而是内在统一、不可分割的。但是，无论是把当代中国马克思主义哲学作为意识形态领域之指导思想的政治形态，还是把它作为学术研究对象的学术形态，在实践上最终都只有落脚到使之被大众所掌握的大众形态，才具有现实意义。显而易见的是，如果它只是作为意识形态停留在报告文献或时政话语中并因之而变成准政治性的东西，或者只是作为专家学者的专利停留在高楼书院、书斋讲坛并因之而成为纯净如水般的学问，而没有真正弯下腰来、蹲下身去，从而贴近时代和生活，融入民间并被大众所掌握，那就疏离了马克思主义哲学根本的大众本性和人民立场。我们立意构建的中国马克思主义哲学的大众形态，从总体和根本意义上来讲，正是基于马克思主义哲学的大众本性和人民立场而做出的慎重选择。正如马克思所说，理论在一个国家的实现程度，总是决定于理论满足这个国家的需要程度，而测度这种满足程度的最好尺度，就是这种理论的大众化程度，它只有掌握足够多的群众，才能使之落到实处、发挥应有的作用、显现强大的理性能量。同样显而易见的是，只有使马克思主义哲学在中国具体化，使之在其每一表现中带着必须有的中国的特性，才能在中国生根、开花和结果。换言之，只有把马克思主义哲学基本原理与中国实际相结合，使马克思主义哲学真正融入中华文化和大众精神系统之中，把马克思主义哲学转化为我们自己的东西，使马克思主义哲学变成人民大众所能接受的理论，才能真正谈得上马克思主义哲学的大众化。可见，马克思主义哲学大众化内在地要求把马克思主义哲学基本原理与中国实际相结合，不断推进马克思主义哲学中国化，使马克思主义哲学真正扎根于中国社会、中国实践、中国文化的土壤之中。这样的马克思主义哲学才能够渗入大众的血脉，因而具有旺盛的生命力。

二、从"文本形态"走向"实践形态"

关于推进马克思主义哲学大众化的理论依据问题，应该从三方面来谈：

第一，推进马克思主义哲学大众化是应对当今世界新变化的严峻挑战的客观需求。当今世界是开放的世界，科技发展日新月异，综合国力竞争日趋激烈，世界各种力量的组合以及资源和利益的分配方式正在发生深刻变化。世界经济的信息化、市场化、自由化浪潮汹涌不可阻挡。第三次科技革命涌现出的新技术及其在社会经济生活中的广泛应用，以微电子技术为基础的信息革命及国际互联网的形成把整个世界经济紧密联系起来，各国间的相互依存达到空前程度。在此基础上世界市场迅速扩大，世界经济进入以市场经济为导向的经济市场化阶段。经济市场化促使国际资本流动数量和频度迅速增长，商品和资本的自由流动加快。经济发展的驱动对当代社会主义经济的发展必然产生重大影响。在参与经济全球化的过程中，必然会受到发达资本主义国家操纵制定的一系列国际条约、规则、协定的限制与约束。全球产业由发达国家向发展中国家转移，发达国家依然牢牢控制着科技创新高地，发展中国家皆在面临来自工业化国家与其他国家的激烈竞争，并在竞争中努力与发达国家缩小差距，发展中经济体对发达经济体的依存度将不断提高，经济独立性下降，从而经济发展风险加大。

西方经济在经济实力、科技水平、国际地位及影响力等方面的强势地位，使社会主义国家处于劣势和被动处境。中国作为最大的社会主义发展中国家，由于经济发展水平还不够高，在世界市场上相对处于劣势，不可避免会在自身的经济发展中受到威胁。经济领域中竞争与发展，必将带来政治与思想的意识形态领域的挑战。在当今国际形势和国际政治斗争的复杂环境中，中西文化接触和交流的日益频繁，文化思想传播的自由，使各种思潮相互交错、相互激荡。来自世界上各种"主义"的政治观点、精神思想极力占有并充斥每个角落，各种组织都极力吸收他们的信徒，这些都必然会对我国的意识形态领域、对我们的广大人民群众的思想认识产生影响。西方国家一直不遗余力地对社会主义国家发动各种攻势，其中很重要的就是进行意识形态渗透。西方敌对势力加紧以各种手段和方式对我国实行"西化""分化"的政治战略，企图颠覆中国共产党的领导和我们的社会主义制度。西方国家在资本输出的同时附带兜售西方的所谓"民主"政治模式、私有化的发展道路和个人主义、自由主义等价值观念。他们大肆鼓吹"文明冲突论"，也大搞文化"宣战"，把文化冲突与意识形态冲突截然分开，处心积虑地利用各种手段掩饰意识形态领域的渗透。西方国家的"和平演变"战略企图使我们放弃马克思主义信仰，放弃我们的价值观念和道德理想。我们与国际敌对势力在渗透与反渗透、颠覆与反颠覆上的斗争将是长期而复杂的。因而，只有实现马克思主义哲学大众化，才能引导我们深刻认识人类历史的发展规律、资本主义的运作规律和社会主义的发展规律，把握世界形势变化的本质及未来走势，不被各种思潮的旋涡和逆流所迷惑，不断增强辨别抵制西方思潮侵蚀的能力，提高政治敏锐性和洞察力。同时，只有实现马克思主义哲学大众化，才能更好地为全国人民提供共同奋斗的理想信念和理论基础，在全社会形成强大的凝聚力和向心力。

第二，推进马克思主义哲学大众化是中国特色社会主义事业发展的现实需要。在马克思主义哲学在指导中国共产党和中国人民伟大实践的过程中,已深深扎根于中国大地,对大众的精神生活和社会实践发挥了重要的指导作用,成为我们立党立国的根本指导思想和全国各族人民共同的思想基础。其实,马克思主义哲学从来就不是书斋里的学问,而是作为人民群众实践经验的科学总结直面现实,关照未来。马克思主义哲学只有被广大人民群众所理解和掌握,才能转化为强大的物质力量,在实践中发挥应有的作用。只有在科学理论的指导下,我们的社会主义事业才能健康发展。当代中国马克思主义哲学大众化是改革开放不断深入发展的要求。我国传统的经济体制已经发生了深刻的变革,社会结构发生了变动,新的利益群体出现,利益格局出现了调整,人民相应的生活方式也发生了深刻的变化,广大人民群众的世界观、价值观和人生观问题成为我们需要迫切关注和解决的问题。坚持以马克思主义哲学为意识形态主导,推动当代中国马克思主义哲学大众化,提高马克思主义哲学的修养,加强全民素质建设,培养合格公民,在人民群众内部树立远大理想信念是重大的社会化基础工程。实现马克思主义哲学大众化也是构建中国特色社会主义和谐社会的必要条件。毛泽东同志有句名言:马克思主义哲学的一个基本原则,就是让人们认识自己的利益,并且团结起来为之奋斗。当代中国马克思主义哲学就是让人民群众为了实现全面建成社会主义现代化强国和实现中华民族伟大复兴中国梦而团结起来共同奋斗的科学理论。中国特色社会主义是为中国最广大人民群众创造美好生活的伟大事业。以中国特色社会主义理论体系为指导,实现马克思主义哲学的大众化,使其进而转化为人民群众的自觉追求,有利于增强社会主义意识形态的吸引力和凝聚力。否则,广大人民就会因为没有正确的理论指引而迷失方向、失去目标,就会在举什么旗、走什么路、坚持什么道路等原则问题上被错误的思想所俘虏。实现马克思主义哲学大众化、不断发展马克思主义哲学也是党的建设的根本要求。中国共产党一成立,就把马克思主义哲学作为自己的指导思想。今天，提高党的执政能力，保持和发展党的先进性，弘扬党的优良作风，更需要以马克思主义哲学理论成果武装全党，以不断增强党员的思想文化水平，推动思想建设、组织建设、作风建设、制度建设的相互促进、共同发展。

第三，推进马克思主义哲学大众化是坚持并不断发展马克思主义哲学的本质要求。马克思主义哲学本身就是不断发展的哲学，它只有指向历史现实，根植于社会生活之中，反映和表现时代特征并从时代的实践生活中获得勃勃生机与活力，才能与时俱进、与世偕行。实践不停顿，理论创新就不能停顿。实践每前进一步，理论武装就必须及时跟进一步。中国特色社会主义伟大实践需要用不断发展着的马克思主义哲学理论来指导，只有不断推进它的大众化，才能完成这一重任。马克思主义哲学的真理性和时代价值通过与中国的国情相结合、与时代发展的脚步同进步、与人民群众的共命运体现出来。改革开放以来，中国共产党始终坚持把马克思主义哲学基本原理同推进马克思主义哲学中国化结合起来，把马克思主义哲学关于未来社会的基本观点与社会主义发展的现实结合起来，把马克思主义哲学关于发展的基本理论与世界及我国发展的实际结合起来。马克思主义哲学中国化要求马克思主义哲学大众化，马克思主义哲学中国化是马克思主义哲学大众化的前提，马克思主义哲学大众化是马克思主义哲学中国化的目的。没有马克思主义哲学大众化，马克思主义哲学中国化便会失去使之丰富发展的根基，因而当代马克思主义哲学大众化是促进马克思主义哲学进一步中国化的必然。所以，马克思主义哲学要在中国大地上不断发展，展现真理的光芒必须将马克思主义哲学中国化、大众化。当代中国马克思主义哲学大众化是马克思主义哲学理论获得丰富和发展的实践依据。马克思主义哲学中国化不仅是马克思主义哲学基本原理同中国具体实际和时代特征的结合，而且也是同不断推进的马克思主义哲学大众化进程及其成果的结合。当代马克思主义哲学大众化是当代马克思主义哲学理论由抽象到具体、由深奥到通俗、由少数人理解掌握到广大群众理解掌握的过程。马克思主义哲学大众化和马克思主义哲学中国化之间是有区别的，既不能把中国化等同于大众化，也不能用大众化取代中国化。马克思主义哲学大众化实际上就是马克思主义哲学被大众认知、接受、尊重和力行的过程，是确立人的思想信念问题。马克思主义哲学作为当代中国的意识形态主导，要对不断发展的社会实践发挥巨大的指导作用，就必须从文本形态走向大众形态。

三、从"外在形态"走向"内在形态"

关于推进马克思主义哲学大众化的路径问题，学界已谈得很多且比较深入。以往的研究大都强调了要把深刻的道理寓于人民群众的日常生活之中，避免理论说教的假大空、高大全，要使理论宣传具有亲切感，增强理论的吸引力、感染力、说服力等。本书试图从社会学的角度，把马克思主义哲学的大众化与人的社会化结合起来，强调要以社会主义核心价值体系去引领马克思主义哲学的大众化。质言之，在当代中国如何坚持和发展马克思主义哲学，如何实现马克思主义哲学的大众化的问题，既有在理论内部怎样扩大马克思主义哲学的理性张力、包容能量，不断增强其意义弹性和思维空间的问题，也有在理论外部如何加强环境建设，疏通马克思主义哲学理论普及化、通俗化的思想通道的问题。

将马克思主义哲学大众化与人的社会化有机统一起来，在建设中国特色社会主义实践中一道得以完成。作为无产阶级思想体系的马克思主义哲学是无产阶级认识世界和改造世界的思想武器，为人类社会的发展做出了巨大贡献。随着时代的发展，新问题和新情况的出现使马克思主义哲学理论体系不断丰富和更新。在我国，马克思主义哲学基本理论与中国文化、历史、社会实践相结合，经过不断地丰富与更新，创造性地形成了中国特色社会主义理论体系。在当代中国马克思主义哲学大众化的过程中，中国特色社会主义理论体系是我国实现人的社会化过程中的重要内容。马克思主义哲学大众化的推动过程与人的社会化过程并不是毫不相干的，而是紧密关联不可分割的，它的紧密不可分割表现在社会与个人的关系上。马克思主义哲学科学地论证了个人与社会的关系，认为个人与社会是相互影响、相互作用的。从某种程度上来说，当代中国马克思主义哲学大众化问题事实上是社会与个人的关系问题。个人对社会的感知来自社会生活，一个人在一个时代或者一个国家中生活必定要参与到实践社会中，否则他不能成为一个健全的人，也就是说他只会仅仅具有人的自然属性而不具备社会属性。人的社会化过程就是将一个自然属性的人变为健全的使其适应社会发展和自身发展需要的社会人的过程。当代马克思主义哲学大众化就是在尊重人民主体地位的基础上，立足于最广大人民的根本利益，通过宣传教育营造一个良好的社会氛围和外部条件，把一代又一代的青年、党员教育好，才能充分保障人民的各项权益，才能充分发挥人民的主动性和创造精神，才能保证社会沿着健康的道路发展，才能保证我们国家战略目标的实现，才能为个人创造一个美好的社会环境，才能保证个人能够更充分、自由地发展。可见，推进马克思主义哲学大众化必须使当代中国马克思主义哲学精神与人的社会化的良性发展相结合。因此，当代中国马克思主义哲学与人的社会化相结合的目的就是推动当代中国马克思主义哲学大众化的进程，解决人的理想信念问题，为个人和社会发展创造条件。社会的繁荣与发展，人的因素是至关重要的，社会是由个人组成的，社会的发展进步有赖于人的主观能动性的发挥，人既是社会的主体也是社会的客体。个人总要处在特定的历史条件与社会关系中。马克思讲，人的本质并不是单个人所固有的抽象物，在其现实性上，它是一切社会关系的总和。人一生下来就处于一定的社会文化环境中，人只有通过学习掌握社会文化，掌握社会生活的基本技能和各种规范，同社会融为一体才能成为社会的一名合格的成员。只有这样，人才能成为社会的主体，成为社会的创造者，才能为社会、国家的发展繁荣做出贡献。因此，马克思主义哲学大众化是思想政治教育的一个组成部分，同时也是人的社会化的一部分。从个人角度来看，当代中国马克思主义哲学是人民群众实践经验的科学总结，是人们认识世界、改造世界的强大武器，大众化有利于人民掌握这一武器，将其转化为物质与精神力量，使个人得以适应社会、更好地参与社会生活，在良好的社会环境中健康发展、独立生存，充分发挥自己的创造性。这表明，当代中国马克思主义哲学与科学社会主义的基本原则相一致，与中国的具体国情相结合，与时代的发展同进步，与人民群众的命运紧密相连。在今天，全社会倡导和谐的精神理念，引导人们用和谐的思维方法和方式认识事物、处理问题，以开阔的胸怀和积极的心境看待一切，注重培养个人理性平和、健康向上的社会心态，提倡包容和协作的精神和高尚的社会风尚，其精神更加注重人文关怀，帮助人们在潜移默化中达到自我完善。从社会的角度来看，将当代中国马克思主义哲学纳入人的社会化过程中，有利于我们社会的和谐运行和中国特色社会主义事业的不断延续和发展。中国特色社会主义的事业是亿万人民群众的事业，党提出的各项任务都是依靠全体人民群众的艰苦奋斗实现的。在这个过程中创造的中华民族的文化凝聚了整个中华民族对世界和自身历史的认知和感受，塑造着我们最深层的精神追求和行为准则，是凝聚中华民族的精神纽带。当代中国马克思主义哲学大众化就是要将这些宝贵的精神财富通过人的社会化过程一代又一代地传递下去。

必须以社会主义核心价值体系引领马克思主义哲学的大众化。社会主义核心价值体系是人的社会化的重要精神条件，是我们在构建社会主义和谐社会、构建社会主义精神文化家园的形势下，人社会化的重要内容，是我们培养符合时代发展的社会成员进而为我国现代化建设服务必须具备的首要条件。社会主义核心价值观是在中国特色社会主义建设的历史条件下，在中国特色社会主义建设的实践活动中，由我党和我国历代领导人根据社会发展客观规律、发展趋势，根据我国的文化传统和现实状况等提出的，其代表了现阶段社会发展的需要和人民群众的需要，体现了社会主义社会的发展趋势、理想导向、价值目标和追求，是社会主义国家中处理人与人之间价值关系的社会意识核心理念。人的社会化也是在一定的历史条件下，在个人所处的特定而具体的社会实践活动中进行的。离开了社会，个人的发展是不可想象的。社会为人的社会化提供条件和基础。人的社会化是受该社会条件制约的，任何社会对成员都有一定的要求，能否满足这些要求是成为该社会合格成员的必然前提。社会化的条件也是在不断发展变化的，随着社会的发展进步，给人的社会化准备了充分的条件。在我国，社会主义制度的建立、改革开放政策的实施、和谐社会的构建等，都为人的社会化提供了有利条件。在这个时期，我们树立的社会主义核心价值观即是符合我国社会的发展和需要的社会意识形态的核心理念，这一核心理念符合现时代我们培养合格的社会成员的发展和需要，是人的社会化的重要精神条件。社会主义核心价值观作为社会主义的价值导向，决定着人们的价值取向和行为标准，是我们的社会成员在社会化过程中必须习得的社会化内容的重要组成部分。社会主义核心价值观为个人社会化提供了精神条件与基础，为个人成长为社会的合格成员提供了认知的标准和行为规范的依据。人的社会化过程是人在有意识或无意识之中对社会规范进行认知和选择，成为社会学习者和参与者的过程，在这个过程中个人在一定的社会条件的限定下参与社会实践，参与社会生产与再生产活动，接受社会经验，并在内化与外化的过程中被改造，形成个人的价值、定向和目标，并以此为指导推动个人与社会的发展。个人在自身社会化的过程中，也同时在一定程度上反作用于社会条件,通过自身的塑造与更新来丰富社会的物质基础和精神基础。社会主义核心价值观就是适应当代中国社会发展的精神基础,它的产生和丰富发展是建立在我国人民集体实践活动基础之上,吸收了我国的民族传统与民族精神,凝聚了党和人民的智慧,符合时代的要求。它作为实践精神的核心与导向,作为认知标准和社会规范内化于人的社会化过程中必定会促进个人的发展,外化于社会实践活动必将进一步丰富和发展社会的精神条件,推动社会的发展。因此,社会主义核心价值观应和人的社会化联系起来,考察其对当代中国马克思主义哲学大众化的关系。以实践为基础,寓社会主义核心价值观于社会化之中,社会化的内容渗透着核心价值观的内容。人开始诞生到这个世界时,仅作为一个无知的客体存在,当其要成长为一个社会的成员,就必须通过学习社会规范,掌握使之成为社会成员的知识、观念与技能,具备在社会生存的资格。一个人要成为合格的社会成员所要习得的社会的知识、规范和技能是在人类长期的实践活动中产生的,这些社会知识、规范和技能随着社会的发展和社会实践的深入不断丰富和发展,是人类社会精神文明的一部分。而价值观的形成也是在人类社会长期的实践过程中形成的,以一种实践精神的形式存在。社会主义核心价值观是中国特有的社会化内容之一,承担着价值导向的作用。社会主义核心价值观作为中国人民的实践、行为标准直接引导、规范、调整人们的思维活动,进而影响社会主义建设的实践活动。因此,社会主义核心价值观以实践为基础,寓于社会化之中,社会化的内容渗透着核心价值观的内容,从而实现双向互动,协同发展。

必须将先进性的教育与广泛性的宣传结合起来以推动马克思主义哲学的大众化。在马克思主义哲学理论研究及其宣传教育活动中,为了进一步推动马克思主义哲学的大众化,首先必须强化马克思主义哲学的先进性教育并通过明显而直观的强势方式对大众进行教育,有意识地向大众传递某种有明显定向性和目的性的现代信息,有意识地将有关党和国家事业发展的一些先进性信息和知识,渗透到具体的人物、事件及相关活动的宣教过程中。历史上看,这种宣教方式在马克思主义哲学为大多数人所了解和接受过程中曾经发挥了不可或缺的作用。现实生活中,我们接受马克思主义哲学先进性教育大多通过学校和社会机构等组织系统以政治宣教的方式获得,但如果要实现当代马克思主义哲学大众化仅仅依靠这种方式是不够的,因为,有系统地通过教育来接受马克思主义哲学的人毕竟是少数,且组织教育会由于教育形式的单一性和非主体性使接受者产生排斥、逆反心理,从而妨碍当代中国马克思主义哲学大众化的进行。为了使大众通过对马克思主义哲学基本原理的日常感觉和认知而获取一些经验性知识,加强广泛性的内醒式学习和体认就非常重要,随着日常生活中所接触的各种政治活动都将对大众产生无形的先进性影响。因此,要实现马克思主义哲学大众化需要利用广泛性的文化教育和生活感受方法,让马克思主义哲学在无意识中为人们所接受。可见先进性教育方式与广泛性教育方式相结合,是实现当代中国马克思主义哲学大众化的有效途径之一。

必须将理论理性与实践理性相结合以推进马克思主义哲学大众化。扩大当代中国马克思主义哲学的影响力、凝聚力和引领力,推动当代中国马克思主义哲学大众化,除了使用不同的引导途径和教育方式外,还必须注意将理论理性与实践理性相结合,即将马克思主义哲学学理化和通俗化相结合来实现。精研马克思主义哲学的理论理性,意味着把马克思主义哲学学术研究理论化,用规范严格、科学准确的书面语言表述马克思主义哲学的基本观点,目的是提高当代马克思主义哲学理论的学术性水平,以当代马克思主义哲学科学理论来整合思想,引导实践。而加大马克思主义哲学实践理性的研究,旨在将马克思主义哲学理论成果通俗化、大众化,以符合中华民族传统习惯的常用生活语言文字及表达方式表述深奥的学理，面向大众尽可能地将马克思主义哲学这一精神信仰普及化，给人们以切实而深刻的启示与指导，并将其应用于社会实践生活。让理论从抽象走向具体，从深奥走向通俗。马克思主义哲学理论研究要发挥对社会实践的指导作用，需要在强调马克思主义哲学学理化的同时，将马克思主义哲学理论通俗化。自从马克思主义哲学传入中国后，中国化的马克思主义哲学者身体力行地将理论与实践相结合，用中华民族的语言表述了马克思主义哲学的一般原理和方法，为马克思主义哲学通俗化做出了典范。欲使当代马克思主义哲学被大众认知、接受、尊重和力行，使当代马克思主义哲学大众化，就必须使当代中国马克思主义哲学理论通俗化，变理论理性为实践理性。当然，这不能成为削弱马克思主义哲学理论性和学术性的借口，恰恰相反，而要夯实它的理论基础，最终用广大人民喜闻乐见的方法去影响社会、影响大众生活，用顺应时代、通俗易懂的理论，来教育大众、启迪大众、唤醒大众，将当代中国马克思主义哲学融入人民群众的日常生活，推动当代中国马克思主义哲学大众化，把当代中国马克思主义哲学变成人民群众认识社会、变革社会、追求美好生活的思想武器。

　　疏导大众情绪，赢得大众认同，从而推动当代中国马克思主义哲学的大众化。综上所述，推动马克思主义哲学大众化，离不开实现当代中国马克思主义哲学的效用化，这就要求改变以往那种仅仅停留于纯学术的学院派研究方式，提倡面向和走近大众现实生活的马克思主义哲学的现实派研究方式。只有让大众真正享受改革开放的成果，并在现实生活中感受马克思主义哲学的魅力，才能有力地推动当代中国马克思主义哲学大众化。然而，当代中国马克思主义哲学要进一步发挥其理论实效，就必须使其基本价值反映大众世俗生活。因为，马克思主义哲学不是对"彼岸世界"的一种论证，而是对"此岸世界"的现实关注。其中，关注大众物质利益的实现，就是这种现实关注的重要内容。这就要求当代中国马克思主义哲学理论工作者要关注大众感性的世俗生活，关心大众的物质利益诉求。当前，随着我国改革开放的不断深化，利益主体结构、利益表达方式、利益分配差距等都发生了很大变化。如何满足大众的合理利益诉求，是当代中国马克思主义哲学面临的突出问题。当代中国马克思主义哲学的基本价值也只有切实走近大众世俗生活世界，关注大众切身物质利益问题，才能疏导大众情绪，赢得大众认同，从而推动当代中国马克思主义哲学的大众化，增强其感染力。另外，当代中国马克思主义哲学大众化必须走入大众的精神或心灵世界，把握大众的"心"情，解决大众精神世界的心灵问题，由教条化或说教式的马克思主义哲学成为具有包容性、为大众立言、与大众进行心灵对话的马克思主义哲学。这些，都要求当代中国马克思主义哲学必须关注社会变革对大众精神世界的影响，关注大众的精神世界，读好大众的心灵之书，为解决大众的精神世界问题提供可亲可信的理论和方法。也只有契合大众的心灵世界，了解大众"心"情，与人民大众进行平等的心灵对话，使马克思主义哲学入心入脑，才能真正推动当代中国马克思主义哲学大众化。要推进马克思主义哲学大众化，还要求表述方式符合大众思维，解决当代中国马克思主义哲学传播方式和大众理解能力的问题。从马克思主义哲学传播的角度看，推动马克思主义哲学大众化，离不开当代中国马克思主义哲学表述方式的通俗化。一种"主义"要从外在形态走向内在形态而实现"大众化"，必须具有通俗性，要善于将理论语言转换为符合大众思维的大众语言。通过摆事实、讲道理，借用日常语言和历史典故，使理论由深奥到通俗，符合大众思维、为大众所掌握。因此，理论要尽可能地做到通俗易懂，空洞抽象的调头必须少唱，而代之以新鲜活泼的、为中国老百姓所喜闻乐见的中国作风和中国气派。大众化离不开通俗化，但通俗化绝不是庸俗化。要做到浅出，就必须深入。所谓深入，就是要抓住理论的根本，正如马克思所说：理论只要彻底，就能说服人。所谓彻底，就是抓住事物的根本。这就必须深入掌握理论精髓。所谓浅出，就是不仅要符合大众思维，善于运用"三贴近"的大众化语言，用发展着的马克思主义哲学，令人信服地回答大众关心的热点和难点问题，用感性的生活世界事例来阐释抽象的理论形态，以推动当代中国马克思主义哲学的大众化，增强其吸引力。

上篇 01
马克思主义哲学大众化的现代视域

上篇从现代视域讲述了时代主题的转换与实践程度的深化、科技创新的发展与知识信息的爆炸,引发了多元思潮的撞击与文化语义的泛滥,时代内容分化整合的日益加剧使得作为"被把握在思想中的时代"的哲学,必然在关注重大现实问题、迎接各种质疑与挑战中增添新的内涵、注入新的活力、提升新的语义、产生多重意蕴。当代马克思主义哲学必须与世偕行、与时俱进,拓宽视野、革故鼎新,运用科学的世界观与方法论体现时代性、把握规律性、富于创造性,才能不断在实现大众化过程中确立理性自信与方法自觉,积聚精神能量、顺应时代要求并走在时代前列。

第一章 "哲学是时代精神的精华"

——马克思主义哲学本真精神的生活化表述

哲学是活在思想中的时代,像黑格尔说的那样,哲学是思想所集中表现的时代内容。哲学的时代性律动,决定于其时代追求的方向性,很难想象一种泯灭了的时代驱动性和无方向性的时代追求,能够营造出具有什么样生命力的哲学类型。真正的哲学应当做到:在其宁静的思维涟漪下奔涌着时代的激流,在其哲理沉思中激荡着时代的风云,在紧扣时代主旋律中奏响前进的凯歌,在力求与时代精神保持同步发展中彪炳千秋,在实现对民族精神凝聚统一中推陈出新,在刻意与当代革新实践的视域整合中勇于进取。

一、哲学是射入人民心田的一道思想闪电

近年来,特别有感于哲学研究中出现了一些尴尬状况,产生了把学术性看作是要向纯粹的学院化看齐的态度,一味片面强调思想淡出、学术凸显,认为哲学只能是哲学而不能成为其他,只有做纯净如水的纯粹性研究而不能有任何非分之想,只能从事"醉醺醺的思辨"或者编织一些"虚构的精神花朵",而不能弯下腰去、蹲下身来以哲学方式实现生活还原和终极关怀。现在看来,若疏离时代所需,根本无法使哲学的智慧充分沾满社会生活的各个空间,而只能停留于高楼深院或书斋讲

坛，满足一小撮人的平庸志趣，无法使之以变化了的姿态重新复活在当代思想集体中，而只能在圈内自说自话或者秘密传递，很少受到社会普遍关注和时代认同，这样就会逐渐失去对现实生活的解释力、再造力和穿透力。若哲学研究失去了真切笃实的问题意识，若哲学人热衷于谈论饾饤枝节、隔靴搔痒的问题，那么它原有的那种探讨问题的独特把握方式和解决问题的独特能力，就会逐渐消解或者隐退，使之既没有多少实践性又没有多少思想性，失去了本真精神并蒙上了物化时代嘈杂喧哗的浮躁阴影，只能在日暮而途穷的哀叹声中被时代所抛弃、被人民所唾弃。哲学若"迷头认影"、丢掉真我、意义低迷、沦为他者，存活在一种虚无缥缈的虚假意识中，固守着只在特种语言中才真正存在的那种虚幻的幸福期许，这样它将随着时代的物化而丧失原有的崇高形象和历史使命，使之本真精神、职业操守、社会良心皆被嘈杂喧哗的时尚话语所遮蔽，使之固有精义、神圣使命、道德责任、担当意识急速走向消解，作为精神家园守望者的职业操守和人文情愫也随之处于晦暗之中或者处于湮没不彰的状态。一切果如是，膨胀的物欲就会吞噬哲学人的学术良知，花样翻新的快餐文化就会使之在低俗中徜徉，无病呻吟的语言游戏就会冲淡其引领文化、关怀终极的使命；若自保尚乏力、意义被放逐，如何彰显理论价值和捍卫学术品位，实现理论自觉、强化理论志气，更遑论把握时代脉搏、解释重大现实问题，靠自身的理论魅力与逻辑力量赢得认同，从而巩固自己在意识形态领域的指导地位了。事实上，哲学的本质集中于它所反映并升华了的时代精神上，如果说反思性、批判性等只是哲学的一般属性，那么时代性、人民性则是哲学的本质特性，哲学对时代的理性诉求就是由其本质特性所引发的一种内在冲动和原有张力。真正的哲学向来不是世界之外的无端遐想，不是悬浮在空中的思想领域，而首先是通过智慧的大脑和时代内容相联系，然后才用双脚站在地上并且把它应用于现时代的革新洪流中。的的确确，哲学来源于时代，也必须立足于时代，但是哲学对时代的关注绝不是空洞的和想象的，准确理解哲学的时代意识和大众立场，不能离开特定的实践内容和策略选择，若离开了生动的实践生活和民生取向，哲学的时代意识只能变成抽象概念，其结果就会像恩格斯所说的那样，使之变成不过是可以用来在缺乏思想和实证知识的时候及时搪塞一下的词汇语录罢了。真正的哲学总是程度不等、形式不同地反映和揭示着时代的各种矛盾，关注和回答着时代提出的各种问题，并随着时代变革的进步而不断改变自身的形态，任何创新性的哲学都必须着眼于时代的变化、把握创新的时代需求并自觉地以哲学的方式回答时代的挑战，当代哲学人应积极主动地适应变迁着的时代，及时调整自己的研究格调和表达方式，使哲学研究能够尽早找到自己存在的价值和前进的方向。哲学只有以时代前进为坐标，才能准确把握自己研究的理论方向，在积极回应时代性问题对理论的挑战中永葆青春活力。

二、哲学与时代的互动旨在思入生活

哲学与时代变革休戚相关，它具有强烈的时代意识。马克思讲，任何真正的哲学都是自己"时代精神的精华"和"文明的活的灵魂"，是自己的时代、自己的人民的最高的理性产物。哲学是时代理性的升华和时代变革的批判武器，它以其特有的方式荟萃时代精神的文化底蕴，反映时代的本质特征和核心内容，从而为人们进一步认识世界和改造世界提供一般的世界观和方法论，以推动社会实践、科学知识不断深化以及社会历史、人类文明迈向新的纪元。任何哲学都可以从产生它的特定时代中找到赖以存在的理性根据与现实基础，历史条件不同、文化环境不同、时代条件不同，人们认识和改造的客观对象以及对之认识和改造的深度和广度、所期望实现的结果都不尽相同，一个时代，人的认识和实践在广度和深度上的差异形成了诸多的文化特点和精神风貌，构成了不同时代相互区别的特殊本质。哲学作为被把握在思想中的时代，它就必须始终站在具体的时代环境中去思考和认识自己时代的特殊本质,从总体上教导人们善于支配、驾驭和处理自己与时代的各种关系,并用哲学的把握方式将人们处理和驾驭这种关系所必须具备的智慧集中到自身上来,通过概括、凝练、蒸馏与升华使之具有特殊的理性内涵和逻辑图式,再通过范畴的变换、思维的净化使之获得某种层次上的跃迁,成为抽象性、普适性最强的理论体系。可见,哲学不仅从内部就其内容,而且从外部就其表现来说,它都必须和自己时代的现实基础、文化环境紧密接触并相互作用,一定时代的哲学究竟以什么样的内容和方式去调整人们的思维、去紧密接触现实并与之发生互动作用,从而引导人们接近客观真理、把握时代走势,主要的并不取决于哲学家们如何的凭空构想或者意义构造,而必须从时代的本质需求和社会运动的主导趋势中去解释:这个时代的哲学是否及如何(以什么方式、在什么程度上)挺立时代潮头、稳居核心地位并发挥统摄一切的内聚力作用。哲学向来是不断发展、开拓创新的科学,它严格以现实需求为依据、以时代呼声为依托、以广大人民为依靠,具有强烈的实践性、时代性与人民性,哲学以人类实践的历史经验以及各门具体科学成果为反刍的对象,同时又以科学的世界观和方法论指导人类实践和科学研究,不遗余力地引领社会进步与时代变迁。反过来,随着时代主题的转换、实践程度的深化、科技创新的发展、知识信息的进步,作为时代精神之精华的哲学,必然在关注重大现实问题、迎接各种质疑与挑战中增添新的内涵、注入新的活力,以新的理论观点、体系建构、表现方式满足着时代的变迁和实践的需要,唯此才能保持旺盛的生命力、感知力、凝聚力与再造力,发挥其认识世界、改造世界的作用与使命。为此,一方面必须坚持解放思想、实事求是的基本精神,紧密联系当代实际,紧扣时代主题,既要反映当代中国发展的实践,又要反映当今世界人类社会进步发展的潮流;既要与中国传统文化对话,又要与世界哲学交流,使当代中国哲学具有鲜明的时代性、现实性、民族性和世界性;另一方面,必须打造强烈的问题意识，实现理论研究与问题研究的实践整合。须知，若没有特定的问题意识，就不可能有理论上的聚焦；而没有理论上的聚焦，就不可能形成对哲学问题的特别关注；进一步讲，若没有新的哲学问题的不断追问，哲学研究只能像陀螺一样，不停地在原地打转，不断地重复原有的老话，在象牙塔中迈着悠闲的步调，嘟囔着谁也听不懂的废话，唯恐革新的时代烈火烧着自己的手指头，这怎么能够实现理论创新，不断地思入生活本源、引领时代前进呢？哲学研究自己与时代互动关系的真实意图，在于使时代状况在观念里能够切近地同我们照面。因为时代状况及其问题的真相并非现成地给予我们的东西，旧哲学非但不能使这种真相绽露，相反却使之遮蔽起来。真正的哲学能够在实践基础上实现深刻变革，使哲学不仅在观念领域而且在事实领域真正能够切中时代，并深入到时代的本质中去。故而，哲学不能只是限于叙述经典作家的思想发展，同时要以问题的方式提出新的研究领域、激活传统哲学资源；不能只是靠组合一些权威引文以显示自己理论研究的不同凡响，而特别需要将文本语录与哲学问题置于当代境域中加以新的考察，以生发出新的理论价值和意义空间。唯此，才能摆脱传统研究理路那种暮气沉沉的窘境，不再使哲学成为一种僵化的、颓废的、堕落的文字堆砌，而是成为富有生机、活力无限的思想能源。

三、哲学创新需要艰辛探索与语义提升

事实上，理论是问题的答案，哲学是时代的号角。每个时代总有属于自己时代的问题，问题就是公开的、无畏的、左右一切个人的时代声音，问题就是时代的口号，是它表现自己精神状态的最实际的呼声。由此可见，任何时代的哲学都是在回答特定时代问题中获得思想创新的，哲学是时代精神的集中概括、民族精神自觉繁衍的理性结晶，其理论创新的重要根源、动力与标准，就在于深刻体现了某种时代性、反映了自

己时代的精神诉求。因此，从根本上说，哲学研究既需要大胆创新的探索精神，也需要严肃认真的求实态度，但是更需要的是体现时代性的执着反思。衡量一种哲学是否与时俱进、开拓创新的根本标准，不是看它堆砌了多少新语言元素，而是看它的内容中是否包含着经得起实践检验地对时代性问题的求解方案；同理，检验一种哲学理论意义大小的尺度，不是看它能否背过身去、嘟囔几句陈腐的气话，而是看它能否紧紧抓住和回答时代性问题并不断开辟自己理论创新的方向和道路。哲学并不是神秘的海市蜃楼，也不是梦幻中的香格里拉，它自始至终代表的是一种群众性的根本立场、向着未来实践的积极筹划和革新时代所不可或缺的一种策略考虑，唯有张扬一种科学的批判精神并及时地对时代变革的主题发言，才能使其时代价值得以整体性的自我融贯，从而竖起自觉回应时代需要的实践向度，变纯粹的理性问题为真正的时代课题，在积极参与对时代的理论塑造中思入时代、超越时代、引领时代。可见，哲学只有正确地反映时代潮流，才能科学地揭示社会发展的历史必然性，为解决各种社会弊端提供独特的哲学方案；只有批判地继承以往哲学发展的全部优秀成果，并把哲学研究推进到新的发展阶段，才能实现革命性飞跃，使之成为科学形态的世界观和方法论的理论体系；哲学只有以实践为基础并在实践中不断吸取新的养分，才能使自己不断丰富和发展，具有无限的生机与活力，从根本上适应时代发展的需要，为人们研究和解决时代所面临的各种问题提供不可或缺的理论参考；哲学只有着眼于时代的变迁，把握改革创新的时代走势并自觉地以哲学的方式回答时代的重大抉择，才能通过对自己时代精神的深刻把握来塑造和引领自己时代的科学发展。唯有符合时代进步要求的才是真正的哲学，作为对时代精神的提炼和表达，它反映时代并影响时代，在任何哲学思想内部都会打上它那个时代的烙印，哲学对时代课题的深切关注，应该是一种"理性的深呼吸"，需要活的灵魂的积极参与、客观冷静的审时度势，更需要一丝不苟的艰辛探索、高屋建瓴的理性凝练。真正的哲学创新应该具有"不唯书、不唯上、只唯实"的胆略与气魄,面对各种挑战与质疑,哲学人绝不能精神萎缩、意义放任,更不能惰化、矮化或钝化哲学的批判锋芒,强化哲学时代的敏感性和对实践的依赖性旨在以特殊把握方式集中反映时代内容及本质特征、代表和满足时代发展所提出的最新要求。黑格尔讲,哲学是时代精神"最盛开的花朵"。其时代精神不是自足地存在于任何抽象性的教条里,而是蕴含在该时代人们的各种实践活动中,特别是体现在该时代人类文明的积极成果和科学发展的精神背景中,若脱离特定时代的社会实践和科学发展状况,就会失去它的对象性基础和把握时代本质的契机;若仅仅从经典文本中找灵感,纠缠于细枝末节和野史传言,固恋于烦琐考证和文本细读,就会死在古人的句下,变成"跳蚤式"的饶舌者。唯有密切关注它与时代、与实践的互动性的关系,及时倾听来自时代的真切呼唤并时刻保持对社会变革的参与热情,才能跟进时代、与时俱进,思入生活、引领实践,成为时代前进的号角、社会变革的先导。真正的哲学是关注人的生活世界的哲学、是改变世界的哲学、是注重科学发展的哲学、是与时俱进的哲学,在它的形上诉求和观念体系的深层背后,涌动着的永远是时代变革和文明进步的动态历史原像。越接近时代内容并捕捉本质特征,就越能领悟哲学的本真精神和文化妙谛,若离开时代而一味陷于文本解读,只重视文献搜集、文献分类、文献整理、文献解读,而忽视对时代方位、时代特征、时代精神、时代问题的动态考察,就有可能远离哲学自身,变成纯粹性的特种逻辑学。

四、哲学变革需要理性凝练与品质养成

真正的哲学要反映时代并为现实服务,必须避免应用中的某些庸俗化倾向及功利性谋略,必须能够思入生活本源、引领时代发展,若过多地注重把它当做学问来研究,过少地把它作为利器来铸造,过多地重视

它的学理性和形上性，过少地关心其时代性和人民性，那它就无法面对生活的拷问和时代的挑战，无法将现实生活中人们处理自己与时代的关系中所积淀下来的最精致、最珍贵和看不见的精髓，加以概括与提炼并升华为最前卫的先进思想。哲学是培养战略眼光、训练理论思维的，是提升时代精神、从事精神生产的，是提供知行合一的方法选择与价值取向的，它具有引人上路的理性功能，具有在思想中成全人、成就人的人类学性质，其把握时代走势、注重与时代相互推动的根本志趣在于精心从事精神性领域的文化营造，并以这种无形的精神指引确保时代发展的科学推进。哲学从来不是空洞而贫乏的逻辑思维，也不是已过时了的理论观点的纠缠，哲学研究不能仅仅在观念世界里自食其果，只进行书斋里的革命，成为玩弄词句的空谈家，而必须以哲学的方式走进时代、贴近生活，为时代的科学发展提供先锋理念。哲学是时代精神的化身，而实践是哲学与时代发生互动性关系的桥梁。哲学真的要贴近时代、复归自我，靠的不是突发奇想或者机械比附，靠的是及时捕捉来自时代发展所催生的重要的问题意识、实践意识。相反，若在研究中一味以形式替代内容、以迎合替代独行、以造势替代务实、以敷衍替代担当，这种哲学语义的虚假营造就会使之陷入一种无深度的扁平世界中遭遇各种诘难与挑战，形成一种自我解构甚至彻底颠覆的悖论性格局。哲学只要在自我发展中变成自由的批判精神，它在与尘世的现实发生关系时，就会变成强大的实践力量，就会从哲学旧框架中解放出来，以崭新的精神姿态重新复活在主流意识形态中。对此应牢记马克思的谆谆教诲：少发些不着边际的空论，少唱些高调，少来些自我欣赏，多说些明确的意见，多注意一些具体的事实，多提供一些实际的知识，正确的理论必须结合具体情况并根据现存条件加以阐明和发挥。今天，时代和实践的重大变化也要求我们开展哲学与时代关系的研究，致力于建构符合时代发展最新要求的当代新形态。恩格斯说过，每一个时代的理论思维，包括我们时代的理论思维，都是一种历史的产物，它在不同的时代具有完全不同的形式，同时具有完全不同的内容。而且，随着自然科学和社会实践领域中每一个划时代的发现，哲学作为自己时代精神的光辉凝聚、文明灵魂的广泛播撒，必然也要改变自己的形式。我们今天所处的时代发生了前人难以想象的剧烈和深刻的变动：科技取得了一系列突破性的划时代发展，已经在很大程度上改变了人们的世界图景，经济、知识、信息等各方面的全球化成为一种不可阻挡的潮流，生态、人口、能源、粮食危机等一系列全球性问题威胁着人类的生存和发展，资本主义出现严重危机而社会主义在曲折中前进，如此等等，不一而足，这些新变化催生了许多新问题、新情况，迫使我们对之予以深度关注、认真反思、积极应对、规范引导，否则就会被排斥在主流思想之外，成为一道多余的手续和一剂无疗效的药，从而被无情地抛弃在思想的阴沟里。而当代后工业社会的洗礼、初露端倪的知识经济和后现代主义、新自由主义、历史保守主义思潮的强烈撞击，也要求当代哲学善于将理论之根深植于自己时代的问题谱系或时空结构中，适时而深刻地反思时代变迁、正确体认时代本质、及时解答时代问题、尽力拓展时代视野、总体把握时代方向，从而充分地适应自己时代向前、向上发展的智力需求。

总之，真正的哲学是民族精神盛开的花朵、时代理性的深呼吸、时代精神之精华、文明的活的灵魂，在其宁静的思维涟漪下奔涌着的是时代的激流、在其哲理沉思中激荡着的是时代的风云，在紧扣社会主旋律中奏响了时代前进的凯歌，在与时代同步发展中执意追求彪炳千秋。在当今时代，和平、发展、合作已成为时代潮流，经济全球化趋势深入发展，科技进步日新月异，各种思想文化相互激荡，这就要求当代哲学人，但凡前行、实应奋力；但凡倒流，俱该猛醒。研百氏而创新论，截众流而开新途；为往圣继绝学，为万世开太平。为此，必须与世偕行、与时俱进，拓宽视野、革故鼎新，运用科学的世界观与方法论揭示时代发展的基本规律，使哲学实现思想自觉，积聚新的能量，顺应时代要求，走在时代前列。

第二章 人类对某种崇高理想的自觉追求
——实现马克思主义哲学大众化的中外视野

我们不能过多重视马克思主义哲学大众化文化底蕴问题的内在研究，片面强调中国视域和文化图景的重要性，而忽视了对它的世界文化图景和文本视域的全面考察。偏离世界文化视野而孤立地研究问题的旧习性，就会使马克思主义哲学大众化问题"大大简单化了"：要么只选择和运用它的一部分内容（如"二唯体系"）并将之大众化（这种以偏概全的"化"根本不能等同于整体意义上的大众化）；要么则将马克思主义哲学大众化理解成"化中国"，完全撇开了它的世界文化图景尤其是中哲、西哲、马哲会通的根本路径。

一、哲学不能被小化、细化和窄化

以往我们常常把马克思主义哲学大众化的过程，仅仅看作是一个单纯的马克思主义哲学如何输入的过程，即如何从海外舶来并得以传播、普及和发展的过程。我们还常常仅在中国革命和建设这一具体实践层面，去考察马克思主义哲学大众化的政治诉求，而使得马克思主义哲学的形上诉求处于湮没不彰的状态。更重要的还在于，我们往往仅停留在中国文化系统内部甚至是中国古代哲学系统内部来诠释马克思主义哲学大众化的文化基础，而不能把马克思主义哲学大众化置于宽泛的世界文化系统和世界哲学总体范围内，在一个无限开放的古今中西相互贯通的大系统、大循环中揭示其发展的时代性、民族性、实践性和规律性。

一般地，从不同的角度可以对同一个问题做出不同的回答，而一种新的研究视角的确立也必然带来原有研究方式、主要内容和问题领域的更新。这一点同样适用于马克思主义哲学大众化文化底蕴问题的研究。关于这一问题的研究，向来有两种不同的路径：一种路径强调从中国社会主义革命进程、社会主义现代化的实际过程和中国思想史的发展历程出发去考察马克思主义哲学大众化的文化图景问题，其研究模式、思维路径、问题领域，总是围绕马克思主义哲学与中国现实之间的内相关关系而展开的，它所得到的结果无非是为什么偏偏是马克思主义哲学的大众化以及马克思主义哲学如何化在了中国，或者说中国的具体问题如何被马克思主义哲学所"化"，它彰显的只是大众化的马克思主义哲学的各种具体形态，实现的是马克思主义哲学与中国文化及其哲学核心之间的民族认同和实践认同以及"马克思主义哲学在中国"的理论谱系和精神地图。而另一种路径则从世界文化整体和它的哲学核心及其发展规律上去考察马克思主义哲学大众化的文化底蕴问题，其研究模式、思维线路和核心论域却总要紧紧围绕中哲、西哲、马哲三种文化和哲学系统互渗互动而展开。这种内比性研究所得到的结果是中哲、西哲、马哲三种文化和哲学系统在实践基础上的内在融通，实现的是马克思主义哲学的世界化和当代世界的马克思主义"化"，彰显和表征的是中国马克思主义哲学发展的世界性和当代性、中国马克思主义哲学的世界认同和时代认同以及当代中国马克思主义哲学的世界视野和理论谱系。

前一种路径旨在通过马克思主义哲学"化中国"而去解决中国发展的各种现实问题，以便从实践的内在本源处构建中华民族的思想自我，后一种路径旨在通过中西马三家融合而去解决马克思主义哲学如何面向时代、实践和世界，从而进行全景式的谋划理论发展和精神塑造的跨文化合作问题。应该说，这两个方面的研究对于中国马克思主义哲学自身的发展具有同等重要的意义，可谓相得益彰，缺一不可。没有前者，中国马克思主义哲学的发展就失去了活水源头和实践依据；没有后者，中国马克思主义哲学在面向未来筹划时，就缺乏足够的理论解释力度和世界胸怀。换言之，如果把马克思主义哲学大众化同世界历史文化动态演进的有机整体割裂开来，或者脱离世界哲学系统尤其是西方哲学、西方马克思主义文化系统而对它作孤立的、绝对的理解，就会小化、细化、窄化它的原义，低估它的当代价值。相反，只有从古今中西的历史大视域出发，将马克思主义哲学大众化置于全球化的历史背景中、置于世界各种文化和哲学相互交流相互撞击的精神氛围中、置于中国马克思主义哲学发展的世界图景和中国图景这种双重构架中，才能从学理上理清马克思主义哲学大众化形成和发展的历史轨迹，真正把握它发展的内在机制和实现途径。这就是今天我们要刻意研究它的当代图景和路径问题的根本旨趣之所在。

二、哲学人并不是出离生活的"槛外人"

从理论研究的中国方向和时代立场上透析，有些学者认为，我们平素一向专注于营造我们自己的哲学体系，谈论自己的哲学话题，我们在哲学上的一切努力，并不能被世界哲学所接纳，我们的哲学制造不能对世界哲学有任何实质性的影响，对世界哲学的发展我们不能做出属于我们自己的独特贡献，作为"槛外人"，我们中国哲学还游离于世界哲学之外，世界哲学之林中没有中国人的足迹。本来，马克思主义哲学的大众化是我们建设中国特色社会主义及其理论体系的自主选择，而大众化的马克思主义哲学也理应是中国人反思和解决自己生活问题的最优文化图景。但事实上，若偏离世界文化图景，马克思主义哲学大众化与中国传统哲学现代化的双向互动过程，肯定不是只产生积极后果的理想化过程，我们必须为之付出昂贵的代价：要么在文化认同上使之沾染上封建专制思想的毒素，要么在实践认同上助长它的教条化倾向。在此情况下，我们究竟该如何选择马克思主义哲学的文化图景和发展路径？又怎样使得它的一些极具时代意义的重要观念、方式和方法进入世界通用的思想观念体系，成为普世通用的思想工具、认知框架和概念系统，从而实现马克思主义哲学在整个世界上的普遍化和世界化？

如果我们的哲学研究确能向着普遍中生长，实现中国视野和世界视野的内在融通，这对整个世界哲学事业的未来发展而言，通过积极"入世"，马克思主义哲学大众化和时化代将大大提高人类思维的整体能力；而中国当代哲学的特殊问题域和信息域一旦进入世界哲学体系之后，也将大大丰富人类共享的核心论域、重叠共识和交往互惠，这同样可以最大化人类哲学思维的反思能力和批判精神。在有的学者看来，中外哲学的视域整合与和合取向，体现了人类思维的本性。人类理性思维的本质在于它的生成性和无限开放性，"永远不可能使之完全彻底地具体化或有限化"，因为哲学本质上"体现的是人类对某种至高无上的理想境界的追求，代表着人类的'终极关怀'"。鉴于此，笔者认为，在马克思主义哲学大众化过程中必须开展一场划时代的自我革命，以宣告同以往的一切与世界图景相脱节的单一研究路径的分离，不再致力于构造纯粹的中国体系，而在于努力发现它与世界的真切联系，在于用实践为自己的生存与发展开辟更广阔的道路；它追求的也不再是纯粹的中国式表述，而是全景式的概观，它的独特之处就在于始终致力于哲学理论与当代中国和世界实践的结合，致力于哲学对时代课题的求解，正是这种对时代课题的敏感性和对世界文化实践的参与热情，才使它的中国图景和世界图景得以双向建构。也正是由于它能够以特殊把握方式集中反映时代内容及其本质特征、代表和满足全球化时代中国和世界发展所提出的新要求，它才能够存在于与时代、与实践的互动性的关系中，及时倾听来自时代的真切呼唤，从而思入时代、引领世界，成为时代前进的号角、世界文化历史变革的先导。

三、哲学人也不是仅能进行纯思的"单面人"

有人从全球化的文化语境出发来分析马克思主义哲学大众化的世界性图景，认为马克思主义哲学世界化不同于全球化的一个根本特点，就在于全球化是以民族化为基础的。全球化本质上是资本主义的世界发展，它是以单一的资本主义化为前提的，本质上是反对民族化和多元化的。而马克思主义哲学通过大众化而面向世界发展的战略则是以承认各民族的自决权为前提，强调各民族文化的合理性和发展道路的特殊性，本质上是主张民族化和多元化的。由于强调民族化和多元化，马克思主义哲学在通过大众化而走向世界化的进程中必然会出现不同哲学传统之间的冲突和交融，从而形成了马克思主义哲学大众化世界图景和中国图景错综复杂的横向联系。除此之外，马克思主义哲学还随着世界历史的变化而不断更新自身的提问方式和研究方式，呈现为不同的性质和发展阶段，这些又构成了马克思主义哲学大众化的世界图景和中国图景的纵向联系。马克思主义哲学大众化发展的横向和纵向联系，使我们能够从不同的理论视角切入马克思主义哲学大众化文化底蕴问题的研究，多角度地考察中国马克思主义哲学的当代建构问题。

马克思主义哲学大众化的纵横联系为我们确立了比较研究的理论视角，使我们能够从哲学形态的整体上把握中国马克思主义哲学的性质、特点，考察其与哲学传统的内比性。在马克思主义哲学大众化的纵横联系中，东西方哲学传统和马克思主义哲学传统的冲突与交融对中国马克思主义哲学的发展产生了最直接的影响。这三种哲学体系面对的历史课题不同，研究问题的路径亦不相同。正统马克思主义哲学面对的是政治、经济、文化落后国家如何变革生产方式、加速实现现代化的问题。为了解决这一高难度历史课题，历代的马克思主义者着重研究和发展了马克思主义哲学关于自然界和人类历史发展一般规律的学说，并使其成为辩证唯物主义和历史唯物主义哲学体系的核心问题。西方马克思主义哲学面对的是发达资本主义国家的意识形态变革问题。围绕这一历史课题，西方马克思主义者展开了马克思主义哲学的意识形态研究，建立了批判的马克思主义哲学体系。而当代中国哲学面对的是如何通过马克思主义哲学的成功改造而走向现代化的问题，围绕这一问题，中国学人早已开始了寻找两大哲学体系如何实现认同和会通的逻辑之桥。既然中哲、西哲、马哲是三种不同的哲学形态，且根源于它们各自面临的历史任务，各有其自身的合理性，那么，我们就不能简单地以一种哲学图景去否定另一种哲学图景，而是应该建立比较的研究视角，考察它们各自的特点、理论内容及其论争的实质，以揭示马克思主义哲学世界化的发展规律。

　　要同等重视马克思主义哲学大众化文化图景建构中的存量与增量。从马克思主义哲学大众化发展的纵向联系出发，为我们确立了文化底蕴问题研究的历史视域，使我们能够揭示中国马克思主义哲学无限开放的内在机制；而从马克思主义哲学发展的横向联系出发，为我们从共性与个性的结合上给马克思主义哲学以准确定位，以揭示它在世界马克思主义哲学发展中的地位和特点。横向联系旨在实现外部增量上的变化，而纵向联系意在实现内部存量上的增加。马克思主义哲学大众化在这两种不同的研究路径和视域中被描绘为两种完全不同的图景，在横向中，它被描绘为一种宏大的哲学体系发展的外部史，各种不同的哲学形态都构成了这一宏大哲学体系的逻辑环节；而在纵向中，它被描绘为同一哲学形态自我更替的内部史，在这里没有哪一种哲学能够穷尽真理，更没有哪一种哲学能够成为绝对真理。相反，哲学正是在各种具有局限性的哲学形态之间的冲突和碰撞中、在面对时代问题挑战中不断发展和更新的。于是，马克思主义哲学大众化就呈现为不断提出和追问哲学自身问题的历史。哲学问题层出不穷，把握哲学问题的方式和路径也就连绵不绝，显然这是一种面向未来的不断自我生成、自我完善、自我发展的哲学史。

一方面，如果不正视马克思主义哲学内在存量的增长，而只追求外部增量上的变化，就会割断内部史与外部史的关系，那么它就没有质的飞跃，没有研究路径和模式的转换和哲学思维方式的变革。另一方面，如果偏离世界视野而重视存量上的变化，认为马克思主义哲学只能有一种文化传统，不存在多种文化传统之间的内在通约，马克思主义哲学的守望者大多囿于固定的精神资源及其人文背景，长时段地接受呆板而苛刻的专业规训，就会养成只对少数几个极具玄学意义的哲学难题进行偏执性操作的坏习性，那么它就会病态地固恋于自己的特殊兴趣和切问方式，将自己定位并接纳于特定哲学社区的褊狭胡同中，定格为只知摆弄哲学碎片的"单面人"。一味片面追求十分狭隘且过度专业化的内在性研究，这种忘掉外在世界、刻意把哲学当成一个独立自主的学科进行构建的努力，马克思主义哲学史已再三证明并不是一种成功的方案。"纯思"，的确是它守护"思的事业"的最高成就，但同时也是一种完全的文化灾难；它的确使哲学实现了纯净如水般的保洁，但惜乎又在纯洁中走向了堕落。因为，那种完全离群索居式的哲学研究，自我铲除了由于对日常生活广泛接触而产生的深厚的文化底蕴，丧失了在混合文化中生存的多点支撑，不能对哲学之外的新颖的文化刺激和极具精神性意义的重大事变积极地予以回应，保持高度的理论敏感性和深刻洞察力。

第三章 中华民族思想自我的"活的灵魂"

——马克思主义哲学大众化的民族文化底蕴

当代学人从多元维度对马克思主义哲学所做的机械僵硬的比附和漫不经心的任意解读,曾一度遮掩了它的本真精神和当代价值,导致了它的泛意识形态化和自我边缘化并使之面临丧失独特规定性的危险。只有坚持大众化的时代立场及主导方向,将其原有的先锋理念注入中华民族精神和当代文化的精髓中,才能重新唤醒当代学人的时代良心以及对时代主题的政治敏锐性和参与热情,为重塑中华民族的"思想自我"进行积极的精神营造。

一、马克思主义哲学大众化的文化产能

只有挺立时代潮头,打通各种研究视界,积极参与当代实践并在实践活动中经过逐步大众化,才能显现马克思主义哲学大众化问题研究的当代旨趣。作为对当代中国特色社会主义实践的哲学呈现,对中华民族思想自我的理论重建,对大众化马克思主义理论成果合法性的当代确认,马克思主义哲学大众化在今天已有了全新的理论内涵和实践意义。关于这一问题的研究,当代学人普遍认为,绝不能仅仅停留于理论层面,而应将研究的精神指向对准当代的时代课题。因为,马克思主义哲学大众化研究不只是理论建构的需要,更是革新时代、推动党和国家事

业新发展的迫切需要，是建设中国特色社会主义理论体系的迫切需要，也是构造与提升社会主义核心价值体系的需要。唯有使之与中国革命、建设实践相结合、与中国优秀的思想文化传统相结合，使之在内容上和形式上均获得高层跃进，才能逐渐实现它的具体化、民族化、大众化。这些个"化"的当代旨趣在于立足中国实践和传统文化底蕴，在透析当代中国特色社会主义实践所面临的新课题时，创造性地构建出一个中国现代版的马克思主义哲学。为此，必须从古今中西的大视域出发，既重视哲学层面上的大众化，又重视政治上的大众化；既强调马克思主义与当代建设实践的具体问题相结合，又注重它与优秀的传统文化、历史经验等历史发展的实际相结合；既重视对当代实践经验的概括和总结，又注重对中国历史文化优秀遗产的继承和利用；既重视它与中国社会主义实际相结合，又注重它与世界社会主义发展的实际相结合；既重视坚持它的基本原理与推进它的大众化相结合，又重视它与国外马克思主义的理论实践相结合。

时下，在马克思主义哲学大众化问题研究中，学术同仁从多元维度对马克思主义哲学所做的机械僵硬的比附和漫不经心的任意解读，曾一度遮蔽了马克思主义的本真精神和当代价值，直接导致了它的多元取向和相对主义格局的形成，大大削弱了其作为"软实力"在"当代中国文化生产力"建设中的铸魂作用，导致了它的泛意识形态化和自我边缘化并使之面临丧失自我规定性的危险：语言上表现为丧失自我话语，西方语言成为主导的语言，大量的重复和模仿西方的语言；问题的表述也存在许多问题，我们讨论的问题是西方早已讨论过的或者陷入死胡同的问题，让我们进入了自己虚幻的问题领域；表述方式和研究范式上也产生了严重的路径依赖，总想为自己吹一个西方式的牛，实际上则是用西方哲学的镜子照出了我们自己的一脸无奈。所以我们要重构自我，发挥我们自己的特长。我们应该清醒地认识到：只有坚持马克思主义大众化的时代立场及主导方向，将其原有的先锋理念注入中华民族精神和当代文化的精髓中,才能在"构建和谐社会"这一新生活的光辉照耀下,重新唤醒当代学人的学术良知以及对时代主题的政治敏锐性和参与热情,为重塑中华民族的"思想自我"进行积极的精神营造;唯有搭建"大众化"这一共同的时代立场和发展方向,才能真正摆脱纷争无序而导致的存在性危机,完成各种研究视域正确的学术定位并向马克思主义的理性回归。

二、当代马克思主义哲学大众化研究的七种模式

当代的学者对马克思主义哲学的研究采取了多种取向和多种模式,具体可分为以下几点:一是以"书"解马。这里,"书"是指马克思和恩格斯的经典著作。以他们的经典著作来研究马克思主义哲学,认为只要我们仔细地揣摩和研读了他们的文本,就是掌握了全部马克思主义哲学,掌握了马克思的所有思想和理论,这显然是以偏概全。我们不可能从几部经典的文集中透彻地把握马克思主义哲学的整体,而只能对之进行割裂。二是以"史"解马。以"史"解马的目的最终落脚于马克思文献学或马克思学,对马克思主义哲学文本的版本源流及刊布状况进行梳理性的研究,自然是理所当然的,但是惜乎又形成了一种原教旨主义的情结,使马克思主义哲学的真义死在了古人的句下。三是以"苏"解马。以"苏"解马,是以苏联教科书和"斯大林范式"来解读马克思主义哲学。长时段地执行一边倒的亲苏路线的结果是,使我们自己越来越"左",越来越脱离中国实际。四是以"西"解马。以"西"解马,就是用西方的某一个框架(如分析哲学)来解读马克思主义哲学,使之严重打上了西方的印迹。毋庸置疑,现代西方哲学已成为世界性的强势话语(文化中心主义),它使得任何非西方的哲学只有拉上它的解读平台才能谋求发展,换言之,只有借助西方现代哲学的理性框架,才能更新本民族哲学传统,促使民族思想自我的觉醒,否则本民族哲学就

丧失了合法性根基，就会被淘汰出局。但是，我们不能因为吃了牛肉而使自己也变成牛，我们不能丢掉自己的问题域而一味跟在西方人的后面跑。五是以"后"解马。以"后"解马，就是以各种各样的后现代主义来解读马克思主义哲学。后现代主义精神元素对马克思主义哲学的强行增补，不仅没有实现对马克思主义核心价值体系的积极肯认和切当确证，反而造成了它的精神低迷和意义放纵；靠引入后学思想不仅没有实现学科意识的觉醒，反而被后现代精神迷雾俘虏并被它引入自我异化之险境。后现代主义对马克思主义在表面上的热情拥抱，其实恰恰是其消解马克思主义策略的一种巧妙运用。六是以"马"解马。以"马"解马，也包括以"恩"解马。是指运用马克思、恩格斯、列宁、斯大林、毛泽东等人的思想，运用马克思的经典著作来解读马克思主义，仅仅靠组合一些权威引文来诠释马克思主义哲学的当代意义，实际上则凸显了一种本本主义情结。七是以"中"解马。以"中"解马就是推进马克思主义哲学大众化，这是笔者历来所提倡的，是带着中国的问题和现状来解读马克思主义哲学，使之在形式抑或内容上都带上我们当代的特性。

在当代马克思主义哲学研究中，几乎所有的哲学问题都是众说纷纭，莫衷一是，越是争论就越说不清楚，不但争论不出来一个稳定的结果，而且会使问题变得越来越多、越来越繁杂。一些人认为哲学的多元化是其常态，任何一种哲学都不可能集其大成，都不可能把众多的哲学派别整齐划一。因此，哲学研究的多元取向是哲学的本性使然，是理所当然的，是当代哲学与理性发展的正常结果，是其走向成熟的基本标志，而且将成为未来哲学研究和发展的一个持久的特征；另一些人则认为哲学的多元化是由于在全球化过程中各种异质思想和文明的强烈碰撞、裂变和否定性的解读造成的；也有一些人认为当代哲学的多元取向并非由于时代的断裂或者脱节而造成，也不是由于多元思想和文明撞击的结果，更不是由于哲学问题被任意操作的缘故，而是由于现实的多元价值取向所造成的。我们应该看到，随着马克思主义哲学大众化问题的深入研究，由于种种原因，一度出现了相对性和多元化的复杂局面。这些原因主要是：当代学人大多缺乏文本基础，对"根"上的东西遗忘得太久，只习惯于断章取义或者抓住只言片语进行过度诠释，因而使统一的马克思主义哲学处于破缺状态；缺乏内在融通的学术机制和公共平台，使得诸多同仁各执己见，一意孤行，彼此不可通约，难达共识；理论支点互异，评价标准不一，把当代马克思主义哲学的真义，弄得面目全非，导致了理论与实践的"差序格局"；不少学者社会责任淡化，担当意识低迷，因而对一些重大的时代课题，仅凭自己的管窥之见，任意解读、莫衷一是，使统一的理论基础被日益摧毁；统一立场的缺席、外在的科研压力、内在的思想焦虑，导致了马克思主义哲学研究视域中的话语无序和内在危机；研究者旨趣的相互疏离，加之多元思想和文明的强烈撞击，使马克思主义哲学大众化问题的研究面临丧失统一性基础和自我边缘化的危险等。

三、中华民族思想自我的当代精神营造

一般地，采用不同的研究方式和路径就可能会产生出不同的结果，而对于马克思主义哲学的研究显然不能够长期地陷入或者滞留在一个固定的框架之中。我们可以看出上述六种模式（"以中解马"除外）虽然在历史上曾经产生过非凡的影响，但是由于长期的自设樊篱、故步自封，长期滞留于一个打不开的框架之内，固化了学科边界，致使学科僵化和教条化，这将会导致以下几种结果：一是抽象性。教条化的义理结构、假大空的宣讲模式，这与活生生的马克思主义的革命性批判精神形成了非常强烈的反差，即"经典形态"与"当代形态"的矛盾。只抽象性地解析出一些哲学理念，就会严重摧残其原始的思想价值和思维力度，使其整体性和有机性的哲学链条拆得七零八碎，只会得到空洞无力

的、平淡无奇的哲学语言。二是教条性。导致了运用充满霸权意味和具有准政治特色的原理体系来反注经典的奇特现象，导致让火热的现实生活屈就于冰冷的、僵化的逻辑，使理论和实际生活严重脱节。在精神指向上越来越远离自己的时代、人民和生活，而自己的时代、人民和生活可能对其做出应激性的排斥和远化处理，即对其敬而远之。三是无我性。导致在其头顶堆积起各种各样的非法性建筑，使之面临丢掉自己、魂不附体、丧失本性的危险，导致其话语的无序，语义的低迷，存在的合法化危机。总之，在笔者看来，无论"以马解马""以苏解马""以书解马"或是"以史解马""以后解马""以西解马"等，都只是单一的解读模式，不仅会导致它的泛意识形态化和自我边缘化，而且还会使之面临丧失独特规定性的危险。唯有坚持马克思主义大众化的时代立场与主导方向，将其原有的先锋理念注入中华民族精神和当代文化的精髓中，才能在"构建和谐社会"这一新生活的光辉照耀下，重新唤醒当代学人的学术良知以及对时代主题的政治敏锐性和参与热情，为重塑中华民族的"思想自我"进行积极的精神营造。

在当代中国，马克思主义哲学之所以能够成为永远的光荣，发挥它的指导功能，关键在于它坚守着大众化的发展方向和时代立场，它满足了为我们的现代化事业飞速发展提供智力支持这一最大的政治需要。大众化不仅是其研究的特殊的时代立场和政治出口，而且也是其发挥重大政治效应和文化功能的根本路径。在我们看来，只有捍卫马克思主义的中国方向和时代立场，才能在与时俱进中保持政治上的清醒和坚定，实现理性的成熟和自觉，从而从不合时宜的旧观念、旧做法中解放出来，才能在强化意识的同时，不断地提升我们对民族精神的感召力、创造力、凝聚力。使它的本真精神作为普遍性的原则和方法全面贯彻于中华民族"精神自我"的重构过程之中，从而成为民族精神之精华和时代文明之灵魂。真正体现时代之重、把握文化律动、保持民族特点。是否捍卫及如何捍卫马克思主义大众化的时代立场和发展方向，是关系到党和国家事业兴衰成败的大事。服务于广大人民的阶级本位，决定了马克思主义哲学大众化的时代立场，而马克思主义哲学的实践本质，则决定了其大众化的发展方向。我们只有坚持"大众化"的时代立场和发展方向，把马克思主义哲学大众化与大众化的马克思主义哲学内在地统一于中国特色社会主义现代化建设实践之中，才能推动哲学建设事业的进一步繁荣。

我们目前研究马克思主义哲学的根本任务是如何在当代民族思想的自我重建中巩固马克思主义的指导地位。前面所述的几种研究模式"以马解马""以苏解马""以西解马"或是"以书解马""以后解马"等将我们的研究视野局限于马克思、恩格斯当年的历史语境之中，而对当代的重大课题置若罔闻，以至于只顾恋旧而忘记了活生生的现在。当代马克思主义哲学研究必须摆脱对学院式、学究式研究的过分的路径依赖，而应该开展对当代亟须解决的时代课题的切身性诉求。如果当代学人只是一味地躲进象牙塔中，唯恐时代之火灼伤自己的手指，沉醉于编织纯概念性的思辨之网，沉陷于具体的个人领地——高楼深院、书斋讲坛，就会远离自己的时代，陷入片面从而走向虚无，就会从生活中淡出并最终彻底地消解哲学自身。我们今天应该带上时代思想的疑难和民族的期待走进和回到马克思。回到马克思，指弄清马克思经典文本究竟表达了什么，并不是在追问马克思当年实际上说了什么、做了什么，根本旨趣在于探究马克思所说、所做的一切在我们今天民族精神的创建中究竟引发了何种作用。只有当代的现实矛盾和理论困境才将我们的目光引向真正的马克思及其文本。马克思当年的精神资源可以用船来装、用车来载，如果不进入当代中国的话语实践和精神空间，那就只能被无情地悬置，就不能"越来越多地亲近当代中国人"。马克思主义哲学应作为活生生的中华民族精神和当代文明响亮的话语而存在，这就要求它不断实现自我革命，它的本真精神不是简单地存在于抽象性的教条里、书本上，而是存在于社会变革的滚滚洪流中，哲学只有及时地关注时代课题，保持与实践的内在相关性，才能在变革社会的实践中并作为它的内在组成部分一道得以改造。我们知道马克思主义的发展是一种内在的超越，它的不可超越性与可超越性是辩证统一的。不可超越性是指它不可能被一种非马克思主义或者反马克思理论所超越；可超越性是指它本身的自我完善和自我发展。这种辩证性正是马克思主义哲学的批判性、实践性本身的内在要求。因此，要用发展着的马克思主义指导新的实践，并随着实践的发展开拓创新、与时俱进，这正是维护其辩证本性、实现其内在价值的合理要求。

马克思主义哲学的科学价值只有存在于当代中国特色社会主义实践的运用之中，才能获得中国的民族性的当代表述，它的本真精神才能被重新唤醒，并使之作为普遍性的原则和方法全面贯彻于中华民族"精神自我"的重构过程之中，从而及时地对当代主题发言，这样才能作为当代文明的活的灵魂而存在。这就要求它不断实现自我革命，力图使自己在每一表现形式中都必须带着为中国老百姓所喜闻乐见的民族形式，从而在自己深度大众化的进程中不断获得内在超越（自我完善与自我发展），按当代民族精神发展规律的内在要求不断地丰富自己，在任何一次精神创建中都要产生与时俱进的创新成果，使之开拓新视野、发展新观念、进入新境界。而重建我们的精神自己，离不开马克思主义哲学的大众化，而是在大众化的过程中完成的。这是因为思想自我的创建是对马克思主义哲学当代价值的进一步彰显，旨在深化其在中国的各种认同（如政治认同、民族认同、实践认同等）。从而能够使大众化的马克思主义的各种理论成果成为我们的民族精神支柱，并以它来消解被各种教条化的、主观化的理解，将其全部的科学思想贯彻落实于当代实践之中，融聚在民族精神的凝聚力之中，使之成为中国人民的坚强的整体信念和民族信仰，成为具有强大吸引和感召力的民族之魂。只有使马克思主义哲学的本真精神与中华民族的时代精神实现内在统一，才能实现马克思主义哲学本性的全面复归，既保持它对时代课题的理论敏感性和实践参与热情，又全面提升大众化了的马克思主义哲学在民族精神创建中的主导地位，拓展马克思主义哲学研究的中国方向和民族视野。

关于马克思主义如何成为新时代民族精神之精华的问题，其实也就是马克思主义如何获得民族性切当表述并建构当代中华民族"思想自我"的问题，这是"马克思主义当代性问题"深入研究中所引发的一个核心命题。目前论争的焦点主要有：有人认为，当代马克思主义研究应以当代实践和民族视界为尺度，重新反思马克思主义的历史语境，并通过"回到""走进"马克思的文本学解读模式，以展现它的本真意义和当代价值及其民族性出场路径。有人认为，马克思主义研究的当代视野，必须解答它在当代遇到的各种挑战，高度关注并反思当代各种挑战所引发的深层次的矛盾和问题，通过积极主动的参与以引领多元思想撞击以激活和弘扬它的本真精神。还有人主张，马克思主义要成为中华民族的时代精神，就必须实现"中、西、马"这三大思想资源之间的融合与互动，通过多元化的途径提升马克思主义作为中华民族精神和主流意识形态的战略地位。应该说，这三种观点都具有代表性，的确深化了马克思主义当代性这一问题的研究，对彰显马克思主义大众化的当代价值，意义重大而深远。但在笔者看来，无论"以马解马""以苏解马""以西解马"或是"以中解马""以今解马""以后解马"等，都只是单一的解读模式，不仅会导致它的泛意识形态化和自我边缘化而且会使之面临丧失独特规定性的危险。唯有坚持马克思主义大众化的时代立场与主导方向、将其原有的先锋理念注入中华民族精神和当代文化的精髓中，才能在"构建和谐社会"这一新生活的光辉照耀下，重新唤醒当代学人的时代良心以及对时代主题的政治敏锐性和参与热情，为重塑中华民族的"思想自我"进行积极的精神营造。

第四章 "被把握在思想中的文化律动"

——马克思主义哲学大众化研究的中国方向

在当代马克思主义研究视域中,几乎所有的问题都众说纷纭、莫衷一是,虽有争论却无结论,无结论性成为当代理论研究的最令人瞩目的特点,这直接决定了它的话语的无序、意义的低迷和存在的合法化危机。当马克思主义的"自性"和本性尚且处于被解构、被消解、被异化的危险境地,又何言肩负改变世界、指导生活的使命,更遑论注入当代民族精神中以塑造中华民族的"思想自我"、提升其特有的精神风貌和思想品格了。

一、各种"解马"模式及其理性缺失

时下,在马克思主义研究视域中有一个抢眼的亮点曾一度大放光彩,即学届诸多同仁对马克思主义当代性问题所开展的多元维度的考察:不仅从原意、原本的角度进行实证性、考证性的文本学解读,而且从历史流变的宏观大视域出发进行正本清源、博古通今式的历史性诠释;不仅从马恩列斯等经典派的角度进行"以马解马",而且从超越苏联教科书模式的局限入手进行"去俄解马";不仅从"西方马克思主义"(包括各种所谓新马克思主义)的语境中探索"以西解马"的可能,而且还将马克思主义强行拉上后现代主义的解读平台进行"以后解马"的尝试；当然，更多的则是从当代中国现实问题入手致力于"以中解马"，即致力于使马克思主义获得深度大众化方面的问题研究。凡此等等，不一而足。从学理层面上看，应该说，不同的阐释方法与模式对马克思主义的研究往往会得出不同的结果，而对马克思主义经典文献的解读当然也不能机械地固守在某个单一性的原理体系中。以前我们"以苏解马""以书解马"，诚然功效非凡，但若是几十年都强制性地拘泥于一个超稳定的框架中，势必导致抽象性、教条化的义理结构和假大空式的宣讲模式与马克思主义活生生的革命性、批判性之本真精神的强烈反差，导致用充满霸权意味和准政治特色的原理体系来反注原典的奇特现象，甚至不惜用"思想中的现实"任意剪裁"现实中的思想"，让火热的现实生活屈就冷冰冰的僵化逻辑。这样操作马克思主义，就会使之越来越远离自己的时代、人民和生活，而自己的时代、人民和生活从心理深层对之进行"应激性的排斥与远化处理"，从而使马克思主义本真精神与当代中华民族的时代精神互相疏离，自然也就在情理之中了。从目前研究的现状与后果上分析，情况还更严重些。各种"解马"模式对之所进行的机械僵硬的比附或者漫不经心的随意解读，不仅在它头上堆砌了各种各样的非法性建筑，造成了它的泛意识形态化和自我边缘化，严重遮蔽了它的本真精神和当代价值，而且还直接导致了它的相对主义格局的形成，使之面临丧失其独特规定性的危险。

在当代中国，马克思主义之所以能成为"永远的光荣"且具有强烈的民族特色和时代价值，关键在于它坚守着自己原有的大众化立场和精神指向，满足了为当代中国现代化事业飞速发展和实现民族复兴而提供精神支撑这一最大的政治需要。"大众化"不仅是马克思主义研究特殊的时代立场和政治出口，而且也是它发挥重大政治效应和文化功能的根本途径。只有捍卫马克思主义研究的中国方向和时代立场，才能在与时俱进中保持政治上的清醒与坚定并达到民族理性的自觉与成熟，从而从相对主义的无序纷争中解放出来，真正体现时代之重、把握文化律动、保持民族特性，在彰显其主流意识形态地位的同时不断提升其对民族精神的感召力、创造力和凝聚力，使它的本真精神作为普遍性的原则和方法全面贯彻于中华民族"精神自我"的重构过程中，从而成为民族精神之精华和时代文明之灵魂。但如何开展这方面的研究呢？近年来，随着大众化问题研究的不断深入，不少学者着手从马克思主义与中国传统文化的逻辑对接点和哲学共同点上探寻二者实现契合的文化根源，试图从哲学的世界观层面和逻辑的方法论层面揭示马克思主义的本真精神与中华民族时代精神的内在一致性。比如，有人主张，辩证唯物主义是实现马克思主义本真精神与中华民族精神深层融合的文化基础。因为，中国文化自古就蕴藏着一个"朴素的辩证唯物主义"精神传统。它既是马克思主义在中国生成与发展的广阔而深厚的历史文化背景和思想资源，又是马克思主义不断实现中国化的民族形式，以及在每一表现中带着必须存在的中国特性、中国作风、中国气派的文化根基，更是与作为马克思主义精髓的科学的辩证唯物主义，实现互渗互动、内在融通，从而不断构造全面体现中华民族时代精神新形态的思想桥梁。正是以之作为中介，才实现了马克思主义的本真精神与中华民族精神的内在统一，一方面，马克思主义原典的精深义理经过中国革命和建设实践的成功继承发展而"化"入了中国；另一方面，中国传统文化也经过马克思主义的改造而跃迁到了现代形态，这样马克思主义的大众化与中国传统文化的现代化就在当代中华民族的民族精神中达到了内在一致。但是，另一种观点却认为，是唯物史观而非别的什么，才是理解马克思主义之所以能够大众化并不断实现理论创新的关键。因为，唯物史观是马克思和恩格斯创造的理性成果，而唯物论与辩证法则在马克思主义创立之前早已风行于世，如若寻找马克思主义大众化的文化根源，人们更容易找到古希腊的哲学精神，怎么会跋山涉水、费尽周折地到中国古代探寻文化之根呢？而且，从实质上看，唯物史观不仅是马克思主义世界观的核心，也成为大众化的马克思主义新形态不断得以构建并实现与中华民族精神内在统一的理性基础。其实，现在看来，这种论争不过是先前关于马克思主义体系之争在大众化问题上的简单移植，不仅无助于问题的进一步解决，反而增加了许多不确定性的变数和复杂性的语义。马克思主义大众化的动态历史真相已再三表明，辩证唯物主义与历史唯物主义是由"一整块钢铸成"的统一的科学体系，它在民族精神的活化、蒸馏与升华是一道得以完成的。如果说将之两离并各执一端尚属门户之见的话，那么强词夺理、滥造体系，则无疑就是恶意炒作。

二、是真的"化不成"抑或是"假晶现象"？

那么，马克思主义大众化如何在文化层面获得民族性的当代表述呢？有人依据斯宾格勒的文化形态演变学说认为，凡文化都有彼此独立、相互隔绝并且受内在生命周期限制的超稳定结构（"文化范式"），这种特殊的文化范式造就了文化的独特的个性、独特的发展形式、独特的发展规律和独特的精神力量，于外则成就了它的独特的话语系统和表达方式，于内则成就了它独特的精神品质和内在灵魂。文化范式及其精神特质的不可改变性直接决定了文化系统的封闭性和保守性，因而任何文化间的交流和融通都是不可能的。每一种本土文化都先天地被它的文化范式和精神特质所钳制，都只能从自己固有的框架和模式去解读外来文化，尽管可以将异质文化因子所催生的外在形式暂时移植到本土文化上，但无论如何都无法将其独特的精神内核一并予以接纳；虽然外在形式（外源因子）的强行移入也可以多少唤起一些本土文化中固有理念（内源因子）的某些回应，产生些浅表性、随机性的对话与交流，甚至迫于外源因子的强势压力而不得不暂时放弃或改变自己的内源因子及其构成方式，从而产生类似"假晶现象"的东西，然而从骨子里却很难实现实质上的苟同。文化范式规定了各个文化深层的不可通约性，作为文化交流的壁垒，它使各种文化越是在深层越没有公度性，其对流和融通的可能性越小。并推断说，中国传统文化也不例外，它的深层结构中固守着一种文化惰性，使之固执于本土文化特质的特殊申认，过分强调对外来文化的抗拒和排斥，它只可接受外来文化的浅表信念，一触及世界观和方法论等深层领域，则极易采取自然思维，伴随原有的文化范式顺向滑行。其特殊的文化壁垒，使之严重沉陷在了封建主义的文化氛围中，死在了特定的历史情境中，怎么可能升华与活化出既体现马克思主义基本精神又贯注中国时代文明的新形态呢？所以从文化演化的内在机制与发展规律上看，有人认为"大众化"只能是一厢情愿，只能得出马克思主义在中国"化不成"的结论。其实，在笔者看来，这种观点是极其肤浅与片面的。因为它只强调了文化的个体意义，将文化系统视作一个自我封闭的"单子"，文化硬核使自己僵死在了特定的"历史上下文"中，在随后的发展中变得气度十分有限，对一切外来文化皆保持着有距离的肯认和接纳。这种文化不可通约性的观点，不仅学理根据不足，而且也不符合文化交流的历史事实。从学理上看，文化交流与对流是整体推进、立体互动的，其表层和深层是交织在一起，共生共存、协调发展的，而且越是在深层越具有内在一致性，越易找到足够多的共点实现内在的契合。其共度性越大，对流与互补的可能性就越大。从历史事实上看，自马克思主义在中国得以广泛传播普及以来，它早已与中国传统文化融合为一，并不断产生出真切体现马克思主义本真精神的民族表现形式。这些民族化的表现形式都是在核心层面会通古今中外的一切文化资源，并成功实现互渗互动、内在交融后所产生的一种极具当代价值的文化新视域，表明它是一种代表中国先进文化前进方向的公共思想平台，是在多元互补、公共商谈基础上所形成的深度对话和重叠共识。在文化交流史上，文化自身的封闭性、保守性无论多么强烈，都不会成为"单子状"的文化壁垒，在与外来文化的对撞中，不可避免地会发生对流、互补、融聚与合流，文化交流和思想撞击所产生的多元化，往往会产生很高的文化价值和实践效应，时常会为一种文化形态注入新的精神能源和文化活力，甚者会导致文化形态的不断刷新、与时俱进。中国传统文化的现代化与马克思主义的逐步大众化，就是最恰当的例证。

三、如何"回到""走近"或"走进"马克思？

能否通过"回到马克思"来实现马克思主义本真精神与中华民族精神的内在统一，中华民族"思想自我"的重塑是否意味着原教旨意义上马克思主义的再度彰显？笔者在教研活动中曾多次指认，马克思主义文本学研究十分重要，但它不是唯一的研究，更非最重要的研究。马克思主义本真精神既在自身之内（自在性、本己性）又在自身之外（时代性、民族性），是二者的高度一致，但就其辩证本性和发展趋势看，它始终是时代精神和民族文化的集中表现；它绝不是外在于我们民族精神上的某种东西，而是内在地生成、实现并发展于我们民族文化、民族精神实践之中的"汉化物"；它绝不会轻易地死在特定的文化情境中，也绝不是已经过了时的计划，相反，它恰恰是活跃在当代民族精神创建中的中华文明的活的灵魂。如何在当代民族精神的营建中重新确立马克思主义的主导地位，是当代开展马克思主义研究最根本的任务。如果我们一味强调要"回到马克思"，并将自己限制在马克思当年所开拓的历史语境中，限制在马克思思想的时空框架内，而对当代切身性的时代课题置若罔闻，那我们就会只顾恋旧而遗忘了活生生的现在。"回到马克思"，弄清马克思经典文本究竟表达了什么，并不是在追问马克思当年实际上说了什么、做了什么，根本旨趣在于探究马克思所说、所做的一切在我们今天民族精神的创建中究竟引发了何种作用。我们应带着当代的思想疑难和民族期望而"走近"或"走进"马克思，只有当代的现实矛盾和理论困境才将我们的目光引向真正的马克思。换言之，马克思当年的历史叙事、文化资源如果不进入当代中国的话语实践，不进入当代中华民族精神的话语空间，就只能被无情地悬置。马克思主义的理论价值只有在当代中国构建社会主义和谐社会这一新生活的光辉照耀下，才能获得我们民族性的当代表述，它的本真精神才能重新被唤醒并及时地对时代主题发言。马克思主义应作为活生生的中华民族精神和当代文明的响亮话语而存在，这就要求它不断实现自我革命，力图使自己在每一表现形式中都必须带着为中国人民大众所喜闻乐见的民族形式，从而在自己深度大众化的进程中不断获得内在超越（自我完善与自我发展），按当代民族精神发展规律的内在要求不断地丰富自己，在任何一次精神创建中都要产生与时俱进的创新成果，使之开拓新视野、发展新理念、进入新境界。相反，如果将民族文化、民族精神强行纳入传统马克思主义的先验解读框架或者强行置于原典形态的"鸽子笼"中，除了能满足学者们索隐式的准文学爱好外，还能有什么创获呢？所以我们应带着当代的思想诉求去辩证地、历史地对待马克思主义的精神资源，使那些通过马克思并借助于它来到我们面前的东西，重新以变换了的姿态复活在中华民族的时代精神中，活在当代中国人的生存实践中，再次激发与活化它特有的文化再造力，使之成为当代中国主导性的精神文明和生机勃勃的新文化精神。

四、马克思主义哲学被如何"汉学化"？

在全球化语境下，尤其是在全球化浪潮所引发的思想多元撞击的精神氛围中，如何复归马克思主义的理论本性又同时创建属于中华民族自己的信念价值体系呢？随着全球化的加速发展，我们越来越感到如果离开马克思，就不能准确地理解自己的时代精神和民族风格，我们已先在性地处于马克思主义的话语空间中，再也不可能没有马克思那样的"纯粹性"思考了。但我们也同样感到，马克思主义与当代社会的新生活似乎存在着越来越明显的时空间距，在马克思已经做出的结论和推动人类最终解放的马克思主义之间存在着一个裂隙。马克思身后的实践事实已变得无法辨认，虽然能够在许多方面确证它的科学性，但仍然有大量的信息还是超出了马克思的估计和设想，新的矛盾和问题的不断涌现，自然构成了对它的固有思想观念和方法的严峻挑战，这迫使我们必须从长期的教条主义理解中解放出来，从根深蒂固且习以为常的旧文化范式中解放出来。在当代，如何既根植于马克思主义的本真精神又使之获得民族性的当代表述，如何既创建属于中华民族自己的主导文明又赋予它马克思主义的内在魂灵，如何既彰显和谐社会建设的当代意识又不被传统文化的负面影响蒙上眼罩，这的确是一些两难性的理论悖论，也是学术中人普遍感到的高难度的时代课题。已故的高清海先生，在其可称为遗著的最后一篇力作中，主张要"创建中华民族自己的哲学理论"，可以说是从哲学层面展开的对这些问题探讨的标志性符号。在他看来，就本源意义而言，哲学代表的是一种人所特有的对自身生存根基和生命意义的永不停息的反思与探索，其理论旨趣在于不断地提升人的自我意识和生存自觉的根本使命。因而哲学有强烈的个性和民族性，是情理之中的事，作为民族之魂，哲学标志着一个民族对它自身的自我意识所达到的广度与深度，体现着它的心智发育和理性成熟的水准。从这个意义上说，创建当代中国自己的哲学新形态实质上就是要创造中华民族的"思想自我"，这乃是中国人反思自己的生命历程、理解自己的生存境遇、找寻自己未来发展道路的内在要求和迫切需要。当然，创造中华民族自己的"思想自我"并不能远离马克思主义的大众化，相反，而是内在于这一过程中并与之一道完成的。因为，创建属于我们本民族的"思想自我"并不意味着要回到国粹主义的老路上去，不可能使当代的一切理论全都"汉学化"，更不意味着要以理性的民族主义拒斥马克思主义。恰恰相反，中华民族"思想自我"的创建实质上是对马克思主义当代价值的进一步彰显，旨在深化马克思主义在当代中国的实践认同、民族认同、文化认同，使大众化的马克思主义成为中华民族精神的主导因素和精神支柱，并以之去破除以往我们对马克思主义的各种教条化、主观化的理解。换言之，今天我们特别强调召唤中华民族思想自觉的重要性，其根本用意在于使马克思主义本真精神能获得更科学、更切当、更完善的民族性表述，把马克思主义的科学思想全面落实在和谐社会的建设实践中，熔铸在民族精神的创造力和凝聚力之中，让大众化的马克思主义成为中国广大人民坚强的集体信念和民族信仰，成为具有强大吸引力和感召力的民族之魂。

第五章 "中源说""西源说"及其"多元化生"

——马克思主义哲学大众化的功能定位

马克思主义大众化在当代的价值选择与功能定位一再表明，马克思主义已然成为中华民族的思想精髓，成为中国特色社会主义理论体系的主导思想，大众化的马克思主义理论成果的系统性建构和当代拓展，强有力地批驳了马克思主义"化不成"的种种歪理，从理论上抑或实践上证明了毛泽东思想与中国特色社会主义理论体系是马克思主义大众化的重大理论成果。在当代中国，坚持马克思主义就必须坚持中国特色社会主义理论体系，而坚持了中国特色社会主义理论体系就是真正坚持了马克思主义，这是坚持与发展马克思主义的当代典范，是中华民族思想自我重建的理性根基与精神支柱。

一、过量引介试图为自己"吹一个西方式的牛"

当代中国社会的文化转型与马克思主义大众化的价值选择，二者可谓相互为用、相得益彰，文化转型促成了马克思主义大众化及其深入发展，而大众化的价值选择反过来也加快了文化转型的格局构造与品位养成。马克思主义大众化是中国迈向现代社会与现代性构建历程中极具标志性的文化事件，它正式开启了中国文化在多元异质思潮相互撞击中艰难抉择与现代拓展的序幕，从民族理性的最深处孕育了以移植西方现代性理念为契机、以重建中华民族思想自我为核心内容的文化转型的积极探索。这一探索在随后的发展中超越了原来单纯的政治维度或者革命指向，不断开展出致力于实现中国思想、中国文化、中国学术走向现代转型的文化维度或者建设指向，并努力从大文化观的角度对马克思主义大众化之文化底蕴问题进行视域反省与文化批评，这无论对于当代中国人文精神的发轫、培育与成长，抑或对于马克思主义大众化如何获得宽泛性的文化氛围，都具有重要的范导和牵引作用，不愧是当代中国社会各种现代性建设方案的思想渊源与文化原动力。在马克思主义大众化的发轫阶段，中国各种现代性思想文化的生成与培育，显然主要是从外源文化因子中简单移植而来的，初期是由一些极具思想启蒙意义的一代文宗，有意识地予以引介、宣传、普及和推广，随后很快获得了一些集理论家和革命家于一身的思想领袖们的引申解读与实践阐释，并在中国文化语境中对马克思主义能否及如何化在中国、活在中国的价值定位和文化选择问题进行了深入探讨，对西方各种现代性思想蓝图与建设方案进行了中国式的评析，这些举措自然引发了中国文化的一场革命性变革，实现了某种程度上的文化转型和价值定位。毋庸置疑，中国当代社会的文化转型既与马克思主义在中国的引介与移植内在相关，也与中国的思想先驱们对西方现代性理念的中国式解读密不可分，既有传播、普及中的简单移植，也有基于中国文化传统对它的当代解读，更有基于马克思主义思想平台对中国传统文化的创造性转换，当时中国的文化转型就是在这几个方面所进行的价值选择而开创性努力的共同结果。

可见，在当代中国文化转型语境下，马克思主义大众化的文化选择与价值定位这一命题本身具有多种意义，而我们一些学者长期对之理解得比较狭隘。在文化论争史上，有的因强调外源因子的重要性而主张

"全盘西化""充分西化"或者"根本西化"①，认为中国传统文化已经从整体上不适合现代化发展的需要，早已堕落为闭关时代苟延残喘的旧文化，只有实现全盘、充分或根本的西方化、西洋化才是冲破传统文化的思想网罗而获得未来发展的唯一出路。与之相应，在对待马克思主义的态度上，西化派认为马克思主义是"放之四海而皆准、诉诸百代而不夭"的永恒真理、制胜法宝，只要严格固守它的所有思想、特性与方法，一切应遵循马克思主义的原教旨意义去行事而不能有任何的背离，任何根据实践的需要对之所做的变通与发挥都是对它的亵渎和不恭，都会在它的头上堆砌起各种非法性建筑，都会使之丧失自我规定性，并在各种各样的思想演绎与文化解说中使之成为不伦不类的东西。为了捍卫马克思主义的纯洁性，必须运用它的批判性方法与革命性武器去荡涤一切，摆脱中国传统文化和其他外来文化对它的羁绊，克服中国社会发展的现实需要对它的污染，在现代化发展的任何一步都要高高竖起原教旨主义的旗帜，任何微小的变化都会改变马克思主义的自性，并最终会在变形扭曲中走向异化、他者化。西化派认为，现代化就是西方的现代化，马克思主义就是纯纯正正的马克思思想，所谓马克思主义大众化压根就是一个非法性命题，是一个悖论，马克思主义与中国传统文化是两个根本不相关的文化系统，没有任何公共性可言，怎么能够实现融通并"化"中国，因而只能得出马克思主义大众化不可能的结论，即使能大众化也"化"不出什么积极的成果来。总之，西化派的错误认识在于，他们认为马克思主义大众化违背文化发展的根本规律，只有破除对它的任何中国式的解读才能获得现代性的意蕴，否则将会与现代性越来越远，使之成为半封建、准政治性的杂拌。

---

① 郭建宁、张文儒：《中国现代哲学》，北京大学出版社2001年版，第13页。该书介绍了这类观念。

二、"中源说""西源说"的"二王并立"

当然，也有的因片面强调内源因子的重要性而主张文化保守主义，极力维护中国传统文化的原有价值，力主捍卫传统文化固有的思想精髓，并在此基础上主张对东西文化进行调和与折中的观点。这一观点认为，西方文化中的现代性理念，如民主、自由、平等、人权等都是些"求诸外而不求诸内"的雕虫小技，实实在在不切合中国的实际，如果任西方科学理性张扬，会使中国人文理性低迷，正所谓："功利倡而廉耻丧，科学尊而礼义亡"；如果在文化发展上主张全盘西化，必然导致人心不古、世风日下，道德沦丧、思想堕落，最终造成中华民族传统文化及其核心价值体系的彻底灭绝，导致中国人精神家园的荒芜和文化认同的严重危机。相应地，在对待马克思主义的态度上，文化保守主义强烈反对马克思主义入驻中华大地，拒绝它的传播普及、民族认同和实践操作。认为马克思主义作为漂泊而来的异民族文化，在中国不可能实现大众化，它缺乏"化"在中国的最起码的理性根基和文化土壤，因为马克思主义作为西方理性是"循理而顺事"，它的作用在于"格物致知""即物穷理"，是一种纯粹的认识工具和生活手段，这种理性只能用于外而不能用于内、只能用于物而不能用于人；而中国理性则不然，它表现为一种特殊的人生智慧，强调"临财毋苟得，临难毋苟免"的伦理担当意识和道德感情力量，在一个以伦理为本位的中国传统社会中，中国文化非常重视情谊情理，而反对事物理则。总之，中国文化的人文价值理性与马克思主义的西方科技工具理性相去甚远、格格不入，是两种血缘关系最不相关、最不相近的文化学脉。若是强行把马克思主义引入中国，并竭力推行它的大众化，这种"拉郎配"的鲁莽行为，要么打断了中国文化道统的脊梁，使之发生文化断层、思想缺位；要么则会造成"二王并立"的尴尬局面，难以安立中国人的精神家园。只有采取"返本开新、内圣外王"的发展策略,以儒家文化"心性之学"的内在超越去排斥来自西方的马克思主义文化实践的外在超越,整理国故、弘扬国粹,实现儒学的现代复兴以重建中华民族思想自我,以文化保守主义作为唯一路径和根本原则去解决中国社会发展中的现代化困境和民族文化复兴的世纪性难题,才是唯一可行的文化方案。

西化派固守"西方中心主义"立场,强调马克思主义文化的"西源性",而国故派则捍卫"国粹主义"立场,重视马克思主义的"中源说",二者都反对中西融通、"体用一如"的主张,坚持中西对立、各行其道,互不干涉、独立生长的看法,显然都只抓住了各自片面性的真理,实际上具有很大的局限性。而融通派正是看到了这一点,强调内外源因子的相互配合,重视对中西文化的批判继承和综合创新,认为中国文化的发展必须坚持民族化、科学化、大众化的方向,不能闭关自守、盲目排外,相反,而要大量吸收西方的进步理念作为自己发展的原料,但是必须经过自己的口腔咀嚼和胃肠运动,将其分解为精华和糟粕,吸收精华、排泄糟粕,绝不能生吞活剥地毫无批判地吸收,从而表明全盘西化的主张是一种极端错误的投降主义文化观;同时也反对国粹主义企图复兴儒学的主张,认为对中国传统文化也必须剔除糟粕吸取精华,综合利用批判继承,绝不能无评判地兼收并蓄,既要尊重历史、珍惜国故,又要区别对待、继往开来,要以开放的胸襟与平和的态度面对传统文化和西方文化及二者之间的关系,摒弃中西对立、"体用二元"的僵化模式。这种融通,不论采取中体西用抑或西体中用,根本旨趣有二:一方面,凭借中国传统文化中的先进理念及其价值取向对马克思主义大众化做出符合中国文化需求的当代解读,使马克思主义大众化在当代的亮相具备了一种中西融通的独特文化魅力,呈现出既有别于西方中心主义又不同于国粹主义的文化发展路径;另一方面,中国传统文化经过马克思主义先进性文化的成功改造,实现了内在的理性对接,逐步摆脱了各种封建性毒素,在中西融通的当代语境下获得了发育,使得马克思主义大众化与中国文化的现代化达到了有机统一,中国文化获得了马克思主义性质的解读,而马克思主义文化也获得了中国式的解读,但在互相移植和互相对流过程中发生着符合中华民族根本利益方向的衍生与转变。这表明,现代性思想在不同的国家、地区,在不同的时代都有不同的实现方式,它在当代中国的建构与生成是与马克思主义大众化的价值选择联系在一起的,是在中哲、西哲、马哲三家融通与互动的大视域中经过综合创新而实现的,这内在地确定了马克思主义大众化的逻辑起点、历史使命、价值定位与功能选择,也内在地规定了中国传统文化现代化构建与转型的马克思主义立场与方向。①

上述三种方案揭示了中国当代文化转型的两面性,即建构性与反思性相伴而生,对中西文化的批判反省与对马克思主义大众化的建构伴随着中国文化现代化全过程。"以中解马"常常站在文化保守主义的立场上,以国粹主义对抗西方中心主义,以中国传统文化的博大精深来凸显西方理性的异常贫乏;"以西解马"常常坚持马克思主义的西源性,反对马克思主义与中国文化传统的并生共存,恰恰相反,主张用马克思主义解构并取代中国文化。前者认为中国文化的现代性不可能从西方移植,只能从中国儒学中转换而来,马克思主义在中国,"化"不出任何积极的成果来;后者主张马克思主义与中国文化水火不容,力主对传统进行解构,回到马克思、走进马克思,从现代的角度对传统进行修正和扬弃,以现代的方式批判传统与以大众化的立场阐释传统统一起来,也就是中国文化现代化与马克思主义大众化统一起来,并只能统一到马克思的原有文本上。综合创新说则表现出马克思主义大众化对传统的一面回眸、一面前瞻的思想品格,在反对保守的同时也主张对传统的革新和改造,在接纳移植现代性的同时也重视对传统的现代性重构,以诠释中

---

① 赵剑英、庞元正:《马克思主义哲学与中国现代性建构》,社会科学文献出版社2006年版,第363页。

国传统文化的方式接纳马克思主义，其目的在于为马克思主义大众化探索更为方便快捷的思想通道，激活马克思主义与中国传统文化实现内在对接的文化之根，为马克思主义大众化的顺利发展提供更加适宜的土壤。这种综合创新虽有别于单纯的西化和中兴，然而，也只是理论上说得好听而已，在实践中根本行不通。因为，中西马的实际融通并没有那么简单，无论以传统批判现代、对西方现代理性进行检讨和反省，使马克思主义大众化的价值选择和实际生成过程具有批判西方现代性诟病的反思风格，或是以现代批判传统、以马克思主义荡涤中国传统文化，打倒孔家店，唯马独尊、唯马是从，这二者的根本旨趣要么是以复兴对抗移植、要么是以西化反对中源，骨子里都渗透着守护民族文化家园、抵御外来文化扩张的保守主义理想，认为马克思主义大众化会对以儒家传统为主流的中华道统带来冲击，对作为维系民族认同的独有文化遗产与情感纽带带来危险。在对马克思主义大众化诸多批判性视域中，综合创新的批判反思最犀利、最深刻，这表明它与马克思主义发展的未来走向虽然大异其趣，然而却与之内在相关，既是相互区别、相互对立的价值体系，又与之并生共存于一个思想框架中，对立统一于中西马对流的文化大潮中，它们之间存在着复杂的离合、交织关系，正是由于此，才限制并避免了马克思主义大众化价值选择的单面性、相对性，使之成为一种意义复合体和不透明的光，以至于在马克思主义大众化的复杂性语境中产生了各种各样的意义蕴含，使各种非马克思主义和反马克思主义的理论主张也能借助这一公共性的思想平台，道貌岸然地大行其道、混淆视听，这无论对于中国文化传统的现代化或是马克思主义的大众化都是一剂无疗效的药、一种多余的手续。可见，文化融通说（或者综合创新说）如果离开特定的话语实践和社会活动，就是一种很可疑的文化方案。

三、时下面临的种种质疑及其破解理路

正是基于一种模棱两可的所谓的融通方案和综合的策略安排，有人对马克思主义大众化的价值选择提出了种种质疑①：（1）我们对马克思主义大众化主体的各种因素的复杂情况和重要作用考虑不够，对马克思主义大众化客体即马克思主义自身的情况也少有分析，对其中的主体客体化和客体主体化的相互关系，更是缺乏深入研究，以至于对马克思主义大众化的价值选择作了简单化、平面化、片面化的处理，曲解了马克思主义大众化的基本内涵与功能指向，误解了马克思主义大众化所引发的文化转型的实质与特性，严重制约了马克思主义大众化事业的健康发展。（2）马克思主义大众化就是马克思主义在中国革命实践中的具体运用并通过这种运用使之具有了中国作风与中国气派，这个说法基本上是不能成立的，因为，马恩有着丰富的思想但从没有对之做过系统性的表述，我们不可能有一个现成的完整的马克思主义等着我们去运用，即使能够运用也必须对之进行价值选择，换言之，被"化"的不是马克思主义的全部而只是被选中的那一小部分；再者说，运用不等于"化"，运用只是用它去解决实际问题，只是为"化"提供了条件，而"化"则是实质性的变化，是彻头彻尾的变化。"化"不是简单移植的物理反应而是实质性改变的化学反应，被中国所"化"的马克思主义只是在精神上保持了它的一些外在特点，实质上与原原本本的马克思思想已然大相径庭，马克思主义已然被中国"化"掉了，怎么还能够产生出什么积极成果来，只能得出马克思主义在中国"化不成"的结论。（3）马恩主要是依据革命实践的需要作为选择自己理论发展方向的，其理论研究中的任何成果都要运用于革命实践中去，不能运用于革命实

---

① 安启念：《马克思主义哲学中国化研究》，中国人民大学出版社2006年版，第2—5页。

践中去的理论一开始就被抛弃了。马克思主义的革命性、实践性指向也深刻影响了马克思主义大众化价值选择的实际进程和根本性质,使得任何一次"化"都带有明确的选择性、实用性、时效性,这样被中国所"化"的马克思主义实际上只是我们用得着的革命性的内容,换言之,过去大众化的马克思主义只是革命性的而非建设性的,而今天我们谈论的马克思主义大众化主要面对的是建设性任务,对之以往的革命性的马克思主义又如何能够担当得起价值重构的历史使命呢?(4)中国接受的马克思主义是以俄国为中介的,只是俄国人所理解的马克思主义即列宁主义,中国马克思主义者所使用的理论框架也是苏联的教科书模式,所看到的马克思文本很有限不说,而且都是苏译本,所运用的基本原理不系统、不全面不说,而且都是夸大阶级斗争作用的、张扬主观能动性的、一分为二的、用于颠覆社会的革命性理论,与真正建设性的、整体的马克思主义已有了天渊之别,将这些许皮毛"化"在中国会有积极成果、会丰富发展马克思主义理论宝库吗?显然不能。在对马克思主义的许多重要经典文本读不到、弄不懂、行不通的情境中,更不可能接受其中的先进性思想,即使勉强能够"化"在中国,谁能保证化出来的一定不是非马克思主义、反马克思主义,在文本缺席、急功近利、本末倒置、价值错位的情境中,又如何建构马克思主义大众化的最新理论形态?

对此笔者曾在多篇文章中已予以批判分析,笔者结合当代文化转型与马克思主义大众化价值选择问题,从学理上立意对之进一步深刻指认:在马克思主义大众化中推进当代文化转型最可行的方案,莫过于中国共产党所领导的中国特色社会主义建设事业对马克思主义所实现的实践超越和理论创新了。中国共产党是一个以马克思主义为指导思想的先进性政党,从成立伊始就特别强调将马克思主义基本原理与中国实际相结合,并在马克思主义大众化两个伟大的理论成果引领下,确保了中国社会主义革命和建设不断迈向现代化发展的快车道。在中国的马克思主义者看来，历来没有抽象的马克思主义、只有具体的马克思主义，即只有通过中华民族形式而做出价值选择和主动接纳的民族化的马克思主义；历来也没有只写在书本上的马克思主义，没有只存在于书斋讲坛、高楼深院中的马克思主义，只有积极参与革命建设实践并成为其内在精神变量的活的马克思主义，只有实践中不断发展着的与时俱进的马克思主义。换言之，所谓大众化就是相结合，就是把马克思主义思想、方法和原则灵活地运用到中国具体的革命建设实践中，而不是抽象地谈论它如何具体化，要使之化为中华民族精神之一部分并与这个民族心里之深层血肉相连、水乳交融，而不能离开中国特点来抽象而空洞地高谈阔论马克思主义能否及如何"化"的理论问题。中国共产党按照中国的特点去运用马克思主义，并使之在每一具体表现中都带有中国的特性，具有中国作风和中国气派，这既是一般文化发展规律的内在要求，也是对中国发展经验的高度概括与总结，既是解决中国革命与建设实践具体问题的实际需要，也是马克思主义理论本性的当然要求。

第六章 "人是什么"与"我是谁"

——马克思主义哲学大众化的形象塑造与生活回应

现代哲学家习惯于藏匿在公共话语的面具后面，借以表达自己的真实想法，这种现代形象的自我设计，既出于现实冷遇处境的考虑，也是多方寻找价值勾连的谋划。哲学将触角伸向人学、生活、政治、历史、语言和科学，并没有丢掉自我，也不会沦为工具而丧失内在的科学魅力，相反，哲学理念的普遍播撒，使之更便于为人提供鲜活的思想，并以之引人上路，提高人的生命质量。本章意在表征：哲学的现代形象在现代生活和人文境遇中，早已走出晦暗并显得更加明亮。

一、哲学智慧常常是"无用之用"

在现代人学视域中，哲学是试图拥有最高智慧的终极性诉求，它在现实的人之上又虚拟了一个本体世界，并以这个抽象的本质对人作反身性的诠释，其实一开始便将人遗忘了，人的真实的生活世界被消解、被放逐。哲学走向了人的智慧的反面，变得不近人情甚而与人为敌了。要消除这种理性的虚妄，就必须多角度地洞识哲学在当代的自我形象，以便弄清哲学的现代命义并使之真正回归到它长期失落的生活世界。

哲学曾经是有用的。诚如冯友兰所说，它是"无用之用"，无小用而有大用。因为,哲学提供给人的不是让人成为"某种人",而是"使人作为人能够成为人"①,成为自由自觉的全人。哲学史上的精品,作为撼动人心的精神性事件,常读之,确能使人回归他的善良本心,倾听到来自内心深处的真诚的呼喊,在怡智励情中净化心灵,恪守平素的伦理操守与日常承诺,在快心娱志、澄明心境中,超越现世俗务,赋予自我一种尊严、一种浩气。中国古代许多哲学大师都认为,哲学乃源于人之天性,是人性修己之学,它精于内而博于外,修于心而束于行,人常切问之,可得性分之乐和清淡境界。

但是,现代的哲学却陷入了"人类学沉睡"之中。哲学所致思的形上理性,本来是人的自我规定和自我创设,却在发展中走向了异化,并将人禁锢在它的铁笼中,使人的生存时空悉数加以切割,使人的生存丧失了内在性和整体性,人的生存命义和价值变得异常空洞和支离破碎。哲学的这种自我异化形象,充分显示了它自身的背反性和荒谬性,并宣告了它作为最高智慧之神话的破灭。自尼采宣告"上帝已死",福柯认为"主体死了","人也死了"。因为,人的理性走入虚妄,哲学陷入异化,人安身立命的精神家园被摧毁,人无家可归、遭遇荒诞,成为丧失身份和下落不明的"物"。哲学要重视自我形象,它必须放弃"人类主体主义"的立场和解放人类运动的幻想,放弃参与主流话语对人的压制,扭断它与宏伟叙事间的一切价值牵连,在时尚话语留下的空白处重新思考"人是什么"和"我是谁",② 也只有在"人"的消失所产生的空档内,哲学才开始重新思考并谋划打造新的自我。

后现代哲学更激进,更不怕说哲学的坏话。认为,我们只有摘掉自己头上的现代性的假面具,去掉自己身上的现代性身份,将滞留于哲学理性中的大写意义上的"人"消解,"'人'将被抹去,如同大海边沙

---

① 冯友兰:《中国哲学简史》,北京大学出版社1985年版,第16页。
② 张志伟:《西方哲学智慧》,中国人民大学出版社2000年版,第156页。

地上的一张脸"①，真正的活生生的个人才能出场，才能被发现。在后现代哲人看来，现代哲学利用各种策略造成了人的自我误认。例如，现代哲学认为，是人自己赋予世界以意义并因意义而行动。而后现代哲学指出，这不过是人的自欺和自怜而已。因为，人的所有意义都是人自己强加给自己的行动的，是哲学的谋略造成了人的自我肯认的误认。其实，一切"意义"大概只是一种表面效果、一种闪光、一种泡沫，而彻底贯穿并支配我们的只是哲学的理性。这个理性，在人存在以前早已存在，并道与世更、与时俱进，成为左右和支配人的一切行动和意义的最顽固的结构，使得我们的思想、行动、生存方式、日常生活都从属于它，成为它内在的构成部分。质言之，人被哲学吞噬了。只有解构理性权威提供给人的异己性的"保护伞"，在人道主义、人类中心主义的断裂声中，人才能倾听到"西洋禅"的另类主张而获得新生。

现代生活节奏的加快，工业化程度的提高，使得人富了口袋，瘪了脑袋，物质欲求的强化与精神追求的弱化形成强烈的反差，物欲横流中，人自我异化为物，人为物役，过着物一般的生活，人的精神成为一毛不生的贫瘠地，而哲学早被边缘化了，被生活挤压得透不过气来，无怪乎许多有识之士呼吁哲学应回归生活并成为生活的向导。

哲学本应回归现实生活世界，但绝不是回到没有深度的荒唐的平面世界，回到没有哲学理性导航的所谓民间化的世界。回到这样的世界，的确也能多少发挥一些哲学的功能，起码可为人提供生活应对技巧方面的学问，为人谋略以自我保存，这在生存竞争日趋激烈的市场洪流中，确实得到了许多投机者的青睐，一些贪官也对之表示了几分热情。然而，这样做实际上是在嘲弄哲学、是在取消哲学，因为，这样做完全背离了哲学的超越旨趣和批判本性。可见，附着于生活表层，与大众流俗的意见相姘居，以这样下贱的方式向生活示好，其实是在媚俗中慢性自

---

① 莫伟民：《福柯的反人类学主体主义和哲学的出路》，载《哲学研究》，2002年第1期。

杀,在精神的慢性自残自戕行为中,哲学不会有什么真正的发展,更不要期望成为什么显学了,有的只是退化和崩溃。

哲学要真关心人的生活,就必须对人的生存境遇作切身性的反思,关注人的现实生存矛盾和生存悖谬,为人能过上幸福的日子而拔高生命质量和生存境界。可是,现代的哲学不仅不愿"屈尊"于生活,而且更不愿贴近于人的生存,养成了一种好高骛远的坏习性。其实,认真反思一下,原来我们认为不能回避的重大而基本的哲学问题,现在看来只是哲人们自己的事,只是他们自己回避不开,因为撇开这些个自我缠绕性的假问题,他们实在无话可说。因而,宁肯拒绝公众理解,也甘愿蜗居象牙塔中,嘟嘟囔囔地说着只有少数业内人士才能听得懂、才能欣赏得了的一堆大而无当的废话,并把这种闲适的语言游戏,标榜成文明的"活的灵魂"和精神的高级奢侈品。说实在的,不过是一堆病态的文字拼凑、精神垃圾和文化泡沫而已,更不可指望它引领时代,范导人生了。难怪有人说"让哲学留给哲学家们争论吧"①,我们可要好好地享受一下生活的盛宴了,管它哲学景气不景气呢。

二、哲学并不能"拘于虚"和"束于教"

真正的哲学是一种爆发性的灵感,不管它以何种方式播撒于生活之中,只要人信仰它,只要它切问人的本真生存,人就会受到它的影响,从内心深处受到它的启蒙。但是,哲学是人的一种智慧而非智慧的全部,它的理智之光的核心仍有一片黑暗,对之认识不够,不仅是一种危害更是一种危险。这是由于,哲学具有极强的自我缠绕性,这种缺陷能形成各种盲点并产生各种智力洞穴、情感洞穴、价值洞穴,人一旦跌进去,就会成为"拘于虚"的井底之蛙和"束于教"的清淡之士。可见,

---

① 陈先达:《处在夹缝中的哲学》,载《现代哲学》,2002年第1期。

生活是哲学的源头活水，融入生活又超越生活，才能起到精神导师的作用，而附着于生活表面或者漂浮在生活之上，只能成为空穴来风和无根浮萍。

哲学有范围但研究者可以没有范围，可以将之运用到任何领域，这既可将现实生活中的智慧集中到自身上来，对自己培根固本，又可照亮生活前进的方向，成为时代精神之精华。但是，哲学研究无禁区，宣传却有纪律，许多问题政治敏感性突出，宣传时要谨慎。而且，哲学具有两面性，它既可为正确的观点提供智力支持，又可对反动的学说、宗教乃至邪教提供理论论证。须知，错误的谬论也同样积极地寻求理性的理解和支持。如果研究者做不到理性的自觉，其理性基础异常薄弱或脆弱，他就不会有高度的政治敏锐感，就缺乏洞识哲学词句中隐藏的各类政治陷阱的政治洞察力，就不可能避免犯重大的原则性错误。可见，没有深度理解的、缺乏政治启蒙的哲学理性，最容易陷入危机。

张曙光先生在其《生存哲学》中向人们展示了哲学之政治形象的一面。在他看来，政治是激动人心的活动，革命尤其是让人热血沸腾的事业。特别是在那个动乱的岁月中，政治将人平时处于游荡状态的潜能激发并活化出来，共同的政治愿望强化了命运的高度一致性和文化认同感，使之接受超越私人事务的政治话语。哲学也抵挡不住这种政治透惑，乱了自己的方寸，成为政治的工具。其实，政治作为一种宏大的解放叙事，贯以政治集团为单位进行社会变革活动，以人民的生存状况的根本变化为价值导向，因而它必然要求一种整体主义的理性支撑，而现代哲学自身的特性可谓与之不谋而合。当政治活动本身成了目的，人完全被政治化，成了政治的奴隶，政治及其职务成了人格的化身时，哲学也异化了，走向了自己的反面，最终成为遮蔽人性弱点、提供虚幻幸福承诺、参与政治对人挤压的帮凶。①

---

① 张曙光：《生存哲学》，云南人民出版社2001年版，第16页。

在时下的哲学研讨中，顿失了以往的政治激情，"和事佬"的现象多了起来，不少论者主张哲学的中立化立场即非意识形态化取向，号召所谓无色写作或白色语调，不带任何颜色和激情的创作与交流。对一些事关重大政治问题的分歧和论争，尽量回避，不予介入，把自己研究哲学的方向和立场，离政治远点、再远点，敬而远之、不述不做；对一般性的政治问题，则采取模棱两可、悬置判断、隔靴搔痒式的中立性表述。这样做，既淡化了政治的痕迹和意识，又淡化了政治的功能和目的。以往，哲学是红色的、高调的创作，总把自己与重大的政治事件进行价值勾连，以凸显它的高贵身份和合法外衣，结果平白增添了几分政治虚骄，造成了自欺和异化；现在，哲学是无色的、低调的写作，由于与政治疏离、放弃了为"政营策略"的谋划，则导致了世俗化、个人化和庸俗化，其发展前景也同样非常有限。可见，哲学的边缘化的微型叙事方案，既保不住自己的"饭碗"，也很难创制出能摆放到哲学殿堂中的精品，有的只是些"意气和文章"，① 要么若矮子观场，人云亦云，要么若提灯寻影，丢掉自我。

海德格尔曾讲，我们的时代已成为一个"不再思想"② 的时代。这不是说现代哲学缺乏理性，而是说缺乏对理性的正确的运用，而之所以不能恰当地运用理性及其能力，乃在于哲学的历史理性的不够健全，从而表明，若哲学不能实现"由智入史"，缺乏历史的引导就没有能力运用自己的理智，就不会积淀出厚重的历史感。哲人的真正不幸不在于对哲学的无兴趣而不着力培养，恰恰相反，而在于太执着于自己的理性世界而遗忘了历史的一切内容，并因缺乏历史事实的依托而陷入疏芜、难以自拔。哲学对形上理性的营建，导致了自己历史之源的断裂。

其实，哲学就表现为一种历史。按张志伟先生的看法，哲学不是知

---

① 邓晓芒：《思想中的学术与学术性的思想》，载《中国社会科学文摘》，2002 年第 1 期。
② ［德］海德格尔：《林中路》，上海译文出版社 1997 年版，第 94 页。

识积累的历史而是问题的求解史，确切地说，是以不同的方式对永恒无解的难题求解的演变史，了解哲学就是学习哲学史。由于哲学难题永恒无解，没有唯一的答案，只能有不同的解答方式，但每一种方式都是等值的、平等的，因而，哲学并非只有一条路，而是有许多路，其中任何一条都不足以代表哲学本身，所有运思之路合起来才构成哲学的整体画卷；哲学永远在历史之中，它的智慧并不存在于某一本教科书、某一种哲学体系之中，而存在于过去、现在、将来所有哲学运思的历史整合之中。

任何历史也都是哲学的历史，是经由哲学理性诠释而形成的历史。哲学的历史都是现代史，历史过去了，思想并没有过去，而是成为现代哲学的一部分，成为现代人存在方式的一种，它的历史性变成了现实性，离开历史，现代人的哲学就是残缺不全的。按照诠释学的观点，历史是理性的产物，是在历史发展中被人们有选择地保存下来的，并构成现代人的视界，不管意识到它与否，理性诠释之始就被抛入历史之中了，哲学史就表现为一种理性与历史互相纠缠，双向互动的"效果历史"。

由哲学诠释历史，不仅造成了历史的终结，又反过来瓦解了哲学自身。西方现代哲学认为，历史只是一系列偶然事件的堆积，毫无规律可循，不存在那种内在的、线性的因果关系。用形上理性诠释历史，只能产生意识形态偏见和乌托邦情结，给人类带来虚幻的幸福承诺，并给统治者以理想的名义从事杀戮、战争、暴政、迫害等提供口实。后现代者更是急于终结历史，在他们看来，无论历史进步的观念、方向或是历史记载和书写的方式，都终结了，任何历史都不过是哲学的意识形态伎俩，都是哲学话语的编码或重组，犹如一张"羊皮纸"，历史可以按人的意愿随心所欲地擦写。这种擦写不仅抹去了历史，也造成哲学的晦暗不明，留下的只是人的无法左右的语言结构而已。受之影响，我国当代一些史学论者，主张纯学术的研究理路，强调历史即恢复记忆，反对依托己见和依托成见，而追求无"论"写作，以纯客观的描述替代了"史从论出"或"史论结合"的旧模式，用史料说话而不用理性臆断，结果从相反的方向造成了哲学与历史的分离，这种研究误区必将重蹈西方后现代者的覆辙。

在西方，哲学对形上本体的致思一开始就表现为一种语言上的诉求，即表现为一种营造"语言王国"的努力，到黑格尔哲学达到了巅峰。而此后的现代各派大都拒斥形上理性，倡导哲学的语言学转向，但皆因囿于语言的牢笼而没能使哲学的真义得以开显。海德格尔认为，要打破传统哲学概念语言的桎梏，必须以诗去思，致力于哲学的诗意表述和诗意接受，的确独树一帜。在他看来，思与诗内在一致，共生于人的生命的内在本源处，因而诗与思比邻，诗的语言是最切当的哲学表达方式；而且，人诗意的栖居，只有借助诗意的领会，人才进入澄澈之境，言说哲学之玄奥。

哲学是思想者致思终极关怀的事业，其抽象性、概括性程度极高，发展到一定阶段，的确能达到那种"言语道断"即不可说、不能说、不可表达、无法概念化的境地。对此，曾有人主张，"悟透无语"，能说的要尽量说清楚，不能说的最好保持沉默。语言不能滥用，否则将导致虚妄，扼杀思想，因而"沉默是金"。但是，哲学不是天书，不能因专业局限而晦涩难懂，思辨难懂不是它的优点而是它的缺点，是它的尴尬之处；有真精神的哲学恰恰是那些对不可思议者之思议，不可言说者之言说的哲学；而且，真正有智慧的哲学一定能够让人听明白、看得懂，它只有融入生活中，交给普通大众，才能引领时尚、范导人生，这自然就要考虑它的语言接受问题。

哲学的诗意接受是理性误入语言牢笼，遇到难以克服的障碍时才发生的语言学转向，以诗作为祭品，庄严地祭献给真理，探索诗意中的哲理，确能倾听到来自诗美中的异域之音，领悟那没有出场的辽阔无垠的异域风光。而且，诗与思极处相通，思极则奇，极深而研几，诗入思中，以诗显道，可摆脱理性的自我纠缠，避免跌入智力洞穴；感受诗化理性，让哲学境界在诗中朗显。其实，诗是理性与情感的结合处，诗之所以能点亮哲理，原因在于它能将万物情感化，以自由想象凌驾于事实之上，绕过理性专任情感，在诗美中给人提供终极关照，安顿人的灵魂；更重要的还在于，诗能将抽象的哲理化成虚幻的场景，以象明理，以诗释思，更能化虚幻的想象为生活的实感，让人在艺术陶醉中忘记生活中的烦恼，活出一片超远的境界来。但是，也有人担心，哲学的这种诗化取向，会导致它的贵族化和边缘化，若"唱和者甚稀"，"高处不胜寒"，虽贵为"阳春白雪"，却不愿为众人接受，就会限制它的理性的普适性，最终只能在士人中吟唱，其前景必然日暮途穷。

西方后现代者对哲学的诗意接受以及其他接受，统统不满，以解构的方针破解了西方形上理性的语言王国，认为这个独立的语言王国是一种语言霸权和文化帝国主义，它违背了哲学给予人安身立命的本性，残割了哲学发展的活活生机和内在魂灵。强调消解一切语言中心论，击碎整体主义、本质主义，克服哲学理性的总体化和纵向思维，取代哲学的无话语及其宏大叙事方式，而倡导哲学语言的碎片化、个性化、日用化等，彻底摧毁语言霸权对人造成的各种非法压制。这样，哲学与语学之间的脐带便被剪断了，语言死了，人如何表达都行，这种语言上的无政府主义导致了哲学的大萧条。可见，哲学要真正消除"失语症"，获得公众的普遍理解和接受，就必须牢记马克思的教诲，让哲学语言实现生活的真正还原，由思辨语言还原成"现实世界的语言"。[①] 诗意接受或者杀死语言皆是极端行为，于事无补。

[①] 《马克思恩格斯全集》第3卷，人民出版社1960年版，第525页。

三、哲学对于人的存在可谓性命攸关

有一种观点认为,哲学植根于人的本性之中,它给予人的是成人之智,而科学则是有限性的思维,提供给人的是学以致用的求知之智。一切科学都比哲学更有用,但唯有哲学才是真正自由的学问,它对人的终极牵挂比任何功利性的科学更能从本质上切近于人。科学不过是一种工具理性,它自己不能决定自己的目标和发展方向,它虽然向我们敞开了对人类生存极具意义的一个方面,即科学的"真"是人类能够更好地生活于世的基本保证,体现了可靠的生活智慧,但它自身又具有严重缺陷,不能为我们提供这种现代生活何以值得过下去的理由。因而,如果将哲学科学化或者以科学归并哲学,势必造成哲学的工具化,丧失其原有的高贵品性,从而使人类文明和科学的发展丧失终极性的伦理重负和精神指向。

在笔者看来,正如科学从哲学中逐步分化的过程并不意味着哲学丧失了自己的对象和本性,而是在这一过程中获得了一种层次上的跃迁一样,当代哲学的科学化取向也并不会造成哲学品性的下滑,更不意味着它将沦为工具化而丢掉原有的内在魅力,而是在其与科学的联手中实现了科学理性与人文理性的内在交融与整合,从而为哲学的发展开辟了新的自我生成之域。这是由于,科学与哲学二者存在与发展的基础都是实践,都是对实践经验的概括和总结,离开了生活实践,二者都将成为无源之水、无本之木。若哲学不能深入到科学事实中,汲取新鲜养分,它的存生之根将被铲断,而且会陷入永无休止、不得要领的语言泥沼中,沉陷于大而无当、转弯抹角的螺旋论证中,这将丧失其科学意义,使之成为无病呻吟的哲学怪物;而若科学丧失哲学的导引,科学理性就会陷入歧途,就不能将科学体系中的各种精神因子有序地组织起来,并推动它们按照特定的程序、方式和方法,协调地、整体地发挥作用,就会失

去灵魂和核心。可见，二者实在是水乳交融、不能离分。①

虽然现代科学家大都拒斥形而上学，不满意现代理性的那种本质主义、整体主义的独断性迷梦，但又经常越出自己研究的实证领域，而切身于元科学的领域进行思考，从而提出了许多哲学家所忽视或重视不够的重大课题，如科学发展的动态模式，评价的标准、意义的划界标准，发明与发现的逻辑，科学发展与社会历史的联系等，大大推进了哲学的发展，扩大了它的研究视界、开辟了新的边疆；而哲学家又总是不失时机地将自己的触角伸向科学研究活动的各个方面及其正负效应上，主动地把大量的哲学新理念、新方法引入到科学探索活动中，使科学取得重大突破的同时，也验证了哲学思想的现实性、可行性和实践性。科学与哲学的这种长期的互动和思想对流，矫正了工具理性张扬、人文理性低迷的发展畸形，为哲学的发展找到了新的生长点，拓展了新的自我生成之域，哲学的现代形象在科学事业中显得高大了许多，已从思辨进展为科学了。②

总之，一方面，哲学对概念语言的营造，成就了理性的独立王国，但现代人在漂浮压抑之际又开始了对它的解构，使理性的一切又都归于虚无，徒为后人留下颠覆的笑柄。其实，另一方面，哲学作为一种形上之思和智思之流，崇高智慧的自我形象虽已风光不再，但它在现实生活及人文学科中并没有销声匿迹，它的现代性理念早已深入人心，我们自觉与否都已生活于现代哲学的影子中，而且哲学已成为我们存在的构成部分，我们再也不可能没有哲学那样的思考了，哲学已从高楼深院和书斋讲坛真的走向了民间生活，并将触角伸向了人文学科的各个研究领域，不仅在事实上而且在理念上都改变了现实世界，我们无法绕开哲学的纠缠而存在了。哲学理念对现代生活的这种发散性的影响虽刚刚开

---

① 孙正聿：《简明哲学通论》，高等教育出版社2000年版，第86页。
② 舒炜光、邱仁宗：《当代西方科学哲学述评》，人民出版社1987年版，第2页。

始，但它必将为哲学的未来发展开拓新的视界。可见，应颠覆的不是一切哲学理性，而应是那种残缺不全的（病态的、片面的、狭隘的、走向极端的、未充分发展的、已陷入自我矛盾和理智洞穴的）哲学理性；哲学的暂时冷遇并不意味着它的穷途末路，相反，它在现实生活及其人文境遇中的别开生面，恰恰印证了哲学作为对人的生存意义的自我关注绝不会被任何现实力量所消解，当然也不会在后现代主义思潮中走向精神崩溃乃至自杀。同时，哲学与政治、历史、语言及科学等的价值勾连，更不至于因造成工具化、异化而丧失其高贵的品性，相反，却对其生存和发展的基础起到了培根固本的作用，开辟了许多新的边疆。不仅如此，哲学理念在人文学科中的引入与播撒也照亮了这些学科进一步发展的航标，为实现人文理性与科学理性的双向互动和内在交融，搭建了逻辑之桥。

第七章 "个性吐槽"与"百姓言谈"

——马克思主义哲学大众化的公共空间与话语快感

当代哲学研究中的分工过细、结构失衡与思想隔断,虽一度彰显了研究者个体日益精湛的象牙塔功夫,却造成了其普遍视域和总体方式的被遮蔽,以致出现了公共视域与私人吐槽相互对立的尴尬情形。尽管任何哲学都离不开哲学家个人的独特创造,都毫无例外地要打上他本人的思维特色与表达风格,但无论如何哲学书写的都不是纯粹的"个性吐槽",而是属于它的那个时代的"百姓言谈"。研究当代哲学多元存在样态实现视域融通的公共路径,旨在对其存在特性及实践功能进行深度反思,并渴望借此而实现集体的方法自觉与理论自信。

一、"个性吐槽"与"百姓言谈"

事实上,有多种资源、多种动力在推动着哲学的理论研究,哲学的理性思考既要基于哲学史上的精神资源及其思想性拉动,更要基于社会实践中的问题资源及其现实性拉动,它既离不开对以往哲学思想的历史承继与历史展开,也离不开对社会现实问题的自觉探索与理性把握。但是,以往我们对哲学问题的实际研究,囿于职业上的分工过细和专业领地的固化,使得研究者个人的研究视域受到了特殊的专业限制与思想隔绝。这种人为的学科划分与思想隔断，虽然集中凸显了一个个研究者个体独特的思想方法、内涵与特性，却造成了哲学研究中整体思想视域和总体把握方式的被遮蔽。以至于出现了"个性吐槽"与"百姓言谈"两种方法与路径自然分离乃至相互对立的研究情形。倚重研究哲学史的学者，将哲学研究视作一种历史研究、实证研究，认为哲学史研究首先是一种历史研究并应自觉地将之归属于历史范畴，哲学方法与史学方法无实质差别，对历史上的哲学思想进行实证描述、文本解析、单纯译介、注释清理，对历史传承物的刊布状况进行史料考证、碎片分析，甚至将个人传记、典籍整理等编年史研究视作唯一一种可靠性的研究方法。有人认为，哲学研究染上一种历史癖，恰恰是哲学本身的本性使然。因为，哲学很难说有什么进步，它只有历史。它不仅实际上被历史所制约，与历史共生，而且始终处于它的历史中，面对自己的历史。这种木乃伊性的僵死研究、活化石研究，不仅把哲学研究私人化、个体化了，而且严重地拒绝了思想创新与方法自觉。或者说，它将哲学上的一切创新都看成最贫乏的东西，只有对历史事件的真切回忆与原初复制才是真正的创新，对哲学史一无所知不仅仅是一种背叛而且必然成为稍纵即逝的泡沫。可见，史学方法在哲学史研究中的简单移植并不成功，它只是挖掘了思想资源而没有很好地利用资源，它只是为进行深入的思想研究进行了外在性、前提性的准备，而没有真正地进行这种有深度的研究，有"史"而无"论"，或者说"史"掩饰了"论"。哲学家处处"拿证据来"，一切让史料自己说话，恰恰成为无思想的资料员或者思想传记的记录者，哲学失去了思想及其创新，哲学的本性何在呢？哲学研究成了无创造性、无思想性的碎片复原和史事再现工作，哲学也仅仅成为私人话语的个性表达了。

而倚重研究哲学思想本身的学者，又往往与哲学史互相隔断，不仅缺乏文化底蕴的厚重感与历史原像的真实性，而且不可避免地流于闭门造车的虚假营造与追逐政治的时评描写，缺乏了思想创新的源头活水、生命活力，哲学研究仍然沦为空洞性、空想性的一家之言。研究哲学离不开沉入历史理性中内在咀嚼构成思想灵魂的原初文化与历史资源，没有学术根底的思想创新严格来说根本算不上是一种思想，犹如一种无根的浮萍，又恰如一阵空穴来风。哲学思想就是在时间性的历史展开中逐步攀升的，正是由于研究者捕捉住了哲学与哲学史的内在张力及其思想律动，从而成就了他以哲学家的美誉。唯有带着时代性的课题与历史上的哲学家进行建设性的对话，才能让历史性的思想内容进入当代的思想集体中，才能赋予哲学史以鲜活的生命元素与存在样态。之所以研究哲学史就是在研究问题哲学本身，之所以研究哲学问题根本离不开对哲学史的追问与反思，关键的原因不仅在于，犹如树枝与树叶一样，哲学与哲学史原本就是"一而二、二而一"的一体性的东西，而且还在于二者具有共同的存在论基础。历史上的任何哲学都是对人的存在命义的理性表征，哲学研究也与人的存在矛盾、生存悖论内在相关，它是对每个人生存经验的独特表达，也是人的存在本质的集中映现，更内在地提升与整合着人类生存的基本经验，确立着人作为人的存在方式、存在意义与终极关切。所以，科学是集体性的、无个性的，科学的研究成果属于人类的，每个人不可能都有自己的科学，但是，哲学研究就不同了，每个人都有一种专属于自己的哲学理解与建构，却是极其可能的，哲学是私人性的表达，在某种意义上说是有道理的。但是，二者除了具有共同的存在论基础以外，还有共同的实践论、现实性基础。再具有个性的哲学表达也离不开对时代课题的追问与把握，哲人们只有把呕心沥血的智慧化为五彩缤纷的生活元素，透过个人谱写的心中愿景及字斟句酌的精心设计而沉入到人生哲理的历史深层，才能成为测量历史文化厚度的内在标杆和传承历代先贤睿智的道德文章。如若不然，如陈先达先生所言，"马克思主义哲学研究著作和文章，如果从头至尾没有'烟火气'，没有一点点热气，只有概念到概念，满篇都是建构、解读之类的东西，说内心话，我不佩服"。特别是近年来，在哲学论坛上出现了一些奇特的现象，后现代话语成为关键的核心词，纯粹个人化的"后学操作"大行其道、风靡一时，消解一切、颠覆一切造就了当代哲人的"吊诡的快感"，一些私人性的愤懑表达与义愤吐槽，恰恰掩饰了自身生存处境的困惑与尴尬。哲学那种真正切入时代和生活本质的批判风格、"百姓言谈"，早已丧失；而其真正捕捉时代发展律动并召唤社会前进的实践指向、大众心声，早已委顿。哲学不再反思、不再思想，无关痛痒的"微抵抗"策略到处风生水起，激发了人们对喜剧性的政治内涵及其极端性的物化图景的虚伪认同，基于虚假体验、回避生活矛盾而进行的谨慎涂鸦，构造了一个个隔断真实经验的私人吐槽与精神自慰。

二、"哲学就是哲学史吗？"

哲学是一种历史性的叙事，但对其精神视域的把握却不能采取历史考证或者文本细读的方式，编年性的历史解读、碎片性的考订史事，就会固化哲学研究的内容与视域，它只是哲学研究的一种而非研究的全部，且只是外在性的研究而非内在性的研究。我们需要的是一种将"论"置于"史"中的论从史出、以史带论、史论结合的研究。这种研究实现了哲学主体与思考主体的双向互动，实现了哲学的历史存在与实践视域的内在结合。在张志伟先生看来，这种结合是在对哲学问题的把握与求解中实现的。他认为，"西方哲学史归根到底乃是'问题历史'，因而'问题'并不是研究西方哲学的一个角度，而是西方哲学的活的'灵魂'与源泉，亦构成了它的最基本的整体特征"；由于"哲学的问题不是'问题'而是'难题'"——永恒追问但却无法获得最终答案的难题，"我们对之不可能有一个答案而只能采取各种各样不同的解答方式"，因而，说到底，"哲学就是哲学史"的真正含义在于哲学只能获得一种历史性的存在样态，哲学只能是对问题的求解史，或者，更确切地说，哲学只能是对永恒无解的难题之求解方式不断改变的历史，是求解方式不断革新的历史。由于切问哲学难题的方式完全因人而异、因时而变，故而哲学只能说是单个人的思考与省察，哲学不可能是集体性的反思与研判。似乎哲学的历史性存在，只能成就一种私人性的研究思域。与这种观点不同，黑格尔认为，哲学的历史性存在，不是哲学的外在性特征与属性，而是哲学的内在本性使然，哲学研究的问题当然需要不断地被反思、被追问，但是，我们重新反思与反复追问的哲学问题，并非是对同一个哲学问题的简单追问与思考。哲学智慧需要重思，但不是对同一个问题的重思，哲学问题不是固定不变的而是历史地发展着的，哲学不是随着它把握同一问题方式的不同而发展的，恰恰相反，而是随着它把握到的不同问题的演变和转换而实现自我更新的。哲学历史性地存在于它所捕捉到的问题转换过程中，并随着问题的不断求解而获得思想创新。在现代西方哲学家伽达默尔看来，如果把哲学研究视作"指向同一个'圆心'并不断地变换'基点'的'圆周运动'"，或者如果认为哲学就是问题史，哲学研究就是对历史上的永恒同一性的问题的求解史，这种看法才"是一种空疏的抽象，是一种纯粹的幻觉"。哲学只有在切问历史性的问题中才能获得创新性发展，这种创新并非表现在对同一个问题的不同方式的求解上，恰恰相反，而是表现在对不同问题求解的历史转换中。

  作为继承哲学史而发展起来的马克思主义哲学，一方面它来自对德国古典哲学的批判继承，从中获取了主体性与能动性的哲学素养，另一方面它又来自于第二国际以来流行的马克思主义对历史发展客观规律的认识，从中获取了普遍性的世界观与方法论。其主体性与客观性的两种逻辑看似充满内在张力，实际上又存在着同一种可能的解决路径。这就是马克思主义哲学所开辟的实践视域及其存在方式，它成就了哲学的历史性存在与现实性超越的内在融合。在马克思看来，哲学之所以不属于个人而属于时代，那是因为它真切地把握住了最迫切的时代课题。问题却是公开的、无所顾忌的、支配一切个人的时代之声。问题是时代的格言，是表现时代自己内心状态的最实际的呼声。一种哲学研究是否成为时代精神的精华，关键取决于它是否把握住了时代最迫切的问题，是否为求解这一问题提供了科学的策略选择。哲学家把握并求解时代课题时，的确存在一个如何进行视域整合的问题。按照伽达默尔的观点，这种视域融通是哲学家们在历史性的诠释活动中实现的，历史上的哲人们通过问答逻辑、视域整合而形成了交往互惠与重叠共识，从而使得历史上的哲学成为活着的生命个体并借助新的时代课题而绵延开来。但是，在马克思主义哲学看来，个体性哲学间的视域整合并非是在问答逻辑上实现的，而是在实践基础上完成的。离开有个性的哲学家个人，的确无法进行真正的哲学研究，哲学家个人是从事自主创造性哲学活动的发出者，一切真正的哲学研究说到底都是以个人为主体而自我展开的。若仅仅从哲学的主体性存在视域上看，哲学研究的确具有私人性、个体性。但是，哲学家个人作为研究主体，不同于生物学意义上的单个个体，他们毕竟是在特定的社会关系和实践基础上进行哲学创造的。个体的哲学创造能力很有限，要受到个人的学业背景、个人禀赋、文化积存、思维习性、学术兴趣、情感意志、政治偏好及生理状况的制约，也要受到单个人哲学实践的广度及深度的制约，其个体的研究设想必须归属于研究共同体中并通过它才能完成与实现，这种研究集体不是单个人的机械拼凑与个体研究能力的简单叠加，而是一种整体功能的全新释放，正是依赖这种集合了各种个体性的整体研究，才真正产生了哲学研究的视域融通与实践整合。正如恩格斯所说，哲学"它是单个人的思维吗？不是。但是，它只是作为无数过去、现在和未来的人的个人思维而存在"。哲学样态的个体存在与公共存在是辩证统一的，这种统一的基点不是研究者的主观诠释或者个人的存在体验，而是社会历史性的实践活动。

三、人民最美好、最珍贵的思想意愿

人民性的社会实践活动推动着哲学研究的创新与发展，作为"被把握在思想中的它的那个时代"（黑格尔语）的哲学体系，它时时处处都最集中、最直接地贴近了人民群众的实践需要，"人民的最美好、最珍贵、最隐蔽的精髓都汇集在哲学思想里"。它总是基于特定的实践需要而产生、为社会实践的特定需要而服务，随着社会实践需要的变化而发展并内在地接受社会实践的严格检验。人民性的社会需求与实践活动是哲学研究的核心内容与根本任务，它的时代立场与发展方向归根结底要由人民主体性的社会实践及其根本需要来确定，社会一旦有技术上的需要，这种需要就会比十所大学更能把科学推向前进。哲学家的理论研究对人民主体性的社会实践具有强烈的依赖性，社会实践不仅是它产生的源头活水与发展的内在动力，而且是它接受检验与获得自我矫正的唯一标准。哲学家只有做人民理论家而非专业的文化匠人，只有热情而积极地参与社会实践变革，才能成为时代的代言人和社会良心；他只有透过文化的迷惘、浮躁的喧嚣、世俗的熏染而向人民学习、向实践学习、向生活学习，才能在与实践对话、向生活讨教的过程中提升自己对时代需要的敏锐性与洞察力，才能丰富时代智慧、升华大众情怀，进而赢得并见重于广大人民群众。哲学家的理论成果只有回到人民性的实践中去，掌握足够多的人民群众，才能把精神力量转化为巨大的物质力量，真正实现对客观世界的改造并释放出伟大的理性光芒来。正如马克思所说：哲学把无产阶级当作自己的物质武器，同样，无产阶级也把哲学当作自己的精神武器；思想的闪电一旦彻底击中这块素朴的人民园地，德国人就会解放成为人。哲学家理论研究时可以对一些知识性的东西做简化处理，甚至可以忽略一些不必要的烦琐论证，但唯独不能遗漏哲学思想产生时的社会实践过程极其重大的精神性事件。哲学发展史，的的确

确是一种概念更迭史或者范畴发展演变史而非社会实践史或者生活变奏史,哲学它不是历史事实本身,但它不脱离历史并且总是形成于和表现于历史之中,它是逻辑与历史的统一。因而必须从哲学研究与人民群众的社会实践的联系中来说明思想的产生与发展,特定的社会实践需要及其精神性事件内在构成了哲学思想发展的"背后故事",集中凸显这种"背后故事"并从中提炼出纯粹的思想精髓,是哲学家反映时代呼声、代表人民意愿的根本路径。

受西方后现代哲学影响,在当代哲学研究中,不少人认为,没有一般性的哲学,更没有普遍性的哲学原则或原理,哲学都是具体性的、个人性的。对"公共性的消解"已经成为当代哲学研究的一种共识,根植于个人兴趣而进行纯粹的理论构境已然成为一种时尚,窃窃私语并吐槽感怀是哲学研究的出发点与立足点,拒斥大众化而倡导小众化、拆解公共性而沉溺私人性是哲学出场的基本顺序。公共性立场与人民性方向的丧失导致了当代哲学的元价值情结,并主导了一种重大的理论后果即让哲学研究从复数走向单数、从人们走向个人、从无名氏走向有名份。哲学是哲学家个人独特的心灵感悟与内在体验,它具有独特的私人性与本己性,即使是师出同门的哲人之间也缺乏内在通约的桥梁,彼此互不欣赏且文人相轻是常有的事。也有人主张,哲学没有超时代的可能和跨民族、跨文化的征象,哲学不可能有公共性或普遍性,哲学根本不可能在普遍中求得生长、在混合文化中求得发展,哲学只能是纯粹个性化的东西,只能自说自话、随意涂鸦。因为,哲学都是哲学家私人性的东西,哲学家总有自己的私属领地、专业范围,带着自己特殊的专业规训及思维惯性并进行着特殊的专业解读,无立场的考察与无我性的评价,对哲人来说都只能是一种奢望。当哲人们谈到哲学时,总是说哲学就是哲学史,这实际上是说哲学史根本不记载毫无个性的东西。这样,一个哲学家越是重要,受到的咒骂也越多;越是有个性,也越是触怒更多的同行。当然,他受到的咒骂与触怒越多,聚焦到身上的光亮与青睐就越多，他释放出的思想能力就越大。关于哲学的个性通常会被人们理解为强调哲学与其他各种文化样式以及知识形态之间的差异性。这种理解是有一定道理的，哲学在这个意义上确实有着自己不同寻常的自性，它一旦丧失，就会魂不附体、迷失真我，并沦为他者或者走向消解。不存在超越一切时代的一般性的哲学，也没有什么亘古不变的哲学原理，哲学纯粹是私人性的，对它的公共本性与政治旨趣不能界定，只能说它"不是什么"而不能说它"是什么"。的确，哲学是既不同于艺术宗教也不同于科学文化，哲学是个人心意的宣泄，只能各吹各的号、各唱各的调。哲学就是哲学，哲学不能成为其他。哲学思考一定要心无旁骛，种了别人的地，就会荒了自家的田。这种理解的实质在于，既然人们已经认识到哲学是私人话语的表达，为什么还要把它视为关于自然、社会和人类思维普遍规律的学问，进而把它提升到不适当的地步并使之成为普适性、普遍化、共性化的东西？既然哲学作为哲学家理解自身的自我意识，是纯粹个人思想与文化灵魂的理性折光，为什么还要以公共的科学标准和普适模式来剪裁它，而且还以共同尺度去评价它？既然哲学是基于自己独特生存环境、精神空间而由哲学家以个体性的方式创造的个性化思想，为什么多年以来一谈起哲学总是将它归并到一种思想框架和文化摹本中？

其实，就哲学的本性及其转向而言，哲学怎样理解世界，它也就怎样理解人，反过来也一样，"意识有什么世界就有什么"，哲学正在从世界形而上学转向意识形而上学。因此，从本质上说，哲学表达的就是哲学家对自身知识情意结构的独特识认。换言之，哲学是哲学家的自我意识和自我觉醒。根据哲学的这一特点，我们可以看出西方哲学对世界的抽象理解，必然会导致对人与世界关系的抽象性表征，形成以共性泯灭个性的"坏文学"。这样看来，西方传统哲学丧失了哲学的个性，或者共性遮蔽了个性，从而也就丧失了通过哲学理解哲学家个性的思想能力和自由灵性。哲学本应该是个性化的自由切问，由此方能与人性相通，这正是哲学区别于其他学问的独特品格，哲学通过个性化才使之具有真实性和特殊价值。在当代，越来越多的哲学家不仅思考着哲学与其他文化形态的差异以便把握哲学的个性，而且分析各个民族国家地区不同的文化传统，进而总结和概括世界上历史悠久的民族在哲学上所具有的个性特质。这种探索是以反思哲学的思想特质、当代价值、理论创新为切入点的，旨在通过古今中西多重维度的考察，生成当代哲学的个性并从哲学个性这个独特的视角，提出和理解何为哲学及哲学何为这一根本问题的。就此而言，强调哲学的个性其目的在于确立哲学家的自我意识，以把握哲学的发展趋向、探索哲学个性化发展的道路、弘扬民族精神推动理论创新，使哲学家能够以原创性的思想理论为世界文化的发展，贡献独特的哲学智慧和先锋思想。因此，深入研究哲学的个性化问题，有益于改变原有的思维方式，走出传统哲学抽象普遍性和绝对化的误区，而且有益于理解哲学的特点、性质、价值从而创造有独特个性的哲学体系。

就专业研究看来，哲学家与哲学实为一体、须臾不可分离，"专业哲学就是哲学家的哲学"（非专业的哲学鱼龙混杂、良莠不齐，更无统一样态之可能），当人们谈起一种哲学思想时，总是自然而然如数家珍般地把一些哲学家提出来一并加以讨论。从这个意义上看，视乎根本不存在离开哲学家的哲学，哲学都是有姓名的、都应归功于个人。比如，提起古代哲学事实上是指苏格拉底、柏拉图、亚里士多德等人的哲学以及孔子、孟子、老子、庄子等人的哲学；提起近代哲学显然忘不了西方经验论、唯理论大师的思想成就以及二程（程颢、程颐）、朱熹、陆九渊、王阳明的儒学复兴，更不能忘记康德、黑格尔、费尔巴哈的德国古典哲学以及黄宗羲、顾炎武、王夫之的明清启蒙哲学；提起现代哲学则很自然地使人们想起尼采、胡塞尔、海德格尔、萨特的哲学以及熊十力、冯友兰、金岳霖、贺麟等人的思想；提起后现代哲学事实上是指福柯、德里达、罗迪、杰姆逊等人的哲学及当代中国一些杰出的哲学群体。中外哲学史实际上就是哲学家名录累加的历史，若离开一个个鲜活的哲学家个人，哪里去找寻一般性的哲学史呢？而且，从哲学存在的个性样态上看也是如此，有多少个哲学家、哲学派别就有多少个关于哲学本性的不同理解，这样一来，哲学的定义、本质、价值、样式根本没有获得过一致性的集体认同，往往是众说纷纭、千差万别。从来没有统一而普遍的哲学类型或者样态，更没有对哲学"同归而殊途、一致而百虑"的理解，历史上存在的哲学样态如过眼云烟、风光不再，总是因人而异、因时而变的。哲学就是哲学家不断进行自我言说、自我表白的历史，就是哲人们不断实现着文化选择并达到思想觉醒的过程，哲学就是哲学智慧不断花样翻新的历史，就是一个个哲学家粉墨登场、展示精神风采的舞台。就中国哲学发展史来说，哲人们立异相竞、往复诘难几千年而不能定论，思辨玄想、参禅释经，煞费心机都想争个名堂，然而，其中有谁把自己称为哲学家、又有谁的哲学可以折服众人呢？没有。故而有人讽刺说，从严格意义讲，中国历史上没有一个哲学家，更没有一本纯粹的哲学著作，对于何为哲学与哲学何为这一难题，更是有口莫辩、回答迥异了。有人将之命名曰道、理、神、心之学，有人呼之为仁、玄、名、实之学。不同时代的哲人有不同的感悟对象与理性支点，各个哲学家就是从理论上对时代课题的反思与追问，经过"思入时代"即深入到实践生活的内在本源处，获得对时代内容的集中把握，哲学实际上就是不同的哲学家从事不同哲学思考的事业，就是各个思想者进行思想建构的过程。

四、哲学的"间性存在"与公共表达

就西方哲学发展史来看情形也是如此，许许多多的哲学家那么多的哲学派别，正像从一棵树上找不到两片完全相同的树叶一样，我们在历史上也很难找到两个完全相同的哲学家或者哲学派别，哲人们对于什么是哲学、哲学能做什么等问题的回答，从来没有一致过。著名浪漫派诗人和大哲学家诺瓦利斯曾说过，哲学就是怀着一种乡愁的冲动到处去寻找自己的精神家园，一旦自己的理想信念或者精神信仰破灭，自己就会成为绝思断想的孤鬼游魂，无所寄托、四处飘零。对之海德格尔说得更明确，人们根本不能想当然地规定哲学是什么或者试图做什么，哲学何为与何为哲学压根就是一个无法回答的难题，谁想对之言说最终只能愚弄自己。因为哲学发展的每一个阶段、每一个开端都有自己的法则，每一个时代和每一个民族都有自己各自不同的哲学使命和特殊功能，人们只能说哲学不是什么而不能说哲学是什么。无怪乎唯意志主义哲学家叔本华说，哲学就像一个九头怪，它长着九个头，每一个头上都长着一张嘴，每一张嘴都说着不同的语言。可以说中西古今的哲学个个不同，"中西印"三大哲学传统各自迥异。当年冯友兰先生曾将之区分为"意欲向前以求真""意欲向后而自悟""意欲圆融而求通"的三种不同的路径；而同属于意欲圆融的中国哲学，儒释道三家也是各有千秋，新儒学的复兴也是几起几落。这表明，如果按哲学方式而非科学方式、从本体论出发而非从知识论出发去反思哲学自身的话，的确可以得出这样的结论，地域不同、民族不同、时代不同、阶级不同就会有不同的哲学，根本不存在一种可以超越一切时代、民族、阶级的一般性哲学或者共性哲学。凡哲学只能说是某某时代的哲学、某某民族的哲学、某某阶级的哲学、某某人的哲学抑或某某地方的哲学，如此等等。换言之，哲学只有个性没有共性，只存在有称谓、有特性的哲学，而不存在没有称谓的、无特性的哲学，哲学不仅具有时代性、民族性、地域性、阶级性，而且还具有个人性、私人性、本己性。任何哲学体系都是些地缘差异、文化差异、血缘差异最明显的理论系统，都有它们得以产生得非常特殊的历史上下文，都有一些特殊的文化申认、价值选择和情感细节。任何一种哲学元素只有在自己的理论系统中意义才是确定的，离开这一体系根本不能从中抽象出一般性的、能为一切哲学体系共有的元素（原则或原理)。所以，一切哲学体系都是不可复制的，都是独一无二的，不可替代的。谁也掩盖不了谁的光辉、谁也替代不了谁的地位，整个哲学史就是一个无结尾的纯粹个性化的叙事，正是这些碎片化的东西才组成了异常壮丽的统一的哲学画卷。显而易见，如果有谁试图构造一种能够超越一切时代、民族、地域或阶级的一般性的哲学原理，能够放之四海而皆准、诉诸百代而不朽的哲学，具有永恒性历史价值并能够凌驾于一切科学或文化之上的"科学之科学"，那只能如制造永动机一样，徒劳而无功。同样显而易见，如果有谁企图操作一种包罗万象、具有普遍可解释性的最终哲学体系，往往也只能像黑格尔那样，以各种猜测和臆想来填补哲学发展中的各种空白，最终只能再三证明自己的荒唐可笑，其灵性和智慧只能被过分茂密的体系所闷死。以上阐述表明，哲学都是些非常个性化的作品，任何哲学思想都只能属于特定哲学家个人的思想。哲学的灵性、品格与哲学家本人的特定实践、境界，内在统一、水乳交融，离开哲学家的著作就无哲学可言，哲学只能说是哲学家的哲学，哲学只能说是某某个人的哲学，哲学只能个性化表达而不能公共性操作，或者说，在哲学里，个性就是一切，共性等于零。哲学史不是公共意见的集合也不是教科书信条的汇集，它只青睐有独特个性的私人言谈，从不记录没有卓异特征的一般表达。所以，事实上哲学不过是非常有个性的哲学家之非常有个性的思想总汇而已，离开特立独行的哲人及其桀骜不驯的思想吐槽，还能有什么值得称道的呢？

然而，吊诡的是，情况果真如此吗？果真如上所述哲学只有个性吐槽而无共性表达吗？在笔者看来，显然问题没有这么简单。把握哲学的个性只是肯定了它的特性的一个方面而非全部，哲学不可能只有个性而没有共性，否则就会背离了自己哲学的辩证意涵。的确，哲学具有时代性、民族性、具体性，任何哲学都只是时代性的民族哲学，那是因为任何哲学智慧都不能仅仅成为私人话语，都不是从哲学家头脑中主观自生的，都不是蜗居书斋闭门造车的结果，更不是哲学家"醉醺醺的思辨"

或者纸上谈兵的文字游戏。任何真正的智慧都只能是哲学家在积极参与并从事特定的实践活动中取得的，在处理和驾驭自己与外部世界的各种关系的活动中形成、发展与表现出来的公共性话语。哲学家这种透过个性把握共性的智力如同其他科学家的智力一样，是按照人们如何学会改变自然界的实践中不断概括总结发展起来的。在黑格尔看来，哲学是以普遍性的思想对象为内容的，什么时候哲学言及了一个普遍性的存在，哲学便从那里开始。罗素也说过，当有人提出一个普遍性问题时，哲学就产生了。特定时代的人们的实践活动及其积极结果，作为时代性的文化或文明凝聚起来，就成为一定的思想体系和学科体系，哲学要思入时代并引领时代，就不能不立足于特定时代人们的实践活动，更不能不以特定的范畴体系作为自己思想展开的理性基地和中介要素。哲学是个性的、私人的，又是时代的、人民的，哲学与人民的社会实践相交融，因而哲学体系不能不是社会实践的产物和群众智慧的结晶。对此，一些哲学大家早有明训，马克思认为："任何真正的哲学都是自己时代的精神上的精华"，因而必然会出现那样的时代和那样的哲学体系，哲学不再是同其他各特定体系相对的特定体系，而变成面对世界的一般哲学，变成当代世界的哲学。各种外部表现证明，哲学正获得这样的意义，哲学正变成文化的活的灵魂，哲学正在世界化，而世界正在哲学化——这样的外部表现在一切时代里曾经是相同的。如果有谁试图以统一的思想方式去把握时代的本质，妄想建构一种超时代的永恒性的哲学，那他肯定是极端愚蠢的。如黑格尔曾说，哲学并不站在它的时代之外，它就是对它的时代的实质的观念把握。作为现世的智慧，哲学时时处处都是自己时代内容及其本质特征的集中表现。作为人民性、时代性的伟大真理，哲学能够给人以真正的智慧，真正教导人们更有智慧地协调好和处理好人与世界的关系，并运用特定的概念和范畴、按照特定的原则逻辑地建构起来系统性的理论体系。哲学根本上就是特定时代的一切内容与特征在观念中的高度表征，它视乎高耸于天国只在象牙塔中徜徉，然而它的精神都来自对现实性的呼唤。它似乎是悬挂于空中的思想领域，然而它的根却深深地扎在特定的经济事实里。它不仅从内部即就其内容来说还是从外部即就其形式来说，都必须和自己的时代相接触并发生相互作用。因而哲学家及其哲学，不论从外表看来多么另类与奇特，都离不开哲学家所处的特定时代及其人民的实践，都是以哲学方式对时代课题及人民愿望的积极回应。

尽管哲学都是哲学家个人的独特创造，都毫无例外地打上了哲学家个人的特色与品格，都以哲学家个人的名字命名，但它并非仅仅属于他个人，而是属于他所反映的他的那个时代。同样，每个哲学体系都有它的个性，都受特定时代的局限和地域的局限，然而离开特定的历史上下文，它的那些个性不仅无法得到理解而且根本不能得以保存。哲学家只有凭着特定的哲学本能，及时地回应时代发展的内在需求和生存主题，以哲学的把握方式反映时代的生存意义和生活矛盾，才能成为时代的哲学代表，承载特殊的社会使命和伦理担当，挺立时代变革潮头，代表人类文化前进的正确方向。换言之，哲学家是成为时代的骄子还是时代的弃儿，这一切完全取决于他是否能够深入到社会生活的内在本源处运思，是否能够超越特定的时代局限回应人类永恒性的历史主题即生存主题。思入时代、引领时代并积极地超越时代，是哲学体系永葆生命力的根本保证。正是因为哲学依存于时代，所以哲学不可能是纯粹个性化的，哲学必须面对时代并与之保持紧密联系，以便捕捉住时代跳动的脉搏。因而仅仅依据哲学自身的时代性或者仅仅依据哲学家本人的特殊品性，就去解释或论证哲学的个性化、私人性是很不够的。"马克思主义哲学不是哲学家的私语"的集结，而是时代性、人民性的话语体系。哲学当然具有时代局限和哲学家个人的品格，但哲学的可贵之处在于它始终是对人与世界关系的整体性表达。只要人类社会存在，就存在如何处理人与世界的关系问题，不论时代特征如何特殊及哲学家个人品性如何鲜明，都掩饰不住哲学通过时代性内容的透析而获得关于人与世界关系的共性追问,都阻止不了哲学去对人类生存理性之永恒主题的把握,而且这种追问和把握不可能在一个时代中完全予以穷尽。我们说哲学是发展着、实践着的科学体系,它虽然诞生于特定的时代,但没有停留于那个时代,早已跨越了时代的局限性而影响到了整个人类历史,它早已成为各个时代精神的精华。诚然,任何一种哲学理论都是时代的产物,它的产生和发展也有其深刻的社会、历史根源和实践基础,其产生、形成和发展也有其特定的历史背景、历史条件及其相应的精神资源和文化氛围,在它身上所发生的大大小小的变化,无不与特定的历史变迁和实践变革有内在关联。从这个意义上讲,可以说,特定的时代造就了特定的哲学,离开了这个特定的时代就谈不上对哲学的理解,更谈不上对它的发展、它的今天和未来有预示性的把握,哲学压根不是离开时代实践而存在的抽象理论。但是,还要看到,哲学又的确是在实践中不断丰富和发展着的学说,时代孕育了一种哲学,但时代的发展又不断开辟并生成着它的多种可能性发展空间,只有超越时代才能积淀到人类历史的逻辑中去,成为具有普遍指导意义的一般性哲学,哲学是通过时代的个性来反映它的共性的,离开共性的个性根本不可思议。

五、"教西方哲学说汉语"与"教中国哲学说洋话"

在哲学的民族性、阶级性、地域性问题上,情形大致一样。比如哲学的民族性,不同的民族有不同的哲学及其思维方式,不同的民族性哲学也有自己非常特殊的价值选择和情感细节,"中西印"风格迥异,"中西马"大异其趣,"教西方哲学说汉语"抑或"教中国哲学说洋话",都不是一件很容易的事。但是,哲学的民族性并不排斥不同民族哲学间存在着某种程度的共性和诸多相似的说法,可谓微观各异、中观交织、宏观相通。正是由于深层通约,不同民族的哲学才可以相互比较、取长补短、相互借鉴、融会贯通,并在此过程中,共同构造出一种普遍性的世界原理，在全球化过程中必然导致哲学的世界化与世界化的哲学。又如哲学的阶级性问题，的确哲学是有阶级性的，不同的阶级自然有不同的哲学，所谓哲学的阶级性是指在阶级社会中任何一种哲学体系以及由其引出的政治结论总是代表着某个阶级的根本利益。作为一种意识形态，哲学始终是一定经济基础的观念反映，只要经济基础中存在着阶级关系，哲学就必定是有阶级性的；而且任何哲学总是由一定的哲学家创造的，在阶级社会中，不同的哲学家从属于不同阶级并代表着不同阶级的根本利益，因而有着不同的阶级立场，其哲学也就必然打上不同阶级的印记。但哲学的阶级性并不意味着哲学只有个性，恰恰意味着它的公共性，哲学的阶级性并不排斥哲学的共性，并不排斥在一个个阶级性哲学中包含着对人类文化及其永恒生存主体的真理性表达。再如哲学的地域性，从表面上看，各个地域的哲学都是彼此独立、相互隔绝并且受内在生命周期限制的超稳定结构，这种特殊的文化范式造就了文化的独特的个性风格、发展形式、发展规律和精神力量，于外则成就了它的独特的话语系统和表达方式，于内则成就了它独特的精神品质和内在灵魂。而且，每一种本土性哲学都先天的被它的文化范式和精神特质所钳制，都只能从自己固有的框架和模式去解读外来哲学。尽管可以将异质文化因子所催生的外在形式暂时移植到本土文化上，但无论如何都无法将其独特的精神内核一并予以接纳，从而规定了各个地域性哲学在深层的不可交流。但从学理上看，哲学的交流与对流是整体推进、立体互动的，其表层和深层是交织在一起，共生共存、协调发展的，而且越是在深层越具有内在一致性，越易找到足够多的共点实现内在的契合。其共度性越大其对流与互补的可能性就越大，不同地域性哲学间的互渗互动、内在交融必然产生一种极具当代价值的新的公共性视域，并在公共思想平台上经过多元互补、公共商谈而形成深度对话、重叠共识、多元化生，这同样是哲学通过个性以彰显共性的又一明证。

总之，即使再具有个性的哲学若不能在多元混合文化中求生长，它就会停留于哲学家私人性的内在解释循环中，听命并依存于这种私人话语的独白，一切都根据个人的特殊爱好和兴趣而提问与回答。哲学作为文化的核心与灵魂，根本不能为了固守自己的个性而放弃跨文化、跨学科交流以实现科际合作、界外阅读的努力。视界融通以实现交往互惠并产生重叠共识，对哲学说来，永远都是一个无法回避的重大课题。的确，在当代，非比较的研究再也不可能了，即使那些地方性、阶级性、时代性很强的哲学体系，也必须能超越文化的地域、时代、阶级的限制而成为一种一般性、世界性的哲学体系。毫无疑问，哲学家都立足于创造关于人与世界关系的独特理解，形成自己理解生活与人性的完整而深刻、复杂而微妙的世界观、人生观、价值观，按照自己生活于其中的文化的特殊需要，不断塑造出具有高度复杂而微妙的信念价值标准和情感生活细节，对之，除非经过各种文化间的深度融通、互相通约的对话与交流，要想张扬一种永远也不可能放弃的超越精神、开辟哲学通达公共性视域的一道思想走廊、成就一种全新的话语实践和共同路径，谈何容易！为此，只有把时代性与历史性、私人性与公共性、民族性与世界性、阶级性与科学性，内在地予以打通，以便能够透过时代理性而切入人类生存的永恒性主题中，从时代的实践逻辑上升到文化的理性逻辑，再从理性逻辑沉积到历史逻辑中去。黑格尔讲，"哲学乃是一种特殊的思维方式"，其特殊性在于它的"概念性的反思"，在于它总是透过哲学家的特殊申认而对时代本质进行公共表达。哲学思维高度的抽象性与广泛深远的普适性，既源自它共同的世界观功能与方法论基础，又源自它共同的阶级立场与文化底蕴。作为主流意识形态的哲学，它提供给我们的总体性和一般性的方法基础、价值准则、思维规范，并不是在哲学家个人的头脑中凭空建构出来的，而是人类共同的物质实践与文化实践逐渐内化的产物，它一经形成就会反过来将各种思想元素有序地组织起来，推动人们按照统一的世界观与方法论协调地发挥作用。无论哲学家本人自觉与否，他总是基于这种共同的方法基础、价值准则与思维规范来开展自己的认识与思考，也总是基于这种共同的时代需要、阶级立场与政治方向来刷新自己的精神世界、开拓自己的思维空间。在当代中国，无论哲学家个人的写作风格、思维习性、理论志趣、专业领域等是如何的卓异与独特，马克思主义哲学的基本原理与原则都毫无例外地要渗透并活跃于他们的精神世界中，而且无论他本人自觉与否，他都这样或那样地将之作为自己的内在灵魂与精神支柱，正因为大家都"信马"，所以无论在专业上抑或在职业上大家都"姓马"。哲学家个人的理论主张与理性特质，是通过并借助于马克思主义哲学这一公共平台得以展现的，研究并宣示马克思主义哲学并没有埋没自己个性化的理性创新，恰恰相反，他们通过张扬马克思主义哲学及其大众化而成就了自己的哲学梦想与思想品格。一切个体性的私欲吐槽必须让位于姓马一族的公共表达，一切千流百派的个人追问只有纳入马克思主义哲学这种"世界意识""世界哲学体系"中，才能通过视域融通而达到既各异其趣又互相补充。

第八章　理性至上主义及其"迷头认影"

——马克思主义哲学大众化的科际整合与民营方略

西方形而上学一向主导文化集群,无论国家决策抑或民间日用,无不以之作为价值基准,无论文化转型抑或科学革命无不以之作为理想支点,以至于长时段百家罢黜、一家独显,其至尊地位代相传递、延绵不绝,虽时有变更、但质无大改,然而遭遇后学精神冲洗之后,它竟然歧义迭出、杂芜丛生,顿失居所、无从容身,有的另起炉灶、攀援别式,有的离经叛道、悬置思想,这使之与学理大统了无相涉、分道扬镳,完全处于无从置喙、瞠目结舌之失语窘境。

一、后形而上学早已日暮穷途、风光不再

受后学流风所及,机械僵硬的简单比附、漫不经心的任意解读随处可见,牵强附会之说、荒诞不经之词沉渣泛起,人文精神低迷、身份认同危机、学术日益衰微、价值信念悬空,大有江河日下、人心不古之势。如果说青年学子能够较为自如地进入后学视域,用解构策略来消解任何带有总体性踪迹的思想记述,可以较少或不受形而上学的羁绊,因而显得应付自如、负担较少的话,那么,一些在传统理性中摸爬滚打、深陷其中的资深学者,在形上理性四处飘落、走向终结的尴尬境遇下,

急于振臂高呼以实现突围，然而应者甚稀、徒遭白眼，深感理性启蒙的一切艰苦努力皆化为乌有，虽不甘用新瓶装旧酒，终因方法过时、资源陈旧、镣铐沉重，顿觉欲振无力、回天乏术，日暮途穷、前景渺茫。

随着后学视域在哲学王国中的冉冉升起，从此颠覆压倒了启蒙、解构替代了建构，形上理性成为明日黄花、风光不再。反理性、非理性的积极营建试图截断众流、开创新说，使得形而上学要想在哲学中谋得一席之地就不得不改头换面、脱胎换骨，在彻底边缘化、碎片化中改变自己的身份认同，时时处处按后学规则进行重写重振、重新表述，那些宏大叙事结构及其虚幻幸福承诺，渐渐变成了被人遗忘的历史遗产，一种发霉变质的故纸堆，仅仅成为材料性的存在，与实现生活的间距拉大、与思想的裂隙加宽，跻身于边缘角落、屈尊于文化旮旯，或者成为附着于生活浅表的应对技巧，或者成为"为稻粱谋"的权宜之计，或者成为高楼深院、书斋讲坛的调侃，或者成为少数人的俚语黑话，总之，已排挤出主流话语的局外，成为个别人的特殊爱好和艰难操持的另类事业。

随着后学的全面介入、平稳运行，形而上学试图充当中间理性、过渡形式的种种谋略，已变得十分可疑，将理论化为方法、将知识化为智慧、将理性化为德行的种种腾挪，已成为一道多余的手续，后学那种由整体到碎片、由中心到边缘的强劲消解力、冲击力，使之或者丧失了因应变化、与世偕行的回应力、再造力，突然面临连根拔起的灭顶之灾；或者被遗弃到思想的阴沟，"迷头认影"、失去真我、成为他者；或者沉积于学术的隐层，往碎片上拥挤、向泡沫中靠拢，在自残、自虐中气绝命丧，或者撒落在文化的破损处，成为恍若隔世的呆望者。衰微已极的形而上学最终消失在了后学精神凯歌高奏的欢声笑语之中，它对生活的种种谋划而产生的话语霸权也在冉冉升腾的后学旨趣中显得微不足道。拒绝经典、反叛理性、打倒传统的阵阵呼声，早已盖过了往日恋旧的精神记忆。理性解释的种种框架和思想平台，被彻底置换成了后现代主义思想坐标，后学转向所引发的革命变革不亚于一场精神地震，彻底改变了形而上学的存在状态和文化使命，在崩溃性逻辑中传统理性必须向反理性看齐，必须被打磨成一种合乎后学精神要求的无支点的批判、无原则的诠释、无立场的考察，才能成为当代通用语进入主流意识形态。这是理性的觉醒抑或思想的泯灭，是启蒙的胜利抑或全面的撤退，是意义放任抑或本性回归，是自我消解抑或成功超越，这一切新后现代主义或后后现代主义者又将对之作何评说？是否又会将后学的反理性看成是理性的自我纠偏行动，究竟是把解构一切的原则看成是形而上学复兴的前提还是把它视作是一种心存僭越的非分之想，是把传统理性看成是已经完成了的历史记忆还是可能得以自我拯救的未来计划？看来形而上学真是到了日薄西山、左右两难的境地，要么赖以生存的、可供根系蔓延滋长的土壤被彻底铲除，要么将获得某种超理性的先验幻象、非逻辑的奢望表征。

二、理性、非理性与反理性及其发展趋向

现在的问题是谁将赢得并见重于时代、生活和未来，理性、非理性、反理性？考虑到思维的层次性、明晰性，我们还是分而述之：若是一个操持理性的哲人，他的精神追求内在地体现了他的人生风格、文化品位和生活情趣，凸显着与他人截然不同的精神风貌和伦理操守，每时每刻都流露出一种思维的缜密性和做人的良知，他的精神期盼就是要确立一种令人羡慕的知识体系和逻辑基础，基础主义和心灵之镜是其两大特征。为此，就必须消除一切非理性的东西，设计出能够使一切知识统一起来的稳定根基，而要为一切体系奠基就必须以一种科学的哲学为之导航，使人们通晓所有领域并能够驾驭和支配理性的力量，并自信能够正当地使用，从而成为自然知识的主人和拥有者。作为智慧的最高等级，哲学能够为人类提供幸福之果，是最大意义上的人学，把为人谋幸

福视作神圣使命和致思取向，强调应对之终生不渝、充满自负，只要一息尚存就将不遗余力、苦心经营，力争为世界建构一套无限完美的知识系统。

若是一个非理性的哲人则认为，人根本不受理性的限制而是受非理性的本能和欲望支配，人压根是一种非理性的存在，人内心中充满了各种被压抑的原始冲动、破坏欲望和死亡本能，它们具有强烈的心理能量，总是寻求各种时机渗透到理性自我中，总能找到释放和发泄的各种出口，人的理性完全是由非理性决定的，人生注定要受非理性的奴役。而且认为人是绝对自由的，根本不存在什么固定不变的本质，一切包括人自身都是人自由创造的，万物及自我将成为什么完全取决于人的自由选择，现在的一切之于人都是不存在和有待超越的，而未来又只是一种可能性，同样不存在，人就处在这种双重的不存在之间，人压根是一种虚无和荒诞，是一系列不可捉摸的、非理性的情绪和感受的集合，是一个既没有现在又没有未来的虚幻的影子，对人来说，一切都是无用的热情，人终极的悲剧宿命使之一切都陷入虚无，此时，那个确定的、自主而又凝固的理性主体瓦解了、破碎了，成了一朵在时空中永恒飘荡的流云。

而若是一个反理性的哲人又该做何描述呢？在反理性的人看来，根本不存在线性的因果链条和规律设计，而只是一连串偶然事实的随意摆放。用某种理想的人类目标来解释人类的过去并设想人类的未来，这其实只是意识形态偏见，是虚幻的幸福承诺，是一切乌托邦的源泉，靠这种总体性的、简约化的精确设计，不仅不能为人类指明一个美好的未来，反而给人类带来了虚妄和欺骗，可见一切都是意识形态的虚构，任何历史、规律、体系、真理的记述都走向了终结。人类中心主义及其主体性哲学的各种旗帜都应该统统卷起，透过掩盖在各种时髦话语上的伪装和表象，人们看到一种面具性的主体开始浮出水面，人完全是一种理性的牺牲品，充其量只是一种意识形态虚构、一种怀旧怜惜的肖像。根本不存在一个作为类的主体,即使存在也不过是一个幻影、一个心理碎片或欲念的闪烁,人类、主体、规律、历史、真理等都不过是语言的效果,都寄存于飘忽不定的神秘踪迹中,任何整体性的叙述方案都不过是一些符号化的幽灵,不仅历史终结了,主体死了,而且人也死了,人的一切价值之维完全被颠覆了。

三、后现代语义及其意义的崩塌

近现代形而上学由于自我缠绕的加剧,在全球化、工业化、都市化浪潮中早已发生了深刻变化,由致思本体、形上追问演变成了不再思想、放弃思想,导致了思想诀别和意识形态瓦解的局面;在受到后现代理性和民族文化复兴双重打压下,已由主流话语蜕变为裂散的、漂浮的文化泡沫,由中心主义的霸权语调滑落为边缘化、隐匿化的理性残渣,它赖以生存的宏大叙事及其政治背景悄然出现崩裂,并在各种解构主义策略的巧妙运用之中,面临本根上的质疑和拷问,其合法性基础日渐贫瘠,其文化生态日趋凄惨。传统理性的残片如何起死回生、重新恢复到在场地步呢?那它就必须与后现代主义秘密牵手,经受解构策略的洗礼,在日常生活领域找到自己安身立命之处。日常生活视乎极易介入,解体飘零的理论资源重新被切割整理一番,做着各种各样的后学转述,成为对应与比照昔日生存状况的参考指标,形而上学的后学转向在日常生活领域发现了英雄用武之地,也使后学者心中普遍滋长着一种心安理得的慰藉情绪,个个不甘示弱,使出了浑身解数辗转腾挪于各种理性的对接处,都试图在生活世界开辟自己的自我生成之域。这样,易于存活的生活领地安顿下了后学转向的种种文化谋划,使得后学研究一时间火爆异常,论者云集、大家辈出,大有成为显学之势。各种理性的较量,最终在生活层面这种可疑的话语中,揭开了反体系化建构的序幕,在后学的麾下获得了参与主导性生活的准入证,引导出一种张扬个性的反理论化姿态，贴近生活成为各类哲学最好的避风港，各种文化碎片纷至沓来，各种理性因子交互作用，都期望在视域整合中达成共识。但生活为哲学提供的庇护是极为有限的，根本不可能满足形而上学置之死地而后生的最终要求。一个可能的转换向度就是回到诗意境界中，通过理性的诗意表达、诗意传送和诗意接受，在情形特别复杂而界限又极其模糊的诗意中，为之找寻一个栖身之所，借助复杂而微妙的诗意阐释为理性之光的再次闪现开出一片天空。海德格尔及其嫡传弟子们正是朝着这个方向拓展的，凭借语言的诗性把传统理性及其叙事计划尽量撇开，尽力抛离总体性记述的一切痕迹，割断形而上学赖以生存的特定背景、叙事脉络和外在形式，着力提升后学精神的当代意义，凸显思想与诗性的融合，展示诗化理性的时代风貌和永恒价值。

语言学转向中的诗意叩问，不仅约略窥见了未来哲学发展的路径，也为反形而上学的激进思想打开了方便之门，为哲学的生活转向找到了文化出口，使得传统理性的文化土壤日益贫瘠，渐渐成为人们遥远的记忆和漂浮的观念。为重振对生活的启迪，哲学的诗意接受实现了对思想的当代提炼，在场域收缩、思想游弋的后文化语境中，诗化理性缝合了传统文化的诸多裂隙，并将之以生活话语的非逻辑形式编织成一种新的体系，在文史哲的关合处尝试着延续哲学的生命力，在理想与现实之间找寻各种理性资源契合的共生点，最大限度地保存现代人文理性的活性因子，而避免使之完全沦落为一片瓦砾和废料，多少唤起一些人们对思想重建的某种联想。面临当代各种文化相互撞击、纠葛其间所形成的既互相交叉重叠又充满断裂与脱节的复杂背景，哲学的诗意表征似乎为理性张扬自我并走向生活提供了前所没有的机遇，要想借此机遇复兴理性昔日光辉，就需使之捕捉时代发展脉搏、顺应大众意愿，扎根实现沃土、呼吸人文情愫，重塑自己的身份认同、重建自我精神家园。

哲人何以聆听理性的人文真意及其借以呼吸的一切自由信息，又怎样通达情感与理智交融的玄妙境地并巩固安身立命之基，诗化哲学所开显的思想通道也许能够担当此任。真正的哲理诗可涵盖乾坤、静远空灵，独标孤悰以通尽天人，亦可慷天地悠悠、人生苦短之慨，抒随缘任云、顺应自然之情。究其缘由在于，诗寓于理趣又不坠入理障、善于写意又不阻于理碍，大多蕴蓄在灵透的诗美意境中启窦人之心扉又不诉诸议论，描绘秀丽物象又不滞留于临摹写真，温馨爱抚中颇具超越精神，集结生活慧眼以点亮理性形象，在信念积存、涵养人情基础上，以非逻辑的思维跳跃扣动人之心弦，产生瞬间的体认和精神的震颤：可以倾听到灵异之音、领略异域风情，在诗意话语中悟透初露端倪的深邃睿智，在诗美情境中塑造自我，使理智之光向世界开敞，说不可说、思议不可思议人间大自在。无怪乎，海德格尔声称，人诗意的栖居，诗中有人本真的居所。其实，诗美是不透明的光，虽诱人却难堪重任，以之去拯救理性最终不免颠覆厄运。将诗作为祭品庄严地献给理性，无论以诗去思抑或以情见理，都不足以安顿精神家园，这种旨在陶醉自我的矫情之举，实际上是画地为牢的自我保护、慨叹无奈的自我放逐。古人援佛入儒、以道释理，虽皓首穷经却难以默会于心，已再三证明是一种不成熟的方案。今之以诗释理、寓哲于美这种东施效颦行为，无论如何精雕细琢却不能表征内识、参悟人生。诗性之光虽照亮了对人类生存极具意义的一个方面，体现出可贵的生活智慧，然而其核心却有一片灰暗，无法担保人何以更好地生活于世的终极关怀，不能为人提供诗美生活何以值得过下去的真正理由。

当代理性真的言语道断、思维路绝了吗？后哲学所主张的反理性就力主此意。认为传统理性的元话语及其宏大叙事方式窒息并扼杀了思想活力，强调用死亡的意义和冰冻的符号彰显一个无深度的世界，试图粉碎整体、消解结构以防止思想的独断化和极权化，倡导由中心到边缘、由整体到碎片的无序滑动以实现意义的完全自我呈现，对抗理性的总体化、颠覆知识霸权以占满生活的各个空间，破除等级体系的纵向思维、城邦思维以成就一种意义无边放任、文化的无地域化构建，推翻合法化的理性基础以朗显微型叙事的生命语义，颠覆人道主义以确立生存风格的个人选择，如此等等，不一而足。这种非理性铲平了一切又不事建筑，使得杂芜丛生又袖手旁观，在崩溃性逻辑中甘愿理性的萧条和精神的危机，无怪乎新后现代主义对之强烈不满，立意重振理性以实现纠偏。问题的实质在于新后现代主义拯救措施究竟是为理性开辟了诸多自我生成之域并赢得了全面性胜利，还是造成了它的意义放任、思想低迷并陷入合法化危机？面对它的质疑和拷问，我们究竟应该执行一种退行性的收敛、紧缩策略抑或是一种积极的扩张、开放计划？马克思主义的实践理性能别开生面并成就一种永久性的文化特征码？对此已有另文述及，无须赘言。但这里必须予以明确指认的是，后学语义的解构策略究竟在当代哲学研究中造成了什么样的意义断层和逻辑崩塌：（1）后学语义以解构的方式颠覆了传统形上理性得以确立的合法性根基，将宇宙自然的秩序性、规律性、整体性以及据此而产生的理性主义、科学主义、整体主义，统统予以消解，试图粉碎整体、破解结构，终结一切带有整体性踪迹的逻各斯中心主义、语义中心主义及主体性形而上学。（2）为防止思想的极权化、独断性和僵死性，后学语义常常把西方形而上学与现代西方资本主义的种种弊端内在地勾连起来，认为正是传统哲学的那种权力话语方式、宏大叙事结构、虚幻幸福承诺、人道主义梦魇、政治理想奢望及其理性体系霸权等，才窒息并扼杀了哲学思想原本就有的形而上的那种感召力、再造力、引领力，以至于产生了哲学研究的多元异质取向并面临丧失自我规定性的危险。（3）后学语义倡导反人道主义、反人类中心主义，认为不仅上帝死了、主体死了，而且人也死了，传统哲学中的一切人学语义都自我消解了，当代哲学试图构筑的任何核心价值体系都毫无例外地丧失了学理根据，而主张打碎一切人学框架，不给人强加任何理性范式，而倡导自我关切、自我设计、自我奋斗，自由地选择自己的生存风格，时时处处为自己打造一种大美的人生，并创造一种向善的、光荣的美好生活，为世人树立难忘的伦理习惯和道德楷模、留下一个可敬的生活记忆，从而使所有伦理学和人学都自觉建立在对一种生存风格的个人选择之上，使哲学语义现实对人的真正还原和本性复归。可见，后学语义的一切努力不过是从哲学层面捍卫晚期资本主义的文化逻辑，是对过度现代化而产生的种种价值负载所进行的一种自我纠偏，骨子里仍然属于一种资产阶级哲学。

第九章 "能被大众理解和言谈的存在"

——马克思主义哲学大众化的诗意接受与意义穿越

每一种哲学思想的意义构造及其逻辑关系的每一步推理都要靠它予以嫁接和构境。否则哲学真义就会枯竭、思维灵性就会堕落、生活语义就会低迷,若哲学不能使人的心智生活在享受快乐中产生灵异和飞动,就很难成为一切文化艺术之母和思想创新之源。诗意想象及其对生活世界的意义穿越,是哲学思想产生和发展的原动力,它能激活与驱动思维的固有能量,无边放大思维对象的意义蕴涵,使人的思维处于高峰体验状态,不失时机地捕捉到尽可能多的有用信息,使之灵思泉涌、有如神助。

一、诗意接受与意义穿越旨在重新发现人自身

作为对人与世界关系的一种观念把握,诗意想象及其对生活世界的意义穿越,体现了人类心智生活的自我觉醒,那些充满瑰丽的诗意之思和深邃隽永的睿智之辩,历来是人类文化形态、人格精神的一种最高体现,它对古今中外哲人的世界观、价值观、文化心理、道德操守以及人文思潮都产生了深远的影响。从根本上说,诗意想象及其对生活世界的意义穿越,是在哲学家头脑中创造一个哲学理念或构造一个思想画面的综合能力,在创造性思维中哲人们常常运用它去创造一件美好事物的清晰形象，并继续不断地把注意力集中在这个清新思想或生动画面上，给予它以肯定性的意义关照，直到最后它成为系统化的理想世界为止。哲学的诗意想象及其对生活世界的意义穿越的伟大功用规定了人乃是万物之灵，人世间最蹩脚的建筑师也比蜜蜂制造蜂蜡的技巧高明，就在于人在建房之前已然在大脑中把它建成了。正是因为有这种诗意穿越，哲学家才能从事精神生产、发现新的人生哲理，否则我们人类文明将不会有任何卓异的发展与进步。哲学不仅是一种展示理性才华和思辨才能的平台，更是一个充满着诗意创造的艺术舞台。诗意想象构成了哲学的生命之源，为之注入了生命活力，但是只有广闻博览，才能为积淀想象力释放文化厚土；只有善思好问，才能打开放飞诗意想象及其对生活世界意义穿越的大门；只有重视思维锻炼，才能在体验激情中召唤仿佛灵光乍现般的创造性思维。

　　诗意想象及其对生活世界的意义穿越是哲学创新的源泉，其魅力在于它可以将人带入一个虚拟世界，构造生活中不可能实现的理想意境，使人的思想在享受快乐、享受惊奇、享受自由中激发出少有的灵异和飞动，产生思极而奇的人性召唤力。哲学史上的贤者们大都是那些十分富于诗意想象和意义穿越的人，他们总是积极主动地使用合理想象进行意义构境，在思入生活时总是用它开道，在理想的遥远彼岸获得启示之后再返回到现实之中，因而其哲学思想的跨度极大，获得的是一种思维的跳跃和瞬间的灵感。今天的哲学研究比以往任何时候都更需要对诗意想象力的激发，每一个哲学理念都要靠它来养育，如果缺乏对生活语义的穿越和对善良人性的召唤，就会使人类的哲学智慧走向委顿，如果哲人丢掉了这种可贵的思想品质而仅仅面向宇宙的奇迹进行致思，那么就会导致人类灵性的堕落和担当意识的飘散，这才是人类文明开始走向衰落的真正征兆。缺乏科学的智慧之思就会产生病态的理性，无法为人提供如何这般过生活的充足理由，而缺乏对生活世界的意义穿越也很难拔高人的生活质量、获得精神境界的提升。人类凭借哲学对可能性的未来生活世界的意义穿越，将为特定时代人类文明的大幅度向前伸展奠基，这是人类思维发展的关键性环节。一般地，诗意想象的程度就是哲学思维所能达到的深度，没有一种思想能力比自由想象更能自我深化，更能深入研究对象本身，生活哲学对人性的善的选择和对诗意存在的开敞，是打开人的一切能动的活知识大门的金钥匙，是一切创造力和智思之流的必由之路，是人类灵魂得以净化和飞升的奥妙玄机。

哲学的诗意想象及其对生活世界的意义穿越，比具体性的理性知识和逻辑推演更重要，因为知识总是有限的而逻辑总是僵硬的，诗意想象则能概括生活世界的意义共性，为无限伸展理性张力保留足够多的思想空间，使旧的知识体系获得创造性的进化和重构，这是哲学思维摆脱细小文化节点的纠缠而走向卓越的思想通道。一个缺乏诗意想象的哲人，将不可避免地幽闭在个人狭窄的精神王国里，受到各种各样逻辑框架的局限，使之产生的哲学思想淡而无味、机械僵化、晦涩难懂。一种能够穿越生活意义并获得人学思想跃迁的哲学理论，不可能仅仅靠搜集、整理各个观察结果而形成，相反，它必定需要借助突如其来的诗意想象而豁然顿开。诗意想象及其对生活世界的意义穿越是一切希望和灵感的源泉，万万不可因怕想入非非、走火入魔而放弃它给人的思维灵性带来的极大激励和重要启迪，思维借助于诗意想象常常获得跨越层次的理性链接。思维若缺乏了浪漫，也就缺乏了诗意真情；缺乏了诗意真情，也就泯灭了可能获得突破性的意识流；若缺乏了思维的突破性关联，就会限制思维向宏阔的视野发散；而若缺乏了思维的意义放任，哲学的人文价值理性就会处于低迷状态，就失去了对人生理想境界之美的追求，就有可能导致人生目标的过分现实化和功利性，形成致命的短视行为，从而使人的生命真谛、人生价值、精神境界和生存命义都处于遮蔽状态。

诗意想象及其对生活世界的意义穿越是人类思维能力是否具有现实性的试金石，人类正是依靠它进行推理、论证及其他创造性活动的，但诗意的创造不是哲人生来就有的先天素质，而是后天思维开拓的结果，它是完全能够培养的一种哲学感悟力。作为一种创造性的认识能力和一种强大的精神执导力量，它能从实际研究对象的外表性状获得理性的抽象，创造出只能在思维中存在的理想性对象，不仅将日常生活语义提升到比眼见的更大、更奇、更美，还能觉察到生活理性的缺陷、不足和弊病。一切哲学推理如果丢掉了它，势必得不到任何有深度的思想，这表明哲学思维与科学思想不同，哲学不能仅仅停留于一堆堆事实上，哲人的心灵渴望诗意飞升，需要借助它完成对现实意义的真正穿越。最聪明的智者总是能够在相互矛盾的思想论争中，知道借助诗性之思穿越理性羁绊而实现某种洞察。应该说，哲人丰富的诗意想象来源于饱满的创新激情，当一个人的创新激情处于高潮时，常常会发现他会有一种神奇的灵感或者顿悟，并靠着这种卓越的感召力从事伟大的精神生产。哲学思维既是抽象的又是想象的，理性之思与诗意之思的有机结合，使发生其间的具体景象虽然还有形迹可循，可是它们对于哲人来讲却是莫名其妙的，完全具有陌生化效应，理想世界中残存的一点最基本的、最熟悉的、最敏感的生活细节，经过诗意想象的艺术性处理仿佛被抽空了，只留下一种从遥远的、不知道是哪个方向传来的异域之音，而这足以能够给一个人的灵魂带来强大的震撼，使之产生智慧的痛苦，进行卓绝的精神塑造和意义构境。

二、哲学的诗意想象旨在探究人的神圣性维度

由于文化变迁与转型的不断加速，人们很轻易被纷至沓来、几近爆炸的各种信息所淹没，处此生活语义任意播撒、到处弥漫的情境之下，人们需要借助一种非凡的哲学慧眼，才可能获得对周遭世界及其自身意义的清明释解。这种"慧眼"就是诗意想象及其对生活世界的意义穿越能力，它使我们能够理解人与世界的各种复杂性关系，能够从那些表面上最与人无涉的、最遥远的外部变化和情感细节，转化到人的最隐秘

的自我特征和心灵视界。仅有事实罗列，即使再丰富也构不成哲学智慧，只有不拘常规和既定路数将客观事实中极具精神性意义的内涵揭示出来，才能把现实生活中的生动情趣与价值之维上升到哲学层面。合理的诗意想象并非只是文学艺术的专利，人类一切创造性思维领域都离不开它的积极参与，它乃是一切思想创新之源、精神升华之途，对此仅有博学多识、文艺修养还不行，只有借助"悟觉思维"并进入"道思境界"，方能激活它对生活的意义穿越活力。简言之，哲学的诗意想象不是一种漫不经心的随意解读和机械僵硬的简单比附，它的全部使命就在于培养并发展一种探究人类存在的神圣性维度，弘扬哲学理性所具有的那种创造性精神，以便在一个更高的思维层级上实现哲学对人的自由本性的最大开放和对生活世界的意义穿越，否则既无跻身人类知识殿堂的学术资格，也无启发人类实践的实际意义。有人会说，哲学之诗意想象及其对生活世界的意义穿越，是一种类似天分的东西或者一种类似艺术灵感的东西，可遇而不可求，没有足够多的灵性、慧根的普通人就只能去认命和守常。其实，这种看法似是而非，虽然诗意想象不能进行系统的练习、复制或模仿，但它的培养并不真的很玄虚。其实，哲学让人着迷之处，往往在于它能让我们以一种新的眼光看待我们的日常生活世界，哲学对人们视作当然的一切说法都表示存疑，以某种审视的眼光去揭穿人们用来相互掩饰自己行为的各种借口，将个人在其周遭碰到的问题与理想中的美好世界之间建立一种联系，当人们这样做的时候，必然会质疑过去视作当然的现象和说法，必然会从理想和实现的统一中产生批判性联想，从而思维就会深入到社会生活的内在本源中运思，哲学思想就会如井喷一样爆发，超越一切有形有状的实有、实然的东西而走向无限性的应有、应然的真善美世界。

若离开了哲学的诗意想象及其对生活世界的意义穿越，人与世界相关联中所隐蔽的人学语义根本谈不上敞亮。换言之，是诗意想象打开了人的存在意义的展示口，只有深深地潜入其中才能真正理解人之为人的人生真义。在人所融身于其中的相互联系、相互作用、相互影响的人与世界的关系中，每个人、每个事物都是普遍联系大网上的一个纽结，它们汇聚起来就构成人之为人的真实性境遇。这个境遇就当前显现于人面前的方面来说，它是在场的东西，就与人相关联的背后隐蔽的方面来说，乃是不在场的东西。哲学通过诗意想象把在场与不在场、显现与隐蔽相互勾连起来形成一个人生基底。因为，不在场的、隐蔽的东西是显现于在场的东西的本源，因而需要从在场者追溯到不在场者去找这个本源。这里的不在场者不是思辨性的概念或者一类事物的本质，而是与在场者一样具体而现实的东西。哲学由抽象的概念王国转向具体的现实王国，由天上转向人间，由枯燥、贫乏、苍白的世界转向活生生的有诗意的生活世界，就需要借助于想象才能诗意地栖居在这种人学境界中。哲学不再是以写出具有普遍性的东西而是要求通过在场的东西显现出不在场的东西，从显中看出隐秘的人生真相。只有在显隐相互构成、人与世界相互构成的整个联系、作用、影响之网络中，在此人性本源中，才能看到人之为人的真实性，就是回到作为本源意义的境域看到人之为人的真义。生活语义的喧嚷不能改变哲学的本真精神和主导形态，诗意的想象也不能成为哲学的解构之旅，若对生活意义的穿越造成了"他者的浮现"，掏空并瓦解了哲学体系，那就无法捍卫人之为人的自由领地，更无法在"内在性分"上获得自由和快乐。

三、以诗去思旨在实现人学解蔽并复归真我

哲学的理性思维把同类事物中的不同性、差异性、特殊性抽象掉而获得一种普遍性，而诗意想象及其对生活世界的意义穿越则是把在场的东西和与之不同的、包括不同类的不在场的东西综合为一，它不是在在场与不在场之间找共同的本质，而是从哲学存在论的意义上显示出当前在场事物之背后的各种关联，从而得到去蔽或敞亮的人生境界。生活哲学把显现与隐蔽综合为一的途径是诗意想象，而旧哲学借以达到本质概念的认识途径是思维，即把特殊的东西一步一步地加以抽象从而把握普遍性本质。诗意想象是在直观中表象出一个本身并不出场的对象，主张应把它放在一个既有在场又有不在场的人学领域加以阐述，使之成为把不在场的东西与在场的东西综合为一。可见，诗意想象把事物背后隐蔽的方面综合到自己的视域之内，但又仍然保留其隐蔽性，而非直接让它在知觉中出场。诗意想象不像旧哲学那样只注重划定同类事物的界限，而是注重不同一性，不仅注重同类事物所包含的不同的可能性，而且注重超越思维已概括出来的普遍性界限之外，达到尚未概括到的可能性，甚至达到实际生活世界中认为不可能的可能性。思维总是企图界定某类事物，划定某类事物的界限，但这种界限在无穷尽的现实生活中是不能划定的。我们应该承认思维的局限性，但也正是在思维逻辑走到尽头之际，诗意想象却为我们展开一个全新的人学视域，诗意想象及其对生活世界的意义穿越开辟了哲学思维的诸多自我生成之域，使之人学语义无限丰满。诗意境界的提升虽然不能改变不如意的生活性状，却可以让可能陷入尴尬际遇中的现代人努力扩充个体本性中的想象潜能，从而以超越的情怀尽可能地有尊严地活着。

诚然，由于隐蔽的东西的无穷尽性给我们带来了对哲学的无穷想象、无穷玩味的思维空间，诗意想象及其对生活世界的意义穿越要求从显现的东西中玩味出隐蔽的东西，不仅冲破某一个别事物的界限而玩味到同类事物中其他的个别事物，而且冲破同类的界限，以玩味到根本不同类的事物中去。理性之思只是从个别事物中写出和看出普遍性，并没有给我们提供言有尽而意无穷的哲学根基，与诗意想象相比，僵化而机械的思辨理性是多么的贫乏与枯燥。因为，一种普遍性概念所界定的事物范围无论如何宽广，总是有限度的，我们从中得到的充其量只能是与此个别事物同属一类的其他事物，因此这种思维所给人留下的可供诗意想象、玩味的可能性的余地显然是有限度的，而不是无穷的。在崇奉普遍性概念的思辨性思维指引下，总是强调把现实中不同人物的不同性格作集中的描写，于是哲学中的人都被普遍化、抽象化了，虽然也能在一定限度内给人以启发，但总令人有某种脱离现实之感，严格来说，思辨理性是一片无人之地和价值空场。而诗意想象及其对生活世界的意义穿越所要求显示的在场者背后的不在场者，与在场者一样，仍然是现实的、具体的东西，这样的哲学所描写的人都是活生生的、有血有肉的具体现实，而非经过抽象化、普遍化的东西。只有通过诗意想象才能敞开一个使事物如其本然的那样显示出来的整体境域，没有它就没有在场与不在场相结合的现实整体，哲学所包含的丰富性人学语义和内在魅力也不可能得以显发，是诗意想象而非别的什么才获得了对人的再度发现，实现了对人学语义的解蔽和生活本质的还原。

四、借诗象表征生活神意、以喻象通达玄妙境界

哲学家应努力获得一种超越主客式、超越概念的诗意想象及其对生活世界的意义穿越，因为人与世界的关系不只是主体与客体的外在关系，人生的意义不止是在主体与客体之间搭上一座认识的桥梁而已，人生乃是作为知情意的人与世界万物融合为一的整体。理性之思把人引向概念世界，使人生变得枯竭、贫乏、苍白，诗意想象则超越主客、超越知识以达到酒神状态即一种人与万物融合为一的天人合一境界，天人合一就是万物一体，物各不相同而又互相融合、一气相通，这里没有任何主客之分、物我之别。这万物一体的境域是一切事物之所以可能的本源或根源，它先于此境域中的个别存在者，任何个别存在者因此境域而成为它之所是。人首先是生活于此万物一体之中，或者说天人合一的境域之中，它是人生的最终家园，无此境域则无真实的人生。理性之思总是忙于对主客体无穷尽的认识与无穷尽的征服和占有而忘记了对这种境域的领会，忘记了自己实际上总是生存在此境域之中，也就是说，忘记了自己的精神家园。诗意想象及其对生活世界的意义穿越就是打开这个境域，就是一种返回家园之感，就是回复或领会到天人合一、万物一体的纯真状态。诗意想象才能显发意识的中间状态、初醒状态、愚人状态或复归于婴儿的状态即真正的诗人境界，理性之思最终只能达到一些表达客体之本质的抽象概念。理性之思成了远离诗意的枯燥乏味、苍白无力、脱离现实的东西，诗意想象则能达到人与存在的契合，人一旦有了这种感悟就是聆听到了存在的声音或呼唤，因而感到一切都是新奇的、都不同于按平常态度所看待的事物，而这所谓新奇的诗意想象之物，实乃事物之本然，诗意生存使哲学获得了人之为人本然所是的本真性存在。

哲学家的诗意想象及其对生活世界的意义穿越因感悟到人与存在的契合而引起的新奇或惊异，并不是在平常的事物之外看到另外一个与之不同的事物，而是在平常的事物本身看到最不平常的东西，以此种超越性、综合性的态度看待人与世界的关系，人之此在（本质）就可能获得开敞。在人与存在契合的惊异中，平常事物被带进了存在者的整体视域，事物不再像平常所看待的那样成为被理性之思人为地分割开来的碎片性东西，而显示了不平常的诗意想象的视域综合，从而敞开了事物之本然之所是、人之本真性的人学语义。所以要达到诗意的惊异之感，只有超越主客关系，进入一种类似中国的天人合一的人与存在相契的境界之中，哲学的人学真谛才能借助于诗意想象来到我们面前。旧哲学思维一般都把人学语义放在主客二分关系中来讨论，有的主张人学语义主要源于主体，有的主张主要源于客体，有的主张是主客之间的统一，不管这三种观点中的哪一种，都逃不出主客二分的思维模式。实际上，哲学是人与世界的交融，用中国哲学的术语来说，就是天人不二。人与世界的交融或天人合一不同于主体与客体的统一之处在于，它不是两个独立实体之间的认识论上的关系，而是从存在论上来说，双方一向就是合而为一的关系，就像王阳明说的，无人心则无天地万物，无天地万物则无人心，人心与天地万物一气流通，融为一体，不可间隔，这个不可间隔的一体是唯一真实的人生际遇。可见，诗意想象及其对生活世界的意义穿越高于旧哲学的理性之思，理性之思从属于诗意想象，哲学不能让渡出思维，但是又不能仅仅听命于思维，而必须从以往高高悬浮于空中的思想领域回到真正的生活世界，赋予哲学以积极的人学蕴含，才能实现对人的生活真义的解蔽或者开敞。

哲学的形上之思把不应归它研究的东西硬当成了对象，像追逐地平线一样，于是哲学也卷入了无节制的无穷追问之中，盲止地追问思想链条末端的那些所谓最大的问题，诸如本质与现象、自由与目的、无限与有限之类，这些最大的问题恰恰是无意义的伪命题，它们超出了人类的思想能力。所以形上追问往往是无用的，它只是无由性的追问，而不能产生新思想、新观念，不能听从思想的实际召唤而思入生活。而富有诗意的哲学以追求逍遥无待的精神自由为目的，通过诗意想象和意义构境，散漫流衍地把哲学道理传播开来，将深邃的思想和浓郁的情感贯注于哲理之中，形成一条哲理与情趣交融的纽带，把看似断断续续的孤立的诗意联结在一起，融为一个思想的活的有机体。这样避开逻辑推理下判断而以抒情诗般的诗像作结，表现出超常的想象力并构成了奇特的形象世界，使诗性之思意出言外、怪生笔端，博大精深、深奥玄妙，用概念和逻辑推理无法直接表达的人生结论，只能通过想象和虚构的形象世界来象征暗示，往往超越时空的局限和物我的分别，奇幻异常而变化万千，构成了五彩缤纷的艺术境界并具有散文诗般的艺术效果，使人从奇特荒诞、生动形象的诗意想象中去体味、领悟其中的无穷哲理。而诗意之思则不然，可借助诗像去表征生活神意，以喻象通达那情理交融的玄妙境界，这便是诗性哲学所彰显的诗意送达与意义接受。诗意想象及其对生活世界的意义穿越，虽然极其抽象但又不缺乏美所借以呼吸的一切形象，深沉的理智之美时常凭诗象以朗显，诗性之思亦非无拘无束的幻想之光，在诗象中蕴含着深邃哲理，哲理与诗情极处相通，抛出一片意味深长的智慧流云。

第十章 "积极的断裂"和"批判的接续"

——马克思主义哲学大众化的后现代转身

当代西方哲学在视域交融中的非哲学转向,不是走向反理性、反哲学,而是诉求思想的平面化、价值的虚无化、精神的游戏化和文化的平民化,其后现代之"后"既表示对现代性的接续和延伸也表示对它的否定和断裂。这种"积极的断裂"和"批判的接续",其实意味着对思想的解放和对创新的呼唤,旨在疏离故步自封的僵化模式、打破画地为牢的价值体系,从相对偏狭的意识形态社区转向多元文化的公共走廊,从传统的准政治境遇中超拔出来而谋划在混合文化中的生长,以成就自己文化先锋的"新左派"形象,对现代性的各种文化积弊永葆一种生机勃勃的批判力。

一、后现代"本源性遗忘的完成"

20世纪末特别是21世纪初以来,西方后现代主义思潮之于我国思想界形成的强大冲击不亚于一场强烈的文化大地震,霎时间,后现代主义似乎成为我国思想界研究问题的公共平台及根本无法绕开的巨大阴影,大有从非主流窜升到时代主流之势,渐渐成为一种弥漫于社会文化各个角落的文化时尚和思想气质。对这种斑驳陆离而又内涵丰富的后现代文化现象,有人投以鄙薄的眼光,认为简直是胡说八道、根本不屑一顾；有人则对之高调评价、备受青睐，认为它实现了哲学转向或文化转型，发动了一场新的哲学革命，产生了后哲学文化。其实，西方哲学的现代性与后现代性本身就是一对矛盾，二者既对立又统一，它们之间的彼此疏离与互为纠结，早已成就了一种所谓"后后现代主义哲学"，并在"后后现代主义"或者"新后现代主义"等各种名目下开始了对后现代主义的纠偏与批判，希图为之未来发展找寻健全理路以重振现代性雄风，惜乎又以另一种方式重蹈了覆辙。从学理上弄清西方哲学的这种后现代之后的真实意义与内在本质如何，它基于何种语境产生又对未来哲学发展将产生何种影响，它的未来动势及其文化价值该如何评析等问题，毋庸置疑对我们当代哲学新形态的建构与发展，都极具理论意义。

有人认为后现代性是西方理性主义文化传统的反动，因为它试图瓦解现代主义的一元性、整体性、中心性、纵深性、必然性、明晰性、稳定性、超越性等特征，而极力张扬具有后现代意味的多元性、碎片性、边缘性、平面性、随机性、模糊性、差异性和世俗性等特征。一句话，后现代性是现代性的断裂或者断层，二者如冰炭不能一炉、毫无共通之点。笔者认为，后现代主义并没有摆脱现代主义的文化纠缠，而是完全保留着现代主义所诉求的一切精神指向，它是在批判反思并妄图超越西方现代哲学的浪潮中产生的，是在积极诊断现代哲学弊病并努力探索克服这一弊病的新的可能道路中发展起来的新思潮。它对现代性的批评是通过把现代性推向极致而完成的：一方面，因为后现代新思潮原本就是一场文化运动，很难将之归入一个统一的哲学派别，对诸多主要问题并无一致看法，是共同的批判对象将之集结在了一起——反抗晚期资本主义文化逻辑是它们共同的敌人。如果说后现代主义这一词汇在使用时可以从不同方面找到共同之处的话，那就是，它指的是一种广泛的情绪而不是任何共同的教条——即一种认为人类可以而且必须超越资本主义现代化的情绪。换言之，只要拥有这种超越资本主义现代化及其晚期文化逻辑激进情绪的人，皆可归入后现代阵营，后现代情绪不是摒弃、更不是放弃现代主义而是对它的积极扬弃，它并没有离开现代性而是对它的某种自我拯救。另一方面，虽然它具有一些反叛性质的文化面貌，但是总的看来，后现代主义表征的不是时间观念，而是哲学思想的实质性跃迁；不是回到、返回或者重复现代性，而是对它的分解、变形与改写，不是对现代性的弃绝、铲除与断裂，而是对它的扬弃、重构与重振，它是现代性"本源性遗忘的完成"、总体性踪迹的泯灭、统一性桎梏的消解，它要求被现代性压抑的一切因素都要揭示出来、被现代性遗忘的东西都要浮现出来。后现代主义者对现代性的重振，实质上是指从现代性内部打破现代性，从后现代维度复兴现代性，它号召人们向总体性开展，反而又以另一种方法完成了向总体性的靠拢；它处处试图打破统一、尊重差异，拒绝共识、激活分歧，重现虚无主义的光荣，为不可描述的东西作证，然而又试图在批判现代性中寻找到解决现代问题的有效途径，后现代性是具有真正意义的现代性，后现代主义其实是现代主义的晚期阶段，是一种极端形式的现代主义；我们可以从后现代性中发现补充现代性的积极材料，使之演变成激发现代性想象的无穷空间，并开发出能够使"现代性想象"表达得更清楚的特效语言——诗意表征。

  有人认为，正是由于现代哲学理性主义的泛滥造成了一系列社会问题和人类的文化灾难，因而批判、否定、解构理性主义，推崇非理性乃至反理性，就成为后现代主义所致力诉求的目标，非理性是后现代性的别称，非理性、反理性直接导致后现代性。笔者也不同意这种看法，因为后现代主义哲学不仅摒弃理性而且同样摒弃非理性，非理性不过是另一种形式的理性，二者都同样纠结于对形而上学的固恋，都不折不扣地具有对形上理性、宏大叙事、元话语的推崇，非理性无非是理性的极端表达而已；因而，反不反理性不是现代性与后现代性的根本差异，二者的根本对立表现在：一个捍卫理性至上主义，而另一个则试图颠覆所有带有至上性的文化祈求。的确，现代主义张扬主体性，认为人类中心主义是现代性的一个特征，但是后现代主义并非反人类中心主义或者非人类中心主义，对主体性非但采取解构策略反而采取强化措施。后现代主义抨击人类中心主义，也不主张反人类中心主义，而主张生态平衡以重建人与自然的和谐关系，旨在赋予人与自然关系以浓厚的和合意识，以消除现代人对自然或者他人的任何一种统治欲和占有欲；其重建人与人、人与自然之间的和合相生关系，消解极度膨胀的现代性物欲，旨在造成人与人、人与自然之间的内在平等关系，消除任何中心论对人的非法压制。现代性提倡中心、整体、体系与本质，而后现代主义思想反对同一性和整体性，崇尚差异性、多元化。但是后现代性在对现代性的审慎反思中，把矛头直接指向的却不是什么存在意义上的整体性、同一性，而是如何对整体性、同一性的叙述方法问题。换言之，现代性所描述的整体性并非事实上的整体性，而是现代性语言的特殊构造，后现代性对现代性中许多不言自明的真理持怀疑态度，这仅仅是语言学上的考虑。对后现代主义者来说，异质的、矛盾的东西完全可以拼贴在一起，不是不需要统一与综合，而是同一、综合必须与差异、碎片纠结在一起，二者都不应该消除，而应保留，后现代分析和表述问题从微观入手，反对所谓的宏大叙事或者元话语，主张多元主义，强调不确定性。后现代性是一种不满现代性又试图对之改写的期望，它与现代性并非水火不容，而是采取了不同的表述方法，看似极端对立其实二者互为表里。可见，不仅在文化价值观上二者是纠结的，在自然历史观上同样是纠结在一起的。那么，怎样看待后现代主义对现代主义的批判，二者在哲学路线及其研究方法上互为纠结表现在何处，怎样评析这种文化纠结对后现代之后思想进程的影响？

二、现代与后现代的视域融通

西方哲学的现代性与后现代性在思想方法、表达方式上互为纠结，到底是催生了积极的文化效应抑或导致了消极的文化产能？对此笔者评析如下，西方哲学的现代性与后现代性的互相交融与同向伴生：

一是破除了传统哲学的一元性和同质化的桎梏，在使统一性得到保留、整体性得到存活的同时，也使多元化得到倡导、差异性得到尊重；在反对二元对立的固定性、城邦性思维方式的同时，又提倡平等宽容的游牧性、分散性思维方式；它以一种彻底的相对主义、实用主义、无政府主义的态度来张扬科学的怀疑精神、反思意识、批判理念，这对于防止思想的独断化、极权化，摆脱文化保守主义、文化沙文主义、文化帝国主义对现代精神的扼杀，克服文化霸权欲望或宏大叙事结构对文化活力的窒息，都发挥了重要作用。比如，在知识领域里拒绝对理论理性、本质主义和普遍原则、绝对真理的信仰，反对直线进步的价值观、世界观、发展观，提倡多元主义的文化价值观、社会进步论、自由发展论，这对于实行文化融合、推进思想自由，可以说意义重大；在社会生活领域中拒绝一切普遍主义的社会方案、社群主义路线，主张社会生活中的差异性、个体性、多样性和兼容性，拒绝任何囊括全球化与共产主义全部内容的宏大叙事策略，强调社会生活中的当下主义、相对主义、特殊主义和情境主义，要求人们尊重差异、包容个性、学会理解、学会宽容，这对于实现社会的和谐发展、和谐万邦与大同理想，同样意义非凡。

二是基于西方哲学现代性与后现代性的文化纠结而产生的后现代之后的文化思潮，突出创造性、开放性，反对保守性、教条化，后现代之后最推崇的活动是创造性的活动，最推崇的人生是创造性的人生，最欣赏的现代人是从事创造性活动的人。后现代之后的社会价值取向及其核心，是社会建构主义、思想构境主义、文化发散主义，认为文化与知识不是现实的反映，而是社会建构的结果、语言构造的产物。故而，后现代主义之后的文化方案，极力倡导人们发挥自己的创造性天赋，突破传统思维方式的制约，寻求新价值观、新世界观的支撑，在社会生活和思想文化领域内创建生活与文化的最新价值、最新意义，在社会历史领域内创造多样性、有差异的人与自然、人与人、人与社会的新型关系，对现代精神和现代社会中的个人主义、利己主义、男权主义、等级主义进行反思批判，更为关注个人与社会的共生关系，以及人应该如何更好地适应正在极速变化的信息化和市场化的高科技社会，达到中国古代哲学所设想的那种"天人合一"、诗意共生、美美与共的人生境界。

三是西方后现代之后的哲学路线，表现了一部分西方知识分子对当代资本主义官僚政治秩序之虚伪性的强烈不满，对当代资本主义生产方式摧残人性之野蛮性的严厉控诉，对现代科技进步所带来的价值负载之普遍性的深刻忧虑，对晚期资本主义文化基础之可靠性的严重怀疑。当哲学崇高的意义悄然引退、风光不再之时，也是高雅与通俗、哲学与生活的界限不断被打破之日。时下，无论政治还是历史、无论哲学抑或文化、无论主流抑或非主流、无论个人还是社团，诸多思想领域和事实领域已经渗透着晚期资本主义的文化逻辑，甚至连哲学理论也变成一种实用主义的叫卖工具，这在一定程度上为后现代主义之后实现哲学的大众化发展、时代性流行、生活性诉求提供了便利条件。崇高和高雅的哲学观念经过后现代之后的思想浸染变得相当模糊、日益淡化，从而导致文化生态的相对平衡和大众文化素养的普遍提升；千锤百炼、呕心沥血的文化力作、思想精品渐渐逸出人们的视界，但是一种相对平等的大众性文化、日常性理念——后现代的快餐文化却快速复制出来。在一个丧失了崇高性和神圣性的物化时代，人们的生存祈求、发展设计与精神支柱，靠任何宏伟叙事和元话语都无济于事，而此时，具有亲和性情、平易近人风格的后哲学文化，恰恰能够为当代人支撑起一片温暖的天空。易言之，后哲学文化的先进性依然体现为它的大众性和生活性，它同样要求用真实生活去战胜荒诞不经，而绝不是听任或追随荒诞去战胜一切理智。可见，后哲学文化同样反对怀疑主义、虚无主义、荒诞主义，同样反对任何带来精神危机和道德失落的反人道主义、普遍消解主义，后现代哲学并非一种崩溃性逻辑，更非一种精神自杀行为，它在否定之中有肯定、在消解之中有建设。

四是后现代之后的哲学路线变得扑朔迷离，哲学已不再被看作是一切科学奠基或时代精神之精华，而被看作是与其他学科可以并驾齐驱的大众性文化、生活性智慧，昔日作为"科学皇冠上的明珠"的无上荣光早已随风飘逝，那种希图超越有限而通达无限的自由梦想，早已一劳永逸地被搁置。哲学家的文化使命也不再是构造体系、框剪结构，而是着眼于人世间的细碎风尘、杯水微澜，不再指望任何天上的或者地上的神灵庇佑，而是直接"思入"现实的、有活力的、在我们自身以及周边所发生的一切"风生水起"。回到事情本身，切问当下生活，成为后现代之后的文化理想，生活哲学、生存主义在当代西方哲学界的兴盛，正是当代西方哲学走向后现代之后的重要标志。这里的后现代之后显然也不是一个简单的时间概念，而是代表了一种与现代哲学虽背道而驰又不离不弃的哲学倾向，这种后哲学文化对现代性并非"乱始终弃"，而是逐渐引起大多数现代社会科学思想家的关注，这就使之大大超出了哲学范围而渗入到哲学以外的众多研究领域，并为当代哲学开辟了更多崭新境界和自我生成之域，使得当代哲学才真正走出了哲学家的书斋讲坛、高楼书院，进入了普通大众的文化视野、寻常生活。相对主义与实用主义是后哲学文化的实质，它不再追求大写的真理和普遍的善，因为考虑大写的真和善，无助于我们求真与行善；后哲学提倡怎样都行，没有标准、没有权威，但不是不要标准与权威，而是认为一切标准与权威都变得不合时宜；后现代之后人们缺失形上理性的安慰与神圣力量的救赎，并不感到孤独、寂寞与惆怅，相反赢得的将是新中国成立后的那种精神自由与性分之乐。

后现代主义哲学的共同之处突出地表现在几乎都主张扬弃形上理性、体系哲学、主客二分、基础主义、本质主义、理性主义、理想主义、主观主义和人类中心论、一元决定论等理论倾向，在后现代主义者的诸种否定性理论中，对基础主义或者本质主义的解构与颠覆具有判决性意义。如果后现代主义哲学可以用一句话来概括，那就是，它试图颠覆一切带有总体性踪迹的文化设计，有人就直截了当地讲：后现代性等于向统一性开战。现代哲学的基础主义、本质主义泛指一切认为人类知识和文化都必有某种可靠的理论基石的学说，它由一些不证自明、具有终极真理意义的特许的文化基点构成，这个文化基点一旦发现并确立，就可为一切知识体系的大厦奠基。从认识论和方法论上说，基础主义往往表现为将现象与本质、外在与内在、身与心对立起来的本质主义、理性主义、表象主义，从基本范式和思维路径上说，基础主义表现为遵循主客二分、心物两离的思想路线，把人心当作自然之镜，认为人为自然立法，主体创造客体并将之吞没，基础主义最终导致了主观主义、怀疑主义和唯心主义。

三、后现代之后的哲学及其动势

后现代之后的哲学发展动势具体表现在：

一是后现代主义者大都指责后现代哲学家对现代性的批判不彻底，在批判基础主义时往往又陷入另一种形式的基础主义，在对形而上学批判时往往又导致另一种形式的形上诉求，而后后现代主义哲学力图克服这种不彻底性，譬如，德里达、罗蒂、福柯就生造了痕迹、延异等一套晦涩的哲学术语来表达他们对难以捉摸、隐喻难辨和不断自我再构造的东西的称颂，企图以此最终摆脱形而上学思维方式对当代思想集体的束缚。后现代之后的哲学不再成为一种体系化的东西，而是一种类似苏格拉底式的"反讽哲学""无镜哲学"，它不再给人以客观性的知识或者普遍性的真理，而充其量不过是人类交谈中的一种声音，是人们在公共商谈、彼此交往、对话交流中一种不可或缺的话题之一。哲学不再成为本质主义、形式主义的体系化的东西，而变成了跻身于文化中间的公共知识元素，没有了特殊的边界、原则的压制，没有了特殊的制度规训和意识形态桎梏,完全成为一种无立场、无原则、无标准的,纯粹敞开的、不自足性的自由文化;它并非只事解构和颠覆而不事建设和发展,它只是不愿在原有的小天地中建构、不愿在纯粹性的逻辑框架中营造,它唯一注重的是文化之间的相互协调或者协同,再也没有了传统哲学那种贵族化的高高在上的优越感,有的只是平等、宽容、和谐、合作的广泛兴趣。

二是后现代主义者对某些后现代西方哲学家早已表现出的反主体性和人类中心论的倾向做了进一步发挥,认为主体性的过度膨胀能够导致人的异化、时代的物化,使人失去其本真的个性,使时代物欲横流,故而,要求重新认识人的存在及其活动的价值和意义,把人看作是完整的人,把原本属于人的一切关系归还给人自身。但是,他们不同意后现代者将人视作一种不确定的存在,一种欲望的闪烁、一种心理的碎片、一种飘忽不定的幽灵、一种怀旧恋昔的幻象,认为人依然具有某种实在性的主体倾向,福柯将尼采的"上帝之死"发展成为"人之死",并不能合理地推出"主体必死",认为人只有保持主体性自觉才能获得本真生存。当然人的本真存在不是作为自然的主宰,而是与自然融合在一起,并由此要求不把人置于宇宙的核心和支配地位,而只能当作众多的在者之一存在,人只有保持实在性的主体倾向,人才能由自然的统治者、主宰者变成世界上其他一切存在的倾听者、守护者。如果人连起码的主体性自觉也一同丧失,那么人就成了无中心、无本质、无长远目标和理想,不再担负任何社会职责和历史使命以及道德义务的人,不受任何外在的或内在的制约、而只知享用当下的、现实生活盛宴的人,这样的人显然并不是真正自由和自主的人,根本不能充分展示自己的人生价值和生活意义。后后现代主义者在生存意义上,对人的主体性做了某种辩护,试图彰显一种合理交往语境下的主体间性或者主体际性。

三是后现代主义者不仅要求超越现代哲学的理性主义,而且要求超越后现代哲学的非理性主义。后后现代主义者认为,一些后现代西方哲学家虽然看到了现代理性主义者把理性当作基础主义的错误,但又用意志、生命、无意识、先验逻辑等后现代的非理性元素,取代现代理性元素当作基础主义的支柱,这不仅仍然是一种本质主义、致思取向,而且并未摆脱形而上学的最后羁绊。因为意志、生命、无意识、先验逻辑等无非是在现代理性基础上构建出来的非理性结构,或者说是变了形的理性结构,用非理性非但不能克服理性,反而会导致反理性的存在。正是基于此,后后现代主义者要求在未来哲学发展中,要完全排除任何理性实在与非理性实在,要求不仅超越现代哲学的理性主义,也超越后现代哲学的非理性主义。显然后现代主义者所说的超越理性与非理性,并非意义放任和随意谋划,它只是否定存在和认识的绝对稳定性和确定性,否定任何理性的或者非理性的认识形式和方法的唯一可靠性。而是认为,超越理性与非理性,不是克服之而是扬弃之,人的认识绝不会变成变动不居、非决定、不可比较、不可公度的东西,人的认识不可能成为一种无政府主义式的自由嬉戏,否则,一切学习、写作或者阅读都会变得毫无意义了。

四是后现代主义者把对现代哲学和后现代哲学的超越发展成了对哲学本身的超越,消解了哲学的本来意义,也就是使哲学变成某种非哲学的东西,把许多非哲学的东西纳入哲学范围内进行拷问,哲学与其他诸多文化门类的界限不存在了,它成了一种公共性的知识花园;虽然没有自己独有的领地与专业、规范与体系、方法与问题,但它并没有将自己消融于科学或者文化之中,相反,是科学与文化消融于哲学之中,哲学仍有自己的话题,它乐于对各种文化领域里的问题津津有味地谈论,它处于文化间获得的这种扩张性、发散性操作,使哲学成为一种"文化间存在"或者"混合性智慧"。后现代哲学一改传统哲学构建框架和繁殖体系的致思倾向,不仅用文学、艺术、心理学、社会学以及符号学等诸多文化领域里的语言元素、表述方式,而且超越哲学原有的文化意蕴和精神境界并将其融化于这些学科之中,从而大大改变了它原有的形象与形态,从至高无上的神坛之上跌落到了大众文化之间,从原来的"文化之王"演变成了公共知识分子。后现代哲学所要做的只能是怎样将不同文化部门关联起来,只能"骑在文学的、历史的、人类学的、政治学的旋转木马"上行进打转而已,再也没有了传统哲学所期许的那种能够裁决一切纷争的最后标准;哲学人也并不比其他文化人更理性、更科学、更深刻,哲学家从"科学之母"变成了一个能够理解各种文化如何关联在一起的专家,只能对人类迄今发明的各种谈话方式的利弊进行权衡,旨在想弄清各种文化元素如何关联并协调起来的,这必然导致哲学的泛文化效应,使之成为一种"间性存在"或者"中性表达"。后现代哲学之反本质主义、反权威主义、反启蒙主义、反主体性、反形而上学、消解权力话语、多元共生性、思维的否定性和语言学转向等特征,都可以从它的"间性存在"状态加以把握,"中性表达"也可以使人更深刻、更全面、更精确地掌握和理解后哲学的文化特质与真实意义。

后现代哲学的非哲学转向不是走向反理性、反哲学,而是诉求思想的平面化、价值的虚无化、精神的游戏化和文化的平民化,后现代之"后"既表示对现代性的连续和延伸也表示对它的否定和断裂,这种"积极的断裂"和"批判的连续",其实意味着对思想的解放和对创新的呼唤,它旨在疏离某些故步自封的僵化模式并打破画地为牢的价值体系,使之从相对偏狭的意识形态社区转而走向多元文化的公共思想走廊,从传统的准政治境遇中超拔出来通过谋划在混合文化中的生长,而成就自己文化先锋的"新左派"形象,对现代性积弊永葆一种生机勃勃的穿透力、洞察力、批判力。

下篇 02
马克思主义哲学大众化的践行路径

下篇探索当代马克思主义哲学大众化践行路径问题。笔者认为,在当代中国唯有用马克思主义科学世界观与方法论去凝聚力量、鼓舞斗志、引领方向,才能使人们走出信仰迷失,通过马克思主义大众化巩固思想认同、文化认同、实践认同与民族认同。习近平新时代中国特色社会主义思想蕴含着深厚的马克思主义理论品质,是马克思主义现阶段发展的光辉典范与最新成果,在把马克思主义哲学基本原理与当代中国实践相结合过程中显现了与之一脉相承而又与时俱进的理论品质,凸显了马克思主义哲学本身就是一种实践的、发展着的科学理论,要不断推进马克思主义哲学大众化来实现中国化马克思主义哲学的理论创新与自我建构。

第十一章 消解"科学主义"的科技异化

——当代马克思主义哲学大众化的科技通道

马克思主义科学观认为,科学并不是万能的,万能的东西常常不是科学。单单依靠科学的发展并不能保证人类社会能迎来一个普遍富裕和幸福的时代。科技成果应用所带来的各种各样的消极后果,不仅有科学认识本身不够完善、不够深入的原因,更有科技应用的制度选择、科学职能的社会机制等原因。

一、现代科学观的要点及其反科学立场

在现代西方科技哲学视域中,对科学技术从普遍怀疑到反思批判再到猛烈声讨,其实从第一次科技革命时就已经开始了,到19世纪初,这种思潮发展得更是风起云涌、波澜壮阔了。此后,基于对科技生存悖论的批判反思而产生的反科学主义的浪漫主义及其所激起的悲剧意识,一直是西方人文主义哲学思潮的共同特征与文化主调。早期的人文主义者,如尼采、柏格森等人,他们从非理性主义、直觉主义出发,认为科学理性只是权力意志的工具,只是一种必要的假设,是科学家从主观愿望出发解释对象的权力意志的体现,是人们控制与支配自然的欲望的表达,毫无客观性可言,更不是对客观规律的真实反映。正是由于科技工具理性的过分张扬,"非人格化"的机械主义及其错误的"分工经济",

扼杀了人的生命意志与精神生活，导致了野蛮化的普遍蔓延和荒诞性的精神梦魇，一切"生命便成了病态的了"①，使人类生存陷入总体性的"二律背反"之中，工业社会的这些弊病的总根源在于对科学的盲目崇拜与不正当应用，而非别的什么，不能归因于资本主义制度本身。生命哲学家柏格森从直觉主义出发，认为只有神秘的自我内省才能理解生命，而科学理性由于受客观必然性的支配、受语言符号的束缚、受机械分析方法的影响、受现实功利的羁绊，因而注定其天生不能认识生命的本质，只能获得作为假象的自然知识。而且科技理性的凸显，常常压制人文理性并使之处于低迷状态；工具理性的泛滥，常常导致社会价值取向的品质趋下；基于此，认为人们开始对科技产生怀疑与拒斥立场，是可能的、也是合理的，滋生一种反科学主义的浪漫思潮也是顺理成章的。

而从19世纪后半期到20世纪中叶，非理性主义和反科学主义已经成为西方科学观的主导图景，人们普遍感到构成科学概念和理论依据的那些要素以及科学中的基本结论，并不是如科学家所宣称的那样牢固与可信，因而提出一种反科学主义立场并以之直接否定科学家意识深处的纯粹客观性的偏见，这也是对科学家狂妄心态的最好批判。譬如，胡塞尔从其"超理性主义"立场出发，认为在现代西方社会中，科学技术的发展固然满足了人们的物质需求，但是却把人物化了，造成了精神空虚和道德沦丧，形成了无法解脱的技术生存悖论；现代科技的发展促进了人们对物质的重视，而忽视了对精神的追求，使之陷入了精神危机，丧失了做人的积极意义；追求物质的自然科学虽然是有用的，但是不能为人提供何以这样过生活的正当理由，它在那些对人生命攸关的地方什么也没有说，不能帮助我们识破生活的真谛和生命的意义，不能揭示做人的真正奥秘，若用科学方法对待人生就会使活生生的生命枯竭了，使

---

① 夏基松：《现代西方哲学》，上海人民出版社2006年版，第67页。

人生价值泯灭、人的尊严丧失、人道主义颓废、人文主义倒塌，技术生存悖论及其对人的日常生活的过量介入和普遍播撒，就会导致人类文明整体处于悲剧梦魇之中。而其弟子海德格尔从存在主义出发，极力贬低现代科技的物化价值取向，认为现代科技的数学与物理学基础，从总体上否定了作为社会存在物的人的丰富性、多样性、生动性，把人的生活纳入数学的或者物理的思维框架（"编织物"）中，以筹划预期中的精确性、规律性，这些结论即使能够获得也恰恰是对丰富人学语义的"物化处理"；现在的科学家已经很少甚至无力从宏观上反思科技导致的生存悖论，他们日益陷入一种狭隘的专业偏见中，在现代科学观的核心存在致命的缺陷，正是由于现代科学对精确与专业化的追求，它日益失去对科学本质及其与人的内在关系的理解；而且对科学技术的盲目崇拜和极力神化，使之成为一种超于人之上的异己力量，成为一种驾驭着人的各种装置的聚合体，不是人在控制与驾驭着科技，恰恰相反，而是科技在时时处处控制并驾驭着人的一切，它驱使人把一切存在物筹划在科技框架中，不仅使之丧失了种种的丰富性、生动性与多样性，而且仅仅成为科技所操纵下的片面性的东西。于是，一座座雄伟的山峰丧失了灵性，成为有待开发的一个个矿石堆积物；一条条秀丽的河流丧失了诗性，成为有待技术去利用的一张张动力网；一团团拥挤的人群迷失了自我，成为身份不明的一个个物欲持存物。现代技术的高度发展，加强了对自然资源的横征暴敛，毁坏了人类赖以存在的自然家园、破坏了人与自然的生态和谐。其实，在他看来，科技高度发展之日，便是人类极致危险之时；科技理性的片面张扬，换来的必然是人的全面异化。

除了人文主义者，即使在科学主义派别内部，也有许多人对技术生存悖论采取批判立场，如费耶阿本德就曾阐发了一种无政府主义的科学观。在他看来，理性主义哲学为人提供了一种片面的科学观，它要求科学具有同一性、规范性的规则，但事实上人的生存样态不整齐得多、非理性得多。技术生存条件下的这些偏差，非但不是科学进步的阻力，反而正是科学进步的先决条件。科技史证明：科学理性不可能是普遍有效的，非理性也不可能被排除在外，而现代技术生存境遇的这个特点要求一种无政府主义的科学观。因为构造人学世界观的方式多种多样，有神话，有宗教，有形上理性，也有人文情怀，当然还有科学以及许多其他技术方式。显然，科学和那些非科学世界观之间要进行富有成果的交流，必须采取科际融合、交往互惠的方式。但是，现代科学已经沦为最新的、最富侵略性的和最具教条性的宗教，它的独断性严重地损害了人性的完美，而这是与人道主义精神完全背离的，当科学怀着这种优越感闯入社会生活时，它的沙文主义狰狞性格便暴露无遗。为了真正矫正人的技术生存悖论，人们不再依靠一种并不存在的科技权威，唯一可行的法则是"怎么都行"。唯此才能为世人开出一副理性的解毒剂，以便当科技理性因自欺而产生独断症和僵死症时，能够求得自我解脱。

此后，法兰克福学派的主要成员如霍克海默、马尔库塞等人，从其社会批判理论出发，认为现代科技的飞速发展，非但不是人类幸福指数的急速增长，反而是对人性的压制和异化的迅速飙升，非但不能提供自由发展的空间，反而增强了统治者对被统治者剥削的力量；科技不仅为现代社会的一切野蛮和残忍提供了基础，而且为人类社会的整体性崩塌埋下了种种祸端。现代科技不仅增长着人类征服自然、掠夺自然的强大力量，而且也在增长着人类自我毁灭、自我颠覆的种种可能；现代科技成为人们生活的集中营，成为绞刑架下的文明记号，它将导致社会的配件化、程式化、机械化，人的全面的异化、物化、他者化，人的主体性、自主性、自为性丧失殆尽，科学沙文主义及其生存悖论将泯灭一切，它将构成资本主义压制人类文明的最后工具。马尔库塞站在弗洛伊德主义立场上，认为资本主义对人的压制不是体现在经济、政治制度上（故而，无须进行政治革命），而是体现在技术理性对人的欲望的控制上（因此，只需进行意识革命），资本主义的一切弊端不是制度造成的，而是对科学技术不正当使用的结果。现代科技早已成为人类实现自由的最大障碍，科技与幸福是严重对立的，科技愈进步，个人的爱欲和本性所受到的压制就愈深，科技主导下的人类发展史其实就是一部压制史，技术的进步就等于奴役的扩大，资本主义一切罪恶的终极根源就是科技的迅猛发展。在他看来，在发达的工业社会，科学技术变成了一种新型的社会统治力量，它的发展处处体现为对人性的非法压制：由于科技的广泛应用，社会文化对人性实施了全面压制，达到了无以复加的程度，使之穿着迷惑人的文明外衣，深深侵入人的私人领地，成为操控人的爱好、兴趣和生活习惯的高压手段，向人灌输各种虚假需求以替代、转移或者抑制反抗冲动，高度自动化、机械化使人丧失了种种自由与创造，现代科技成为吞噬人的自由理性的工艺装置，抑制一切离心力量的恐怖措施。人在这种高压下，成为只顾享受现代生活盛宴而丧失一切反抗本性的单面人，社会也变成了没有反对思想和异己力量的"单面社会"了。①总之，发达工业社会的现代科技导致了人和社会的全面异化和深度危机；特别是在晚期资本主义社会，由于科技一体化加剧，科技日益成为第一生产力，国家政权与现代科技联手日益成为统治人民的暴力工具和"解放的桎梏"，科技统治代替了以往的政治统治，现代科技参与资本主义实施了对人的全面统治与奴役，晚期资本主义成为科技异化的别称，在其科技逻辑深处流淌着一种浓重的悲剧意识。

二、后现代科学观及其消解一切的努力

现代科学观的逻辑深处弥漫着悲剧意识，后现代科学观将做出怎样的策略选择而给人以生活信心呢？首先，与现代主义者一样，后现代主义者对人的技术生存悖论也进行了深刻剖析与极力批判，认为伴随着科学技术对人的生活的过量侵入，从宏观视域即从人与自然的关系维度看

---

① 夏基松：《现代西方哲学》，上海人民出版社2006年版，第360页。

来，科技的推广与应用导致了人口的急剧膨胀、资源的快速锐减、核威胁地四处传播、生态平衡的严重破坏、自然环境的日趋恶化、基因重组和克隆技术的潜在生存危机、由各种因素导致的人类新疾病的出现等一系列关乎人类命运的全球性问题，这些问题使得现代科技变得越来越敌视人了，表现为异己的、敌对的和统治的权力；而科学技术成果的无控制的、不负责任的、不道德的甚至惨绝人寰的滥用及其所造成的对于人类生存的现实的或潜在的威胁与危害，表明现代科技对自然界的非法支配是以导致人的全面异化为代价的，随着时代的物化和人性的丧失，现代科技事实上已经聚合成了一种全面统治人的总体性异己力量，它导致了对人的自由和个性的普遍扼杀。正如马克思所说："技术的胜利，似乎是以道德的败坏为代价换来的，随着人类愈益控制自然，个人却似乎愈益成为别人的奴隶或自身的卑劣行为的奴隶。甚至科学的纯洁光辉仿佛也只能在愚昧无知的黑暗背景上闪耀。我们的一切发现和进步，似乎结果是使物质力量成为有智慧的生命，而人的生命则化为愚钝的物质力量。现代工业和科学为一方与现代贫困和衰颓为另一方的这种对抗，我们时代的生产力与社会关系之间的这种对抗，是显而易见的、不可避免的和毋庸争辩的事实。"① 科学家一旦被各种名缰利锁束缚住自由欢畅的心灵，要么急功近利、浅尝辄止，要么唯利是图、曲学阿世，那他就失去了求真务实的科学精神，不会顾及怎样正当地使用科技才能克服生存悖论。可见，技术生存带来的异化效应，时时处处拷问着科学家的良知。

从微观视域即从人与社会的维度上来看，现代科技没有也不可能给人类自身带来期望已久的全面解放与充分自由，人不得不依附于越来越复杂的机器装置、不得不绞尽脑汁地应对各种各样的算计，人们的创造性天赋与自由性本质全然被科技垄断，成为机械系统操控下的现代奴

---

① 《马克思恩格斯全集》第47卷，人民出版社1979年版，第571页。

隶，甚至人的为我性与自为性的主体能力与主体地位也逐渐丧失，使之在精神上产生了一种无家可归、身份迷失的深度荒诞感；现代技术所主导的所谓高级享乐生活，特别是它大规模地复制和传播商业性的"文化工业"产品来满足人们感官上的低层次的虚假需要，这不仅直接否定了以个体性、独创性和批判性为特征的本真生存，造成有限的物质文化资源的不必要浪费，更可怕的是会导致一系列品质趋下的非人性、反价值现象的滋生和蔓延；譬如，人们在对物质利益的追求和向外部自然的攫取过程中，迷失了自我人格，丧失了内在意义，彻底遗忘了对终极价值的关怀；对自然的过度征服和肆意蹂躏，导致了人类周围技术生存空间的急剧恶化，使人的很多生理的与心理的机能遭到了可怕的压抑与摧残；使社会成为病态的社会、成为人间地狱；使人不知片刻止息地追逐着"虚幻的幸福"，人的意义大为萎缩、人生价值也黯然失色；现代科学技术融入主流意识形态中，在无意识层面加强了对人的心理、认识的操控，甚至成为一种隐性的话语霸权、造成潜在的精神垄断；在科学技术的过量介入下，社会通过影视电台、报刊博览和新闻发布等大众传媒，无孔不入地占据了现代人的闲暇时间与生存空间，却又使之与物化的时代一同庸俗化了，对后工业及其科技负载，再也激不起逆反心理与疏离情绪；科技理性已转化为人统治人的暴力工具，从人性解放的希望走向了它的反面，成为危及人类自身生存、造成人的主体性困境的否定性因素，成为没有人性、背离人文价值的祸害。

其次，后现代主义者解构了现代科学观的主要理论基础即"文明进步论"，而提倡一种价值负载最小的、融科技理性与人文理性于一炉的宽容的"大科学观"。后现代主义者主要批判了作为现代科学观基础的进步观念，认为科学的发展不一定带来人类社会的无限进步。20世纪人类经历的史无前例的两次世界大战，就使进步观念开始受到人们的普遍怀疑，从而在科技观上发生了根本的改变，已经从最初的解放叙事蜕化为追求实用功利的手段。现代科技已经成为国家之间竞争的主要战场，也是主导国际新秩序的一种无声的判决，在这个转变中渗透了知识霸权对作为主体的人的宰制，出现了福柯所谓的"主体之死""人之死"的可怕景象，科技进步观念的异化导致人类社会出现大面积的无序现象。原先在这种科技进步观的导引下，使得科技工具理性张扬而人文价值理性低迷，有意无意地忽视了人文价值理性、伦理道德规范在引领人类社会发展中的重要作用。正是基于这种悖反性效应，后现代主义思想家利奥塔曾经指出，现代科学发展的内在机理面临着合法性危机的严重问题，因为科学原先所承诺的确保人类不断进步的宏大叙事，已经成为一张无法兑现的支票、虚幻的幸福承诺。现代科学观为我们树立的现代科学形象是有缺陷的，科技的价值负载已发展到临界点，在科技政策的制定以及科技资源分配中存在的严重不公平现象，时刻都在无形中孕育着新的科学危机。①如果我们把思考的基点放在整个人类文化发展的高端，就会发现现代科学观在当前已经日暮而途穷，其原本具有的解放功能基本上丧失殆尽。基于拒斥技术生存悖论所需，后现代科学观的出现应该是一种历史的必然。正如利奥塔指出的那样，现代科学观的虚幻幸福承诺，早已无法兑现，而高度分化与专业化的现代科技，原本无法培养关注社会与人类命运的思想家。在这个意义上，我们再也不能对技术生存悖论视而不见、听而不闻了，对之进行后现代解构，理所当然。在罗蒂看来，科学是可错的、技术也可能害人，科学追求的并不都是客观真理，我们并不认为科学家掌握一种值得大家学习和模仿的唯一正确的方法，科学家也并不一定具有值得其他人学习的德性，正如不能将科学结论等同于圣经一样，也不能把科学家当成人类的牧师，科学理性只有与人文理性实现自觉融合才有出路，因为科学不再给人以知识或者真理，而充其量不过是人类交谈中的一种声音，技术并不一定给人类带来福音，而充其量不过是人类日常生活中的一种游戏，现代人更乐于

---

① 姚大志：《现代之后——20世纪晚期西方哲学》，东方出版社2000年版，第351页。

建立一种"大科学观",以便对各个文化领域特别是在科际合作与视域融通中找到足够多的兴趣。

对此,另一位后现代者莫顿更是激进地认为,科技完全是一种情景主义的、纯粹地域性的东西,是在实验室里制造出来的、人们使用起来比较方便的工具而已,毫无客观性可言,对之迷信或者崇拜没有任何道理。尤其是当科学发展到"大科学时代",处处以民族国家或者国际联盟的面貌出场,组建超大科学家集团对重大课题进行大兵团作战,因极权的介入与黑金政治的驱使,使之负效应更加凸显了,常常给人带来灭顶之灾,成为人类文明主导野蛮并走向毁灭的主要标志,今天人类面临的一切可怕灾难大都与技术生存悖论内在相关。后现代者力图以解构的方式对技术生存悖论的理性基础进行颠覆,以消解其赖以产生与发展的合法性根基,如科学技术的整体主义、逻各斯中心主义、等级制的理性主义、两体思维模式等,试图粉碎科学的整体结构以防止思想的独断性、集权化,试图排除科技的元话语或者权利话语对现代人性的非法抑制,强调科技发展的多样性、多元化、异质性和差异性;对后现代由于科技的过度使用而导致的:社会不断熵化、等级界限崩塌、人生意义缺乏、深度模式削平、虚无主义泛滥、普遍遭遇荒诞等生存悖论,进行了猛烈抨击,倡导在科技观上的实现民主、自由,认为科学技术只是人类探索与认识世界坐标系的一种方式,不是唯一的、绝对的方式,更不是最重要的方式,它不能带给人们以客观真理化的确定知识,科学只不过是解释世界存在的一种"元叙述",由于它深深融入人类社会的各个领域、潜移默化地发展成了人类思想的桎梏。当然,后现代科技观是基于全面反思科技与社会的内在关联而进行的最新表述,是基于对人类与自然关系的重新审视后而确立的一种"和合科学观",其根本旨趣在于向人类昭示:科技本身的双重性要求人们在利用科技建设现代化的同时,也需对之进行系统反思和综合运用,以便消解其生存悖论带来的负面效应,有效迎接后现代科技革命的早日来临,让当代科学重新拥有更多的人性温情。后现代者消解科学并非是为了颠覆理性或者排除知识，而只是限制它的过度使用，促使人类进行理性自省或者自我纠偏，以便从现代科技的藩篱中逃脱，尽量消除现代科技所造成的弊端与恶果。这些思想，对于我们当前按照科学发展观要求，促进人与自然的和谐共存，避免现代性发展困厄、消解科技不正当使用所导致的可怕周折，均具积极意义。

三、马克思主义科学观及其大众化路线

马克思主义科学观在对后现代科学观的合理扬弃中走向了逐步大众化。后现代科学观的成功之处恰恰又是它的偏颇之处，在如何对待科技正负双重效应问题上，后现代主义科学观异常偏激地选择了反科学主义的消极路线，认为一切都是科学惹的祸，唯有人类退回小国寡民的纯粹自然生存状态，才能真正摆脱技术生存条件下的各种弊病。其实，科学技术与社会实践密不可分，科技在实践领域里的大规模应用必然带来正负双重效应，在人与世界关系的各个方面产生一系列消极后果，对人类社会的当下存在及其未来发展构成严重威胁。正是基于对这种消极后果的刻意关注，在科技史上才曾促使人们对科学进行各种谴责，引发了一次次反科学主义思潮的崛起和科学破产论的泛滥。不仅惨绝人寰的第一、二次世界大战严重动摇了人们对科学的公信力，在心灵世界投下一层挥之不去的阴影，而且，世界各地相继发生的因科学在各个领域中的应用而导致的全球性问题，更使人们对科学负效应的忧虑与戒心与日俱增，科学悲观主义早已成为世界通用语。后现代主义科学观的错误不在于明确指认科学的负效应及其危害，而在于将科技负效应完全归罪于科技本身，认为既然各种问题皆导源于科技应用，因而唯一可行的办法就是阻止科技进步和禁止科技使用，天真地幻想人类从技术生存状态应该返回到自然生存状态。

马克思主义科技观认为，科技活动是一种社会性活动，这不仅是因为参与科技活动的主体总是社会性的人，而且还因为科技从一开始就是由社会实践特别是生产实践决定的，"社会一旦有技术上的需要，这种需要就会比十所大学更能把科学推向前进"①。既然科学活动作为一种社会活动总是在一定的社会关系中进行的，科技对社会历史的推动作用是通过科技的广泛应用来实现的，因而科学应用的目的、性质与后果当然要受到社会关系特别是生产关系的制约与影响。譬如，在资本主义制度下，科技做资本家发家致富的工具使用，科技的应用处处打上资本的印记，资本家为了生产过程的需要常常采取技术壁垒的措施，常常非法地、非正当地使用之：限制科技发明、使科技智力衰减，重军事轻民用、重尖端轻传统、重前沿轻基础，很难可持续地、以人为本地使用科技成果。在资本主义制度下科技与劳动常常处于分离状态，科技成为凌驾于劳动之上的一种异己的、敌对的力量，科技的应用及其对社会发展的作用受到很大的限制，"只有资本主义生产才第一次把物质生产过程变成科学在生产中的应用——变成运用于实践的科学——但是，这只是通过使工人从属于资本，只是通过压制工人本身的智力和专业的发展来实现的"②。马克思主义科学观同样十分关注科技成果运用所带来的巨大负效应，但它与后现代主义科学观所主张的反科学主义或者科学悲观主义不同，认为不能将科学应用的负效应完全归罪于科技本身，弃绝科学、阻止科技进步的主张更是荒唐。在人与世界的关系上因科学的非正当使用而产生的一系列问题并不是科学应用的必然后果，科学应用所带来的消极社会后果也不完全是科技本身的过错，"科学是一种强有力的工具。怎样用它，究竟是给人类带来幸福还是带来灾难，完全取决于人自己，而不是取决于工具。刀子在人类生活上是有用的，但它也能用来

---

① 《马克思恩格斯选集》第4卷，人民出版社1995年版，第732页。
② 《马克思恩格斯全集》第47卷，人民出版社1979年版，第576页。

杀人"①。事实上，科技应用所带来的种种负效应是由科技成果的不正当使用带来的，诚然，这种不正当使用有科技本身不够完善的原因，但是这方面的原因导致的负效应也只有进一步发展科技认识去克服。这方面的原因，显然不是最重要的原因，将负效应完全归罪于它，没有道理；即使这方面原因存在，也不能成为阻止科学进步的理由，反而需要进一步发展科学、完善科技应用。在这个问题上，马克思主义科学观与科学万能论也有明显不同。无论从学理上抑或从事实上讲，要从根本上克服科技应用的各种负效应，防止和避免科技成果的不正当使用，还必须从根本上变革不合理的资本主义制度，唯有在社会主义制度中才真正能够实现科学进步与人类社会的协调发展。因为，只有在社会主义制度环境下，才能用系统的、协调的、可持续的科学发展观应对当代科技的发展及其成果应用问题，才能真正树立人与自然和谐相处、科学与社会内在统一的当代发展理念，从而树立全球观念和危机意识，克服眼前利益和局部利益的狭隘视界，克服急功近利、唯利是图的短视行为，增强全社会合理控制生产活动和消费活动的能力与手段，为人类彻底摆脱科技成果应用负效应创造新的发展机制。

正像爱因斯坦所强调的那样，科技理性固然具有强有力的身躯，但它却没有足够多的人性，它对于方法和工具具有敏锐的技术性眼光，但对于人生目的和价值却只能想当然的推断与猜测，"关心人的本身，应当始终成为一切技术上奋斗的主要目标；关心怎样组织人的劳动和产品分配这样一些尚未解决的重大问题，用以保证我们科学思想的成果会造福于人类，而不致成为祸害。"② 社会主义制度的优越性在科技成果应用上的发挥和实现，必然是克服一切科技负效应、促进科技事业与人类社会协调发展的正确途径。在社会主义制度下，科学的社会地位、目的

---

① 《爱因斯坦文集》第 3 卷，商务印书馆 1979 年版，第 56 页。
② 《爱因斯坦文集》第 3 卷，商务印书馆 1979 年版，第 349 页。

发生了根本的改变，社会主义改变了科学技术的服务方向，并为科学技术的发展和科学作用的发挥开辟了广阔的道路；社会主义使科技进步成为全体人民的事业，从而可能有计划地、可持续地、全面协调地发展基础科学研究。

第十二章　西方哲学的"生活世界理论"

——实现马克思主义哲学大众化的生存际遇

现代科技悖论及其后工业文明的畸形发展，导致了人性扭曲、本质异化、信仰危机和道德失序，致使人格分裂、魂如飘絮、家园失落、意义低迷等普遍性的"人性问题"日益凸显，如何重建人文精神以复归人的本质、建构合理的信念价值体系以安身立命、为人提供终极关怀并获得新的精神支撑，就成为西方哲学流派亟须求解的高难课题。就其矫治方案看，都幻想通过发动温和的心理革命以达到对科技理性的根本拒绝和对人性尊严的高端护持。但从实质上说，这不过是治标不治本的"爱的呼唤"而已。唯有通过社会革命才能彻底摒弃科技异化滋生的制度根源，实现人的自由个性的全面发展。

一、生活世界的异化呼唤开展人学革命

在当代西方，社会转型的加快、工业文明的发展、技术理性的张扬、人文价值的低迷以及深层矛盾的凸显、不稳定因素的增多，使得人的自然性与社会性、集体性与私人性、物质性与精神性、理智性与非理性之间的张力平衡系统、道德平整机制，均遭到了严重破坏甚至是肆意践踏，从而造成了人性的扭曲、本质的异化、信仰的危机和道德的失

序，这迫使西方哲人必须对技术理性至上和科学高于一切的传统思想，做出深刻检讨。近现代以来，知识就是力量、科学成就梦想，人类自我中心、技术理性至上，科学技术万能、确证本质力量，工业文明进步、社会财富膨胀，这早已成为人类社会的普遍信仰与集体肯认。然而，对科技理性的顶礼膜拜并使得工业文明获得凯歌高奏之时，并没有将人类带入普遍向往的幸福乐园，反而使之陷入种种不能自拔的危机之中。从人与自然的关系上看，产生了诸如：环境污染、资源短缺、气候恶化、灾害频发、人口爆炸、城市病态、交通紊乱、金融危机、核弹威胁等一系列全球性的问题；从人与人的关系上看，产生了诸如：人情冷漠、缺乏交流、尔虞我诈、互相猜忌、竞争残酷、人际紧张、矛盾加剧等社会问题，而人与自然、人与人之间的紧张与冲突，必然会渗入人性内部导致人性的扭曲、产生各种人性痼疾，诸如：人格分裂、精神空虚、心态失衡、家园失落、生活无着、意义迷失、内在焦虑、恐惧增大、压力增强、遭遇荒诞、普遍绝望等"人性问题"，甚至导致打架斗殴、酗酒滋事、聚众赌博、公开抢劫、暴力犯罪、涉黑涉恶、贩毒吸毒、卖淫嫖娼等丑恶现象的滋生与蔓延，使人在"不能成为其人"的方向上渐渐丧失了做人的基本善良与品质，成为无灵魂和无自我的行尸走肉。时代的发展、文明的进步，强烈呼唤矫治技术理性的畸形发展，重建人文精神以复归早已异化了的人的本质，彻底矫治技术生存视域中的人性痼疾以确立全面自由发展的人生价值取向，培植和谐共存、亲善宽容、各美其美、美美与共的人际环境以克服狭隘心态及自私本性，建构核心价值体系为人类确立安身立命之本、提供终极关怀，建立合理的信仰体系为人类提供新的精神支撑点和终极价值依据，以摆脱因信仰危机造成的迷惘失落、魂如飘絮的精神坍塌、品质趋下情形。但是，无论胡塞尔现象学的"精神清扫"抑或海德格尔生存哲学的"向死而生"，无论莱维纳斯"面孔理论"所主张的心灵救赎抑或阿伦特反极权政治所呼吁的"政治参与意识"，无论法兰克福学派霍克海默、阿道尔诺的心理学变革抑或马尔库塞、弗洛姆所主张的生物学革命，他们对科技异化导致的人性痼疾所开出的矫治方案，虽然对晚期资本主义文化逻辑及其人性问题的批判，说得上机智与深刻，然而却无论如何说不上对症下药，根本原因在于他们都没有找准造成这一切的制度根源，而只是在科技本身及其使用问题上绕圈子，故而是断清了病开错了方，仅仅靠皈依上帝或者"爱的呼唤"焉能达到标本兼治、实现新的人学革命？

二、存在论哲学及其"生活世界理论"

最早对这一人性痼疾进行矫治的是现象学大师胡塞尔，在其晚年的"生活世界理论"中，他以敏锐的眼光察觉到了晚期资本主义文化逻辑对人性的野蛮摧残，以辛辣的笔锋深刻揭示了在表面的虚假繁荣中所隐藏着的凄惨颓景：后工业科技的迅猛发展致使物欲横流、贪婪成性，商品、货币拜物教几乎吞噬了做人的基本品格与道德良知，物化时代的滚滚洪流造成了普遍的精神空虚、人格畸形、伦理颓败、道德滑坡。然而，遗憾的是，他认为这一切并非是资本主义制度惹的祸，而是科技发展及其文化逻辑本身原本就蕴含着对人全面抑制的异己性力量。科技快速发展仅仅促使了人们对物质欲望的高度重视，而忽视了对精神富足、境界提升的高品位追求，从而使人成为只知埋头享受现代"生活盛宴"的冢中枯骨、一堆腐尸。广泛性的精神危机、信念残缺酿造了充满病态的社会瘟疫、心灵荒芜，使之在温柔繁华的富贵乡中却怎么也找寻不到做人的积极意义与伦理依据。物质财富积累的"马太效应"与社会尊严的货币化标准，在给人们提供较好的物质生活基础的同时，却怎么也不能为之提供何以这样生活下去的正当理由，不能为人类提供任何精神所需的内在富足感、幸福感。科学技术带来的后工业文明在人们生命攸关的内在精神需求方面，不仅缄默以对，而且常常诱导人们跌入物质欲望魔窟而不能产生丝毫的心灵慰藉，不能帮助人们识破晚期资本主义文化逻辑是如何参与资本积累对现代人性的非法镇压,不能帮助人们反思做人的意义和生活的真谛,使活生生的善良人性、担当意识、伦理操守与道德规范,因横遭质疑、连根拔起而枯竭殆尽。这样,物质繁荣了而精神却空虚了,科技发展了而道德却沦丧了,生活富裕了而人的意义却迷失了,寿命延长了而人的尊严却伤残了,改造自然的理性谋略胜利了,而合理的人性却被无情地谋杀了。基于此,胡塞尔认为,科技理性与人文理性的根本冲突、货币主义与人道主义的严重对峙,使得整个后工业时代陷入深深的危机之中,而跌入这种危机的总根源恰恰不在于资本主义制度本身的好坏优劣,而在于片面追求物质的科学技术对人的精神生活的严重侵犯,在于科技工具理性的过度膨胀造成了人文价值理性的泯灭,在于物化时代人类良知的亚健康发展无法保障对科学技术的正当使用。科技理性对人的意识结构和心理特征的操纵是一种无意识的隐性操纵,政治经济制度等外在层次上的变革(社会革命)丝毫不能触动它的皮毛,唯有开展一场反科学主义、反理性主义的"思想清扫"运动(人类智能革命),才能为人类重建精神支撑点、价值"根据地"以拯救人类文明的普遍危机,以大无畏的胆略矫治人们对科技理性的偏执运用,使之从绝望的洪流与荒芜的废墟中挺身而出,使一种懂得自我约束、自我规制的新资本主义精神获得浴火重生。总之,神性之爱的憧憬、心智生活的完善,就能确保科技的正当使用,不断使人品质趋向高尚、赢得新的文明。

  海德格尔从人的生存性状上,细致描绘了晚期资本主义文化逻辑对人性的扭曲。在他看来,由于上帝死了,人人都是孤立无援的,人人都是无缘无故地被抛入这个物质世界中的,彼此之间充满了争斗和冷漠,密密麻麻相互挤在一起似乎关系很亲密,其实心灵之间的距离比星球之间的距离还远,而且人与人的关系不是内在的而是外在的,它在本质上不是属于人的关系而是属于物的关系,故而,彼此利用、尔虞我诈,残暴异常、互为地狱;在现实生活中,人总是面临着各种可能性,但是,只有一种可能性才能实现,需要人不断地进行自我筹划、自我设计、自我奋斗,需要不断地进行自我开脱、自我超越。这样,在日常生活中充满着各种不如意,与物相处则锱铢必较,与人相交则钩心斗角,不论与他人合谋抑或为敌,个人总是要维系于他人(社会),成为按他人意志举手投足的玩偶,人的本质与关系脱身而去,被一个异己性的他人所占据,使人的本质处于遮蔽状态,成为一种没有本质的存在,人人只能混迹于世,沉沦于俗务之中:要么,饱食终日、无所事事,整天说着言不由衷、无关痛痒的废话;要么,为各种物质利益所驱使,浑浑噩噩地被物质欲望裹挟着,心甘情愿地在声色犬马的温柔陷阱中堕落。可悲的是,由于人人终日沉湎于世俗生活中,往往不能与自己的人生真义照面,不能领悟自己做人的真正本质,即使整天过着非本真的生活却乐此不疲,只有当经受苦难与折磨,才能向死而在、向死而生,领会生命真谛、发现真正的自己。但吊诡的是,现代科技已然成为一种超于人之上的异己力量,已成为一种驾驭着人的精神的牢笼("座架")①,使人成为技术生存下的单向的持存物,日益丧失丰富完满的人性,现代科技的异化带来了人的全面异化,毁坏了人的精神家园,使人成为无家可归、身份迷失的"物"了。本来,人的这种烦恼、孤寂与绝望,是晚期资本主义文化逻辑畸形发展的人性结局,是"人对人如狼"的资本主义制度的文化副产品,惜乎囿于阶级局限,海氏却不能予以识破,反将这一切归咎于科技的滥用。因而,其矫治方案也不会求助于社会变革而只能依靠神秘的临界体验,只有"先行到死"才能"向死而在",只有诗意生存才能回归本我。因为,畏惧死亡的高峰体验造就了一种心灵上的良知,常常聆听它的真诚呼唤,就能使人良心发现、回归性善本体("此在的本真的能在"),惊醒人的世俗迷梦从沉沦中逃生,"只有自

---

① 《海德格尔选集》下卷,孙周兴译,上海三联书店1996年版,第938页。

由地去死，才能赋予存在以至高无上的目标"①。晚年他也感到毕竟仅仅依靠"畏死的启示"，力量很有限，普通人只有具有诗意境界，才能摆脱外物与世俗的种种羁绊，以诗去思、诗意生存，才能得到完全自由、听到上帝的心声、达到人神合一，从而凡中入圣、获得解脱。

三、西方"生活世界理论"的另类表达

与海德格尔这种非理性的心灵革命（诗学变革）不同，莱维纳斯激进地认为，即使人在面临死的启示时，也很难回到自己的本真存在状态，很难做到直面现实人生、领会做人真谛、实现本性复归。因为人的存在（本质）只是一种"无名的有"，是一种没有任何规定性的不可名状的怪影，它揭示了人的全面虚无或者遭遇荒诞，显现了人性的普遍丧失，存在意义的被消解。无魂灵的物质欲望使一切都无差别地物化了，它带来了无限的寂灭，处处充满着不确定性的恐惧，非但不能给人以积极的人生启迪，反而由于窒息了良善人性而使之陷入无穷无尽的人间地狱，给人以无法生存的巨大恐慌感与不安感，唯有超越自我，在"存在之外"才能与拯救人类的上帝相遇，达到"人神合一"、实现自我救赎。在其著名的"面孔理论"中，他认为上帝并非存在于认识论领域，更不可能从逻辑上加以证明；并非存在于本体论领域，更不可能从存在论意义上加以肯定。其实，上帝情感超越我们的知识系统、文化传统，它作为"漂泊不定的踪迹"，只存在于伦理学领域（后现代主义伦理学），时时显现于他人的面孔中，处处现身于人与人的伦理关系中，常常通过他人的面孔显现自身、回到自身并拯救自己。因为，自己与他人的相遇总是"面面相对"的相遇，自我直接遇到的他人，总是他人的面孔，而面孔就是一种人生意义的表达。面孔的外部表情属于存在论领

---

① 夏基松：《现代西方哲学》，上海人民出版社2006年版，第284页。

域，是清晰可见的，而面孔所表达的意义则属于伦理学领域，它只可意会不可言传，面孔的真实意义不是在世界之中的可见之物，人不可能直接读出他人面孔的实际含义，面孔的意义来自世界之外，唯有真诚的爱心（面孔背后的面孔）才能感知到它的存在。质言之，面孔是无言的言说，唯有上帝才能聆听到这种言说的实际意义，面孔所言说的意义直接与上帝相通，在他人的面孔中显露着上帝。面对科技异化导致的人性扭曲，海德格尔强调在自我体认中获得超越和升华，提倡把自我从他人的关系中孤立出来，独自沉思、恬然澄明，在畏、烦、死的启示中领悟人生真谛。与海德格尔割裂人与人的关系不同，莱维纳斯认为，离开社会的孤单个体，根本无法通达澄明之境，更不可能超凡脱俗、得大自在之福，"单子化"的个体根本无法生存，根本不能得到上帝的心灵救赎，唯有与他人纠结在一起，并通过他人的面孔领会上帝的关爱，才会摆脱科技异化而获得真福。这样，真正需要的不是什么制度转换而是伦理学上的心理革命，唯有从内心深处普遍皈依上帝方能实现自救，借助神灵之光撒播爱的温情，解除科技魔咒对人的心灵缠绕，识得上帝那张人生幕后的神秘面孔对人所做出的最高指示。

与这种超验的上帝救赎方案有别，阿伦特则主张通过反对资本主义的极权政治方案而实现自我救治，并把科技异化及其人性扭曲的根源归咎于晚期资本主义极权性的文化逻辑。在她看来，由于科技理性的片面膨胀，确证着人的本质的劳动，本来是合目的性与合价值性相统一的劳动，在晚期资本主义社会中，却演变成了目的的合理性与价值的合理性极端对立的劳动，机器不仅不受人的支配，反过来却支配着人，使人成为听任机器支配的工具，丧失了自主性和创造性活力，成为一种会说话的物。人要获得自由并本真的存在，却不能依靠浪漫的反科学主义策略和神秘主义的宗教情绪，而要依靠人们积极的政治参与意识，没有政治就没有自由，没有对公共领域的积极占领，就不可能获得真正意义上的本真生存。在后工业社会中，由于科技异化带动的全面异化，私人领域与公共领域泾渭分明的界限逐渐模糊，井然有序的公共领域遭到破坏，而且一种变态的社会领域（拟家庭化的私人领域）常常侵入人的公共领域，使人的政治生活一步步陷入灾难与危机中。这种"拟家庭事务化"的所谓社会领域，常常使得私人领域无边放大，越来越侵入、僭越、吞并了公共领域，从而使得公共政治活动家庭事务化了，公共权力非公有使用了，民主政治家长制化了，公共生活变成了资本性的私人生活的附属品，文化娱乐变成了资本家的家庭欢宴。在她看来，人们对物质消费的关心代替了对政治生活的积极参与，成为一种听命于资本统治的经济动物，人性在极权统治中变成了哈哈镜中的怪影，在精确、高效、统一的"科层制"专制下，统治机器与现代法学联手造就了铁笼般的高压独裁，人成为被关在铁笼中的兽群，成为没有思想、没有自我、没有灵魂的群氓或者暴民。一旦人们政治意识淡化并主动放弃公共参与热情，以至于除了私有财产外一无所有，其政治浩劫就会达到顶峰。事实上，晚期资本主义文化逻辑导致了极权主义，而极权主义通向了帝国主义，它的总特征是"意识形态+恐怖"，它把个人的私人领域和公共领域的所有方面全盘纳入了所谓国家的控制（社会的管理），发动了一场反文明、反人类的压制全面升级的社会运动，造就了声势浩大的人权终结、人性扭曲的现代法西斯浩劫。其救治方案是，以"人权"对抗极权，人权就是公民权，唯有通过意识革命、人权革命，才能对当代人重新启蒙，终结传统理性自欺欺人的人权思想，弥合已然断裂的人性根基，使人在公共性参与活动中获得社会觉醒，并在反极权主义浪潮中实现人性复归。但是，这种人权变革不是诉诸推翻腐朽的资本主义制度体系，而是在意识深处唤醒人的公民心理、人权观念与参与热望，唯有发动一场社会心理的大变革，因现代科技异化主导的极权主义压制才能有望破解。

四、社会批判理论的"生活世界理论"

同样诉诸社会批判的法兰克福学派的霍克海默、阿道尔诺也认为，晚期资本主义文化逻辑使人的所有行为都按照满足利益最大化需求的模式来理解，这最终导致科技理性的恶性膨胀并势必走向自我毁灭。现代科技文明的畸形发展导致的不是人类幸福的增长，而是统治者对被统治者全面奴役力量的增长，它不仅为现代社会野蛮普及化提供了强大基础，而且为人类社会的全面崩溃提供了基础。科技理性不仅是人类征服自然的力量而且也是毁灭人类的异己力量，科技理性的迅猛发展带来了全面倒退，物质文明的高度进步造成了人性痼疾，现代启蒙的人生理想造成了集中营式的残酷现状，科技主导下的文明成为绞刑架下的文明。因为，科技工具理性的恶性膨胀，导致了人的思维的程式化（自我意识丧失）与人的机器配件化（个性主体的沦亡），人与资本能力彻底同化了，对资本支配力的认同换来的是人性的自我泯灭，科技理性参与资本扩张实施了对现代人性的全面扭曲；晚期资本主义文化逻辑更是一种全面商品化、技术畸形化、强迫压制化的文化逻辑，它不再为普通民众提供高级精神食粮而是追逐利润最大化的隐性毒品，因从心里深层全面控制了文化消费者的欣赏力、选择力、鉴别力，从而可以变政治的显性强制为精神的隐性强制，虽然淡化了意识形态痕迹却反而强化了意识形态教化能力，不再是陶冶性情的美化教育而变成了公共舆论的控制器，不再是高级精神享受的审美愉悦而是变成了商品拜物教的流行曲，总之，美学已全面堕落为丑学；晚期资本主义的物质生产机制也对人性进行了全盘否定，标准化的生产线实际上取消了人的本质差别，人们不仅在劳动职能、技术分工上而且在精神需要和思想习惯上都被广加宣扬的科技文明整齐划一、彻底同化了，人的自主性、创造性、个体性、本己性越来越少，而标准化、模型化、机械化、工业化的程度越来越高，人们从贵为万物之灵的崇高祭坛推向物质欲海，降低为单纯的生产要素和"经济原子"，商品化、资本化本来作为人生手段的意义，直接演变成为人生的唯一目的，人在本质上被贬低为赚钱的工具。要克服异化、复归本我，必须进行"彻底的"社会批判，使传统的革命理论"重新革命化"，虽然反对像马克思那样把革命的火种引向资本主义制度自身而开展外在性的革命，但是又不主张像传统批判理论那样采取"顺从主义"的不作为方案，而主张开展积极的内在性革命，要采取积极的全面否定策略即开展由内而外的心理深层的意识革命，彻底唤醒人们对人性异化的心理自觉，通过订立自由协议、集体抗拒资本的同化而实现普遍快乐。在他们看来，西方现代理性由近代启蒙理性衍生而来，它在人类文明历史进程中担当了祛除愚昧、指引光明、完善心智、资政育人的重要使命。然而，随着后工业文明中科技理性异化的日益加剧与人类中心论的甚嚣尘上，科技工具理性出现了内在缺失与人学悖论，技术生存视阈下人性痼疾的恶性增长，暴露了晚期资本主义文化逻辑单向度发展的反生态、反人类、反科学的本质。科技异化与资本主义双向互动、内在一体，克服异化就意味着对资本主义的合理扬弃，启蒙自反与人性复归只能通过意识觉醒（内在革命）来完成，必然要诉诸社会心理的变革尤其是人的主观内部的调整。

而在弗洛姆和马尔库塞看来，人的本质是本能的冲动，其核心是爱欲的冲动，爱欲是人的本质规定，对爱和自由的不懈追求就是人的生存命义，生存斗争不过是一场争取快乐的斗争，快乐原则就是生命的根本原则，幸福的实质就是自由，自由的实质就是爱欲压制的解除，快乐就是压制被解除时的感受。因此，社会革命的对象不是资本主义制度本身而是造成压制的晚期资本主义文化逻辑对实施人的"非爱性强制"。科技理性愈进步、物质文明愈发展，人的爱欲本性遭到的非法压制就会越来越多，人的历史就是一部压制史，而技术进步史就是奴役不断扩大的历史。晚期资本主义人性痼疾的症结就是现代科技理性对人的过度压抑，不仅压制了人的社会存在而且压制了人的生物存在，不仅压制了人的一般方面而且严重窒息了人的本能结构。无论从广度抑或深度上看，科技早已变成了一种新型的社会统治力量，其对人性造成的全面管理与非法压制达到了无以复加的地步。从广度上看，由于科技的滥用，晚期资本主义发展机制对人实施了前所未有的多方压制，不仅在政治经济、文化教育领域是如此，而且早已全面侵入人的社会生活的方方面面，任何人都无法摆脱多种新闻媒体所操纵的精神灌输和文化渗透，更无法拒绝铺天盖地的广告欺诈所带来的虚假需求与声色利诱，高科技主导下的超前消费、虚假满足与极度虚荣，转移并抑制了人们对社会现状的不满情绪，人的自由自在的反抗精神遭到了彻底毁灭；从深度上看，现代科技带来的高度机械化和自动化，使人的创造灵性与自由个性彻底压垮了，后工业文明成为吞噬人的善良本性的工艺装置，个人主义的合理性被统一地压制成了工艺的合理性，科技成为征服社会上的一切离心力量与反叛势力的最好武器，技术的压制达到这样的程度以至于一切反抗都成为不可能的了，人在技术压制下变成了只求物质享受而放弃精神追求，只顾眼前利益而抛开终极牵挂的无灵魂的躯壳，变成了泯灭一切创造性和批判性而全面认同资本化逻辑的"单向度的人"了，时代也变成了不再思想、拒绝思想的单面性的时代了。唯有开展一场真正意义上的生物学或者心理学革命，彻底宣泄人的爱欲本能与生命意识，清除资本化逻辑对人的爱欲本能带来的非法压制，根本改变人的深层心理结构而实现本能觉醒或者意识自觉，在新的"大拒绝"精神感召下建立反科技的文化同盟，实现爱欲本能的普及化、大众化，才能构建真正和谐宁静的幸福乐园。至于马克思主张的外在性的制度变革，他们认为，这根本不能改变晚期资本主义文化逻辑的实质与走势，只能为极权主义政府机构对现代人性施加野蛮摧残找到更荒唐的借口，使原本畸形发展的人文理性全面陷入荒芜。

现代西方哲人再三强调的后工业文明、人文自我中心的批判立场及其浪漫的反科学主义情结，事实上都反映了他们崇尚人的生命活动、肯认人的主体存在、张扬人的个性价值、追求人的自由幸福的基本倾向。但是，就其矫正方案来说，不论现象学诉诸向死而在、以诗去思抑或存在论诉诸上帝救赎、政治参与，不论法兰克福学派诉诸社会批判、心灵自觉抑或本能解放、心理革命，其实他们都一味幻想通过温和的"微观规制"来达到对科技理性的根本拒绝和对人的尊严的高端护持。总是乐观地认为，尽管现代社会还在不断地异化、人性还在不断地扭曲，但是只要设计一套能够促使本能解放、意识觉醒的人道主义变革计划，使得晚期资本主义文化逻辑及其社会运动的一切内容都自觉服从于人的本性复归、生命实现的价值目标，只要秉承人道主义革命路线并不停地进行爱欲本能的真诚呼唤，就能唤起人性深处的善良本质，让沉沦的人性荒漠变成完美异常的爱的天堂，科技悖论所主导的一切人性痼疾就会烟消云散，一种完美和谐的人间新伦理原则、精神支点、信仰体系就会建立起来。与现代哲学家所倡导的温和革命有别，后现代大师们清醒地看到，这种温和的心理革命只是对极权的晚期资本主义文明的刻意粉饰，不仅无助于人性痼疾的矫治反而助长了其反人类的文化梦魇的蛊惑性，从而几乎不约而同地选择了颠覆一切的全面整合方案、走向了与资本主义制度分道扬镳的实践革命阵营。正是在这个意义上，后现代主义的颠覆指向、社会变革方案与马克思主义的实践指向、社会革命方案具有内在的通约性，二者在当代不期而遇、内在联手，的确是其共同的批判对象使之集结在一起。马克思也看到了科技悖论及其价值负载对人性的非法压制，认为现代科技的非正当运用使之成为一种"异己的、敌对的和统治的权利"[①]，但是他认为对这种科技异化及其人性痼疾的矫治不能只诉诸文化批判或者心理革命，而要通过制度变革才能彻底铲除科技异化产生的社会基础（制度根源），既摆脱人对人的依赖、又摆脱

---

① 《马克思恩格斯全集》第47卷，人民出版社1979年版，第571页。

人对技术的依赖，实现人的自由个性的全面发展（社会发展与个人发展的真正统一），人类最终从支配他们的生活和命运的科技异化中解放出来，实现"从必然王国进入自由王国的飞跃"①，真正自觉地开创自己完美生活的人类文明史。

---

① 《马克思恩格斯选集》第3卷，人民出版社1995年版，第634页。

第十三章 "曲解的交往、合理的交往"

——当代马克思主义哲学大众化的诠释理路

一个文本有何意义完全取决于理解者对它的意义期待,而它在何种层次上的哪些意义能在何种方式上得以实现,则完全取决于理解者对它的实践筹划。任何具有主体性理解的目的都在于把人生语义从遮蔽状态中阐释出来,实现对人的生存本质还原和对人的生命意识解蔽。可见,文本理解是人对存在的领会和本质的把握,是实现自己并超越自己的特殊的生存方式。

一、我国哲学解释学的三种理解观

哲学解释学是当代西方哲学思潮中极其重要的一脉,它的独创性的理论内涵不仅突破了传统解释学方法论的框架,而且也为当代西方哲学的发展开辟了崭新的精神视域。国内研究者从不同角度出发,对诠释学所蕴含的主体性特质及其人学语义做出了各自的理解和评价,总体上认为诠释学面对的是人的精神世界,自然科学的实证性方法断然不能成为介入其中的理解原则。因为人的生命不是单纯的生理—物理事实,而是心理—历史事实,它体现为内在经验或内识,它是生命对自身的意识,通过他人将自身和外在世界勾连到一种整体的关联之中,从而获得一种整体经验。诠释学正是在内省经验的基础上对人的生命过程做了历史性分析，既为精神科学奠定了基础和方法，又借助于人学达到了对于历史的真理性把握，消除了历史主义所面临的困境，即历史的客观性和历史理解的主观性之间的内在紧张。而且，国内研究者大都认为解释学之人学语义从根本上说就是在理解者与文本之间的对话过程中生成的，因而根据现代理解原则，或者从视界融合与文化过滤的角度，或者从文本的空白与作者的期待的角度，或者从诠释的历史性与误读的角度，认为任何积极的理解并不是重建隐藏于文本或世界中的客观化的固有含义，而是一种人与世界之间的调解，即通过解释者把过去的意义置于当前情境之中的一种自我调解。从存在论出发，这种调解其实是一种效果历史意识，这种历史意识比存在意识具有更多的人学语义。具体看来，在当下我国哲学解释学研究中，曾有过三种不同的理解观，如，生活视域中的理解观认为，常识将世界纳入有序的框架，并为人们的生活提供何以这样过下去的正当理由，使得纷繁复杂的日常经验条理化，在某种程度上对生活琐事作了有序性的安顿，开悟了人们对人生意义的不可捉摸性、荒诞性、异己性，使生活世界呈现为可理解的品格，赋予人生以内在的意义。这种理解是自然的理解，是习惯性理解，是一切理解的前提，可以将之视作"前理解"。科学视域中的理解观认为，世界的有序性并非日常实践循环往复的日常积累，而是通过特定的理论和逻辑活动建构的结果，通过对事物的内在规定，彰显了它的必然之理、生存之则，从而赋予它以可理解的形式并使之在科学层面具有意义。哲学或宗教视域中的理解观认为，世界的有序性是在更高的抽象层面或者宗教的"天序"中得以理解的，一切都要在理性的法庭面前进行辩护或者在"去妄"的真知或涅槃境界加以整合，人生意义要在理念王国或来世天国中得以确认。以上三种理解观，都是语言学转向前的理论形态，构成了现代理解理论的基础性描述。与之不同，本文则从现代诠释学的语言哲学角度，试图从认识论和存在论的哲学层面讲清文本与意义的内在相关性，认为在认识论上理解被视作是人对文本意义的诠释，是指文本意图与作者意图的视域整合,是在主客体之间或主体间性中通过问答逻辑所形成的交往互惠和重叠共识;而在存在论意义上,理解被视作对人的本质的基本规定,理解不仅是对文本的理解更是对人的存在的自我理解,其根本旨趣在于揭示人的自我生成性本质。而无论从认识论抑或从存在论角度,现代诠释学对理解的界定,都内在地蕴涵着特定的人学语义,都在某种程度上彰显了现代哲学的主体性特征。在现代诠释学看来,作为对自我的积极筹划,文本理解具有主体性,它是人对未来各种可能性的善的选择和自觉运用,并使之不断从当下的可能性向着未来推进。一个文本有否及有何意义完全取决于理解者对它的意义期待,而它在何种层次上的哪些意义又能在何种方式上得以实现,则完全取决于理解者对它的实践筹划。任何具有主体性理解的目的都在于把人生语义从遮蔽状态中阐释出来,实现对人的生存本质还原和对人的生命意识解蔽。可见,文本理解是人对存在的领会和本质的把握,是实现自己并超越自己的特殊的生存方式。

二、理解和解释的联系与区别

在古典诠释学看来,理解和诠释是语言学的中心问题,诠释学是一种避免误解的艺术,对一个作品的理解,其实就是对它自身固有意义的理解,它原本就是一门研究理解和解释的学科,其最初的动因正是为了正确解释文本的原有意义,以缓解或克服在文本流传中所产生的内在紧张,这样,一种正确理解和解释文本的诠释技术学或"技艺学"便诞生了。[①] 显然,对文本的理解绝不能只进行僵硬地、刻板地技术性诠释,而要发挥主观心灵的创造和再造作用。这样看来,理解的过程,并非仅仅是语言翻译的过程,而是主观心灵创造的过程。为此,理解必须

---

① 洪汉鼎:《理解的真理》,山东人民出版社2001年版,第1页。

遵循两条规则：一是客观性或历史性原则，即必须结合作者所处的具体条件来理解文本的意义；二是整体性原则，即必须在结合周围其他语词的意义的总体性语境中，去理解每个语词的意义。由于人的精神和心灵具有共通性，人同此心，心同此理，这样就为作者与读者的语义交流提供了基础。但由于人的精神和心灵又具有个性，即能动性和创造性，这就使得作者的书写活动的创造性与读者再创造的理解活动，并不一致，从而有了产生误解的可能。为了避免误解，读者必须走出自己的内心世界，进入作者创作时的精神境地即回到作者的思想源头，以重新体验或再现作者的心境。

因为，自然现象仅须说明就够了，精神现象仅靠说明是不行的，而必须加以理解。人文学科研究的对象是客观精神（指外化于物的精神）和精神世界（各种外化的精神与人的理解的相互作用系统），对之研究不能只做实质性地说明，而须创造性地理解。在这个意义上，理解就是通过外在的东西去把握内在的东西，就是通过可感知的外部表现去把握不可感知的内在精神。换言之，要进行正确的理解，读者就必须发挥自己的主观能动性，就必须走出自己的内心世界进入作者的内心世界，通过这种心理移情作用，对作者"表一番同情之理解"，以把握作者当时的创作心境，再现作者原来的创作体验。人们心灵的共通性（或"共通感"[①]）仅使心理移情作用的发生成为可能，要真正实现这种可能，还需要一种善解文意的爱心或同情心，唯此才能心心相印、息息相通，达到对文本的完全理解。因为受心理移情作用的影响，读者有时比作者更能理解文本，读者比作者得到的东西还多，有许多东西原先对于作者来说是无意识的，现在恰恰被读者理解到了，读者对作品进行了二度创造和意义追加；读者与作者之间产生了生命同化和心灵契合，即读者把自己融入作者当时的处境，设身处地地想象自己在他当时的情况下会如

---

① 洪汉鼎：《理解的真理》，山东人民出版社2001年版，第56页。

何思考、如何行动、如何喜怒哀乐等，这样，作者的生命就在读者自己的心灵际会中复活了，他们在心灵世界中就内在地交融在一起了。

理解不仅具有解释的功能而且具有实践的功能，传统解释学者认为，意义是文本自身所固有的，是不以解释者的理解所转移的客观的东西，因而解释的任务就在于清除自己的各种偏见，投入作者的原有处境，客观地理解和把握文本的意义。现代诠释学则认为，理解是解释者对生活经验的未来可能性的筹划，文本的意义并不完全是客观、僵化、静态地凝固于文本之中的东西，而是与解释者的理解密不可分的。文本与读者的关系不是独白而是对话，只有在读者与文本的相互问答的对话中文本才产生意义。因而任何一个文本只有当它们与人的主体性的理解相结合时，才具有活生生的意义，离开了主体性的理解就没有真正的意义。换言之，文本从根本上说都是未完成的，因为它还需要一个解释者，它的意义并不自在地存在，而是与读者发生联系的产物。意义不是在那里等待发现，而是在读者的创造性解释中发生的，并通过主体性的理解而实现的，只有把文本中的经验纳入读者的整个自我理解之中，这种经验对我们才有意义。既然文本有否及有何意义与主体性的理解相关，那么，是不是可以说，文本意义完全应该由主观任意决定的呢？显然不是。因为理解具有历史性，读者对文本的理解受"前理解"和历史条件的制约；而且理解又具有语言性，语言游戏自身的规则不以游戏者的主体性为转移。须遵循对话逻辑，在问答中产生，而非独白的结果。可见，理解不是封闭的，而是开放的，因为理解具有主体性，它是一种对未来可能性的筹划和应用，是一种对未来各种可能性的善的选择，它使理解者对文本意义的理解不断从当下的可能性向着未来推进。任何文本都是对人类生活的某一问题的求解，而对文本的理解则是从它们的回答中提出新的问题，以推进新的理解，对文本的理解就是人的社会生活的理解，这是一个面向未来的无限拓展的过程。

当然这种观点也具有片面性。比如，对文艺性作品，其意义随理解者的变化而变化，可以有不同理解。而对非文艺性作品如法律文本的理解，能无视作者的原有意义而任意理解吗？再如，理解是作者与读者的视域融合，通过融合，双方意见得到沟通，获得新的理解。但作者和读者对文本的理解不同，获得的意义不同，二者都具有创造性和主体性，这样，正确无误的交流其实就不可能了，这就构成了解释学的不可翻译性原则。正是基于此，在以后的发展中才通向了后结构主义的语言学，认为语言是不可交流的、完全是私人的、不可传递的。那么，怎样才能消除误解而达到合理交往呢？必须首先区分两种不同的语言交往，即"曲解的交往与合理的交往"。自然语言是人类生活世界中的"元语言"，它与形式语言不同。形式语言是封闭的，其意义不随语境的变化而变化；自然语言则是开放的，其意义是随语境的变化而变化的，因而它可能常常产生"曲解"，构成人与人之间的理解的障碍，形成"曲解的交往"。当代解释学的任务就在于研究造成这种"曲解的交往"的原因，并提出消除它们的办法以达到"交往的合理化"。在不合理的阅读中，尤其是在诠释过度的危机时期，普遍地存在着"曲解的交往"。曲解交往的言语是病态言语。众所周知，精神病患者的言语是明显的病态言语，而"曲解交往"的言语则是一种看来似乎"正常"，实际上是病态的、很难察觉的、不明显的病态语言，它们构成的交往是"无效果的交往"或"伪交往"。伪交往也往往可以达到"意见一致"，但这不是真正的"一致"，而是"伪一致"，它们是一些"误解的系统"，是导致语义冲突的总根源。精神病人把语言私人化了，精神病医生对之医治的方法就在于，试译出它们私人病态语言的意义，从而引导他们把私人的语言内容重新纳入公共交往中。若一种理解理论只适用于正常的语言，对于分析曲解交往中的病态语言无效，那它怎能发现产生曲解交往并形成病态语言的深层原因呢？

三、合理理解需具备什么样的条件

可见，我们以前认为，理解必须以前理解即先见或传统为前提，传统是一致理解的出发点，人们只能接受之而不能批判之。显然，这种看法是错误的。因为传统往往来自曲解的交往，传统的意见一致往往不是真正的一致，而是伪一致。它们不是来自作者和读者双方的心灵际会，而是来自外在的权威和压力。只有建立主体性的解释学，才能澄清一贯被曲解的认识，获得真正的意见一致，这只能在理想的合理的交往条件——视域融合和效果历史中，才能实现重叠共识和意义增殖。理解的主体性表明，读者对文本的阅读过程就是对文本的理解过程，这个过程具有主体性，读者对文本的内容和意义的理解是可变的，即随读者的视域整合和意义期待的变化而变化的。这种整合和期待，构成了读者理解文本的起点和内在结构，不同的读者，透过不同的起点和期待，读出的意义是不一样的。一部作品的潜在意义不会也不可能为某一时刻的读者所读尽，只有在不断发展的接受过程中它们才能为读者所不断发掘，所以，从诠释学角度看来，文本发展史不是作品的积累史，而是文本的接受史，是其意义不断生产的历史。一个文本有否及有何意义完全取决于阅读主体对它的期待与筹划，而它的何种意义又能在何种方式上实现则完全取决于主体的选择或接受。

然而，在现代诠释学看来，对一个作品的理解，并非是仅仅遵守特定的技术规训，而刻意"回到事物本身"以发现它的原意，相反，而是认为主体理解作品的目的其实在于把人的存在和价值从隐蔽状态中显示出来，即对人的本质解蔽或去蔽，其根本任务就在于追问作品中阐发的人生意义及其实现方式。人生意义非天生固有，而在他与物、与人发生的各种关系中产生。若他不与物、不与人相接则无任何意义发生，与物、与人相接的方式不同而产生的意义也不同，可以为社会做出贡献，也可以为非作歹、危害他人。问题是他在与物、与人的相互关系中具有各种各样的可能性，究竟哪种可能性能够真正实现，即他作为何种面目出场且具有何种人生意义，这全凭他的自我筹划。所以，对于一个文本来说，理解它就是对之意义的筹划，若只看它而不用它，那么，愈是看它，我们就离它的意义愈远，其意义在于用途，意义生发于使用。对于一个人的生命本质（其实，也是一个文本）来说，又何尝不是如此呢？理解就是对人生意义的筹划，人的一生都在理解或筹划之中。人是非自愿地被抛进这个世界中的，人面临的世界是有待于实现的世界，即是包含着各种各样的为人所用的可能性的世界。理解就是人自由自在地对各种各样的可能性所做的自我筹划，从而以此种方式，在这个世界中实现自己并不断地超越自己，同时又向着未来筹划，不断放大自己的人生意义。换言之，理解就是人在可能性的基础上筹划自我的人生意义，理解本身就包含筹划这种内在结构，人存在着，并总是在"理解着"，没有理解也就没有人的存在，理解是人的存在方式，是人的本体论结构，人的存在在于理解，人存在于理解之中。理解是对存在的理解，而能被理解的存在才有意义，人通过理解存在而拥有存在，存在通过人的理解而获得生成。不与人发生理解关系的存在是没有意义的，也是不可想象的，只有进入人的理解实践中，存在才成为具有现实性的存在，理解和存在合二为一。

理解不同于认识那种静态反思，理解是人对存在的理解，是对自己本质的把握，是人对实现各种可能性的谋划即实现自己并超越自己的实践性筹划。理解与人的存在不是二元对立的，而是融为一体、浑然不分的。人因理解而存在，人的存在在于理解。但二者又有区别，区别性在于存在的无限的时间性与人的有限的历史性之间的矛盾，即人对自我本质的理解总是历史的理解，即在一定的历史条件下受一定历史条件的规定性的理解。这表明理解具有前结构，理解有不可缺少的前提，它是在这些前提之下做出的，这个前提就是解释学的处境，它由"前有""前见""前设"（前把握）三者构成。"前有"或前拥有，是指理解之前先已具有的东西，它包括解释者的社会环境、历史情况、文化背景、传统观念以及物质条件等，它们总是处于遮蔽状态，隐秘的影响并制约着人的理解，人的理解也总是植根于前有之中；"前见"或前见解，是指理解之前的见解，即成见。现实的人总是具有多种多样的可能性，究竟能把他解释成哪一种，他的哪一种可能性能够实现，那是由"前见"决定的。"前设"或前把握，是指理解之前必须具有的假设，任何理解都包含有假设，一个解释绝不是无预设地去把握呈现于他面前的东西的。理解之前必须排除一切先见，这是不可能的；没有先见作基础，也就不可能有理解；理解就是人在理解的"前结构"的基础上对未来进行的筹划。理解的"前结构"决定了理解，甚至可以说，理解是理解的"前结构"的重复，但这不是简单的重复，而是向着未来进行筹划的重复，是积极的循环。决定性的不是走出这一循环，而是要以正确的方式进入这个循环，经过多次循环，理解就能深入和提高。从以上的分析中可以看出，理解本质上不是一种技术或方法，而是人的存在方式，是人向着未来筹划的存在方式。质言之，人是"理解着"的存在，存在因理解而生成，我理解我存在，理解贯穿于人的一生之中，是构成人生一切活动的基础。一个人是什么样的或者能够成为什么样的，这与他的自我理解是密不可分的。他只有存在于不断的自我理解中才拥有特定的人生意义，其人生价值才能不断被照亮。理解就是领会人的存在的意义，理解的任务在于把握人学真理。所谓人学真理，就是面向人的事情本身。或者说，理解就是回到人本身，回到事情本身，理解学就是最大意义上的人学，是人学本体论。

四、合理理解是人的一种存在方式

理解既然是人的存在方式，而人的存在是有限性的和历史性的，即它是受历史条件制约的，它必须以前理解为前提，必须以"前有""前见""前设"为基础。任何理解都必须从已有的先见或偏见出发，都必须以之为前提，这是由于人总是生活在一定的历史环境中，历史文化赋予人以各种先见或偏见，人不能自由地选择它们，也无法轻易地摆脱它们。先见是必须的，要排除之是一种错觉，排除偏见本身就是一种偏见，因为正是我们的偏见才构成了我们的存在，偏见未必是不合理的，我们就存在于历史性的偏见中，偏见为我们整个经验的能力构造了最初的方向性，偏见就是我们对世界的开放的倾向性。其实，不应该笼统地反对先见，应有区别地对待它。先见有两种：一是合法的先见或正当的先见，这是指来源于历史文化传统的先见，它不应该否定，也无法否定，否定了它就否定了历史，就会造成历史的中断，从而否定了发展。二是盲目的先见，即个人在现实人生中接触和吸收的先见，它是可以修正的，也是应当排除的。但这种区分对人来说是不易的，不能凭先验的直觉，而是在理解的实践中逐步做到的。理解不仅是历史的，而且又是现代的，是历史和现代的会合或沟通。因为理解不仅应以"前理解"为基础，并且还应对当前的可能性做出未来的筹划。由于理解的对象是人及其一切活动，它们包括历史、文献、思想、创作等各种"文本"，这些历史性"文本"都是前人（作者）的历史视域的产物，因而，当理解者（读者）以自己的历史视域去理解这些"文本"时，就出现了两种历史视域的对立，只有把二者融合起来，即把历史的视域融合于现代的视域之中，构成一种新的和谐，才会出现具有意义的新的理解，这就是视域融合。理解就是视域融合的过程，正是这种融合和沟通，不仅克服了自身的局限性，也克服了他人的局限性，是向一个更高的普遍性的上升的过程，在这一过程中，产生一种发展了的新视域，即"效果历史"。理解在本质上是一种效果历史不断迭出又不断修复的无意识建构过程。这里涉及现代文本观的后现代转向及其意义的无意识建构问题，对此已有另文讲到，不再赘述。事实上，作为人的存在方式的理解，不是静止不变，而是持续变化的，新旧视域的融合产生了新的理解，随着时间的推移，这种新的理解又变成了先入之见，即旧视域，它与更新的视域融合又产生了更新的理解。人的理解就是在这种视域融合中辩证发展的。人的"文本"的意义也不是固定不变的，而是随历史的变化而变化；人生的意义和价值也是如此，也不是固定不变的，也随历史的变化而变化，在不同的历史条件下有不同的人生意义。理解（意义、价值）的变化是辩证的，是间断性与连续性的统一，因受历史的限制，在不同的条件下，内容是不同的，所以是间断的；因其视域融合，所以又是连续的，二者是相通的。可见，对人生意义的理解具有主体性和历史性。这种特性，既反对了客观主义、结构主义的理解观，因为人生意义随历史的变化而变化，没有客观的绝对不变的意义；又反对了主观主义、相对主义的理解观，因为人们对人生的理解又是受历史条件制约的，不能随心所欲的理解。在理解中二者是统一的，人获得了一种存在，又不断地在向着未来筹划的过程中，实现自我超越，形成新的存在方式，人的一生就处于"去存在"之中，所以人永远在途中。

第十四章 "人就是人的世界"

——践行马克思主义哲学大众化的人学策略

时下,基于后学语境对人学语义的"孤岛写作",不是什么创新意识,而是一种错误的治学路向,不但无益于"作为人学的哲学"的微观探析和生活还原,更无助于宏观上的整体把握和规律探索。究其原因,不在于它对人做了某种形上牵挂,而在于这种牵挂仅仅停留于某一个特定的方面;不在于对人做了非理性的召唤和牵引,而在于这种召唤和牵引不能在实践生存论基础上获得内在融通。唯有从古今中西的"历史大视域"出发,对当代各种人学语义进行符合时代要求的实践整合与内在梳理,才能走出"人学空场"、实现对人学本质的切身性表达。

一、后学视域下人学研究的基本主张

有人主张,21世纪以来在哲学论坛上,一种后现代主义情绪普遍播撒在理性的形上层面,后学立场及其孤岛写作风靡一时,大有愈演愈烈之势,哲学人几乎把所有的目光都聚焦在哲学史的边缘化、碎片化材料的发掘与整理上,热衷于对原来不居中心的微型叙事、直接性生活事实及其情感细节的白描,这种小众化的叙事方案,显然不是什么创调意识,亦非开什么后学的风气之先,而是一种错误的治学路向和集体性的

精神误认，不但无益于"作为人学的哲学"的微观探析和生活还原，更无助于宏观上的整体把握和规律探索。一言以蔽之，时下，哲学研究的学理价值、理性依据与现实基础都亟待重新定位和评估，哲学的人学底蕴及其研究格局更需用一个"大哲学观"或者一种"历史的大视域"进行符合时代要求的实践整合、形上梳理。也有人认为，随着后学精神元素的过量引介，后现代语境下的哲学表述在当代文化转型中已来到了一个新的文化节点，其复杂而微妙的人学蕴含应该借助马克思实践生存论的研究平台予以廓清。一方面，后学视域的广泛介入，的的确确突破了对人性的抽象议论，转入对人的个体生存性状和情感意志细节的哲学反思，以关注人的现实生活及人性的完满与自我实现为切入点，马克思主义哲学固有的批判意识再度强盛，形成了对传统人文主义思想新一轮的理论冲击；另一方面，后学视域的强行楔入，对我们坚守人性的崇高价值、提高人的生活质量与生存境界，对主体行为动力、认知结构、价值选择、实践交往等诸多方面的研究，注入了新的人文精华和文明元素，极有利于当代人文精神的重建。更有人分析说，在后学语义的严重冲击下，原本具有潮流导向意识、文化引领能力的哲学人，大多背弃了自己早期关注人学转向并把哲学作为人学来研究的根本宗旨，纷纷转入了孤岛写作、零度写作、无深度写作、无蕴含叙事、无立场描述、无原则批判，沉迷于玩无聊、玩深沉、玩技巧的白色语调、平民风情，旨在割断与现实生活相勾连的理性脐带，甘于反复咀嚼自己内心深处的那点可怜的有限资源及其人性体验，蜗居于象牙塔之中像蜘蛛一样吐丝结网，其纸上谈兵式的精神操作因缺少现实性力量和对时代进行思想塑造的感召力，以至于在后学理念的强烈冲击下形成了一片"人学空场"。其实在张志伟先生看来，迄今为止，始终困扰哲学人的一个不解之谜就是人学语义的本质是什么的问题，对之在中外哲学历史上，从来就没有停止过艰苦不懈的追求，由于受制于人本身的各种感受和体验，不同时代的人从不同的角度对之尝试着各式各样的回答。但令人感到费解的是，随着人类认识生活世界能力的越来越强大且无比深入，人反而对自身是什么的问题感到茫然，根本不知如何回答才是完满的、全面的。因为，各种各样的回答不仅没能把人学语义之本质揭示出来，反而使之处于晦暗之中，使人的整体形象碎片化、妖魔化：人究竟是什么存在物，自然存在物、社会存在物、能思维的存在物、文化存在物、符号存在物、神秘的存在物等，哪一种更接近对人学语义本质的切身性表达，对之，哲学人向来是众说纷纭，莫衷一是。然而，在笔者看来，由于长期以来，哲学人把本可作为人学研究的各种精神资源分割成互不联系的碎片，使得当代哲学从来就不能对人学语义在总体上予以思考与追问。当代哲学主流未能有效应对后现代主义的严峻挑战，而是以被动顺应的方式换来了它濒于崩溃的媚俗状态，坚持人学立场、捍卫人性尊严的担当意识和伦理共识，早已逸出了他们的视界之外，哲学那种在思想上引人上路的理论志趣和在精神领域成全人、成就人的内在魅力，早已风光不再且严重退落，其表面上的繁荣和虚骄无论如何掩饰不住其人文价值理性的低迷与颓废。走不出极端自我复制的死穴尚且不论，更致命的还在于当代哲学根本未能凭借现代生活阳光照亮人之为人的一切美轮美奂的人性光华，反而一再唱衰人学语义中的怨毒、阴暗、畸趣和恶俗，将后现代社会的种种精神垃圾强行涂抹在当代哲学的胸膛，处处凸显一种玩世不恭、游戏人生的无奈情调，使哲学论坛长满了各种理性杂草并成为一片人学空场。若当代哲学研究被皮里阳秋的所谓后学语境所把持，哲学人都一哄而起地热衷于解构和颠覆任何带有整体性踪迹的形上体系，从中心滑向边缘、从整体退到碎片，拒绝大众理解、反叛主流意识，那肯定是一种哲学与人学的错位阐释和深度误读，最终只能被排斥在主流思想的局外，陷入一场精神的崩溃性逻辑中，这种自虐自残性的研究路径，要么彻头彻尾地丧失自我，要么心甘情愿地沦为他者，一切果如是，其自保尚且成为问题，更遑论代表并引领先进文化前进方向了。唯有从古今中西的"历史大视域"出发，对当代各种人学语义进行符合时代要求的实践整合与内在梳理，才能走出"人学空场"，实现对人学本质的切身性表达。

二、在何种意义上"哲学应当是人学"

让我们首先回望西方哲学发展轨迹，看一看不同时代的先哲们是如何在各种迥异的文化语义上追问形而上学的人学内涵的。在漫长的自我认识的求索过程中，西方哲学家总是那样执着而顽强地艰苦诉求着两个互相关联的人学疑难："人是什么"与"我是谁"，为解开这个人性之谜，他们或者站立在纯粹自然中心主义的立场上，从自然万物的那种灵秀之气或天籁之音中，尤其从人与动物的自然差异上去找寻人之为人的身世起源；或者驻足于人文主义思想平台，从社会历史的各种变迁与精神文明的兴衰里，尤其是从人类中心主义的理性之光中去挖掘做人的本真存在；或者肃立在宗教神学的祭坛上，从聆听至善万能之主的灵异之音和子民颂祷声里，尤其是从玄览无字天书而获得的顿悟中去感知上帝的神灵与做人的罪孽；或者逗留于非理性主义的框架下，从孤独个体的生命悲歌与人生虚无中，尤其是从物化时代各种欲望与本能的喧嚣里去发现人遭遇荒诞后的各种无奈和悲痛；或者徜徉在后现代主义精神自杀的氛围里，从破解整体、击碎结构并颠覆一切知识霸权的声讨中，尤其是从文化的各种泡沫和碎片里去领略新新人类那种延异飘逝的生存风格。从古至今，无数哲人都曾用他们的思索记录下了人类自我反思的思想历程，不仅从形上层面映现了人学语义的历史变迁与西方哲学文明演进的内在相关性，而且从各个不同文化语境中诠释了哲学思想那种独特的人文情愫与终极关怀，当哲人们真的把人之起源与形成、人之本性与尊严、人之自由与幸福、人之价值与命运、人之理想与现实、人之生存与虚无、人之欲望与本真、人之悲悯与憧憬、人之渴望与无奈等这些人学难题置于哲学研究的中心论域加以殚精竭虑时，那哲学实际上就成了不折不扣的最大意义上的人学。的确，从古至今，无论哲学研究的主题怎样变换，无论哲学研究的范式如何更新，永恒无解的人学之谜犹如一个巨大的引力场时时刻刻都在焦聚着哲学人的慧眼，都试图站在人学立场上找寻到一种能够普遍解释一切的、带有终极性的人学思维原则或模式，但是犹如追赶地平线一样，大都无果而终。古代本体论转向中的自然主义和泛神论、近代认识论转向中的经验论与唯理论、现代语言学转向中的科学主义与人文主义、后现代生存论转向中的解构主义与反理性主义，这些各具特色的人性理解体系，从不同层面对人类的本性与命运及其他种种疑难问题进行了独特的理性思考和设计，虽然饱含了各个时代精神的思想内蕴、强烈地打上了哲人独特灵秀的思想印记，然而一个个眩惑一时的人性模型终究不过是对人作了碎片性的解读，彰显出的仍然是一个个支离破碎的人性论主张，人学语义的那种意义复合体依然处于遮蔽状态。哲学的确是一个九头怪，每一个头上都长着一张嘴，每一张嘴里都说着关于人的不同的言语，都集合并传颂着各种各样的人学信息，具有各种面相的人学体系之间的激烈论争还在主导着哲学的各个论域，使之不断聚敛自己的研究触角并将目光专注于人学语义的形上之思，从而使哲学自始至终都成为一种"不透明的人学之光"，这对每一个时代的思想精英都充满着极大的诱惑，在对人进行无穷无尽的致思中、在对某种至高无上理想境界的追求中，代表并体现着人生终极关怀的人性情结不断地自我缠绕，早已成为一个个打不开的超稳定结构和一道道颇具神秘色彩的人生梦魇。诚然，每一种哲学体系内部都蕴含着特定的人学思想，都试图从终极对人类自身的生存命义做形上之思以指引人类理智地选择自己的生存方式、发展道路和理想目标。因为，一切哲学体系都源发于其对人类生存和发展的终极牵挂，其内在本源处都蕴含着挥之不去的"人性情结"，都有一种思入生活、响应生活的能力，对人的生活本质和生存命义不仅具有积极的内在牵引，而且更具有一种神圣的生命召唤力——将人的全部丰富性生活语义和社会关系引向人自身的召唤力，每一种哲学都能在思想中引人上路，在对人的形上运思的各种谋划中成就人、成全人。但人性是复杂的、是多种规定性的统一，西方哲学史对人的整体把握之所以是一种错误的治学路向和集体性的精神误认，原因不在于对人做了形上牵挂而在于这种牵挂仅仅停留于某一个特定的方面，不能在实践—生存基础上获得内在融通，从而对人作全面性的理解。

三、西方哲学的人学转向及其意涵

在西方人学思想发展史上，苏格拉底可以说是实现哲学之人学转向的开山鼻祖。由于时代震荡的加剧和致思形上本体的困厄，苏格拉底应时代感召率先悬置了虚妄的本体之思，而展开了关于"人类行为的神秘指导者"的人学追问，实现了哲学对人的发现，极力赞颂智者们所主张的"哲学应当是人学"的观点，认为未经思考的人生是最没有价值的人生，对人最有益的知识莫过于关于人类自身追问的知识，只有"认识你自己"才是切问人类精神的自我灵魂、确保让人充满德性之福的真正使命和根本路径。在他看来，"美德即知识"而"作恶出于无知"，人应当不断地审视自己的心智生活，不断地反思自己所面对的种种人生矛盾和悖论。唯此，人才能成为自己的真正主人，过一种善的灵魂生活；德性是一种理解而非技能，它不在于练习而在于内省，除非对人生真谛有深度的理解，人切问外物只能干扰心灵的宁静，受物欲的驱使而丧失自己的本真之在。所以，人的理性是人之为人的本质属性，是破解人性之谜的真正出口，只要拥有了智慧和理性人就能辨别真假善恶，就能成为一个充满德性的内在富足之人，就能不为物役、不以情牵、不为环境所左右、洒脱超然于世相纷扰之外，成为一个懂得节制和禁欲修身的有德性的至人。此后，从柏拉图到亚里士多德、从培根到笛卡尔、从康德到黑格尔，理性至上主义的人学路向和思维原则一直占据上风。对他们说来，人学语义中的一切难题都只能由理性来破解，人的本质最终只能由理性来规定，人若顺应于情感欲望只能成为外在力量的玩偶，人只有被理性彻底浸透而成为一个理性存在体，才能赋予人以充分的自由意志、伦理操守、生命力量和担当情怀，总之，人的一生都需要理性的庄严捍卫和内在支撑。然而，叔本华和尼采所开创的唯意志主义人学路向，用一种非理性主义的人学观颠覆了理性致思之大统，认为自我的生存欲望冲动是人之为人的全部生命本质，人一生下来就有着无穷无尽的欲望，在各种欲望的裹挟下，人被欲望俘虏并被它引向一条布满荆棘和坎坷的不归之路。理性只能洗涤意志，缓解欲望带来的各种痛苦，理性不能泯灭意志，更不能实现意志的升华与转向，理性不过是意志实现自我的一种工具，它时时处处听命于意志并常常受到意志的愚弄，故而倡导一种非理性主义和反人道主义哲学，以拯救理性至上主义普遍陷入虚妄的人学危机。此后，从柏格森的生命哲学到胡塞尔的现象学，从海德格尔的生存主义哲学到萨特尔的自由主义存在论，从马尔库塞的爱欲解放论到弗洛姆的规范人本主义理论，都普遍拒斥传统理性主义的人学语义，将人的生命存在与自由选择置于哲学的中心位置进行考量，凸显了人的非理性的生命体验和自由个性之无限张扬，对人的自由和尊严的呵护已盖过一切。在他们看来，人的存在先于人的本质，人的自我奋斗、自我设计规划着自己的本质。由于世界是荒谬的，人与人之间必然充满了各种冲突、抗争、残酷、丑恶和罪行，人与社会真是欲合不能、欲离不成，陷入极端的荒诞之中，抛入一个不得不自由选择的尴尬境地，只有向死而在才能向死而生，只有强化自我生命意识并在绝处逢生，才能超越非本真的存在而回归真我，勇敢地担承全部伦理重负，积极地站出来并活出属于自己的一片真性情来。然而吊诡的是，存在论抑或生存论的哲学思想并非真正的人学出口，它把人看成是各种欲望的无序滑动，一种存在的欲望流，既渴望成为自为存在的生命主体而享有充分的自由，又渴望成为上帝般的存在以享有自然自在的超然飘逸，这种主客二分、人神两离的人性格局,只能使人遭遇无端无由的心灵痛苦和彻底绝望,注定人在本质上不能不是一种"无用的热情"。

四、后现代哲学对人的"无由性"追问

正是不满足于理性主义对人的发现和非理性主义对人的设计,后现代主义人学语义才在一种"无由性"的追问中实现了人的再次诞生。后现代哲学分析说,在理性与非理性框架内,真正的人并不存在,人要么仅仅是理性的傀儡要么仅仅是生命的潜能,被烘托得是抽象性的人或者是某种欲望的闪烁,虽然他们赋予人以至高无上的主体地位和精神能量,然而具有讽刺意味的是,将上帝拉下神坛而将人无限抬高的结果,反而使人的精神力量和权能的有限性被照亮:证明人恰恰是一种有限性的存在物,人穷其一生只能依赖于自己的语言、欲望和劳动而存在,通过欲望发现了人之为人的本能性的生活方式,通过劳动发现了人之为人的社会性的生产方式,通过思维发现了人之为人的精神性的话语存在方式。人的有限性既使人自立为王又使人遭遇荒诞,既使人赢得无上荣光又使人面临彻底消解,说到底,人在理性—非理性、现实—理想、历史—逻辑的双向背反性场景中,成为既无家乡也无年代、身份迷失且下落不明的"物"了。这样,人的诞生实际上就意味着人的死亡,随着上帝之死,主体死了、人也死了,人学语义中的一切论争被终结了,人也成为"最后的人",对人的现代启蒙重新陷入了人类学的昏睡之中,人注定像画在海边沙滩上的一张脸那样,将会被海水无情地轻轻抹去,留下的只有一些孤独无助的怅然唏嘘和悲愤情怀。怎样才能像凤凰涅槃一样,摆脱现代理性—非理性的阴影而实现对人的再次降生呢?后现代主义人学认为,只有基于生存论语境对人作行动主义的界定才能找到积极的人学出口。在他们看来,人只有义无反顾地注重自我关切、自我修养、自我塑造,自由地选择自己的生活风格和伦理习性,才能创造出自己的美好生活、理想人生，使自己的生活方式成为一种艺术品和令人尊重的道德榜样。因而，只有将当代人学建立在对一种生存风格的纯粹个人的自由选择之上，而非建立在对每一个人都有效的大众立场上，人才能成为自己的真正主人，才能在"存在的近处"、是"存在的邻居"，才能因在而生、为在而在、凭在而显，这恰恰映照了在者永存、"人即此在"的人学真义。但是，在笔者看来，若人只能在去存在、去选择、去开展中才能自由地造就自我，人的一生岂不又陷入了一场焦虑、孤独、烦恼、恶心的人性魔咒中，那样人又成了一种一系列不可捉摸的情感体认的集合，成了一个在永恒延异、无边流动的虚幻泡影，成了无意识的语言学构造和诗性隐喻，果如是，也就从根本上消解了一切带有总体性倾向的终极希望和伦理担负，借助具有精神分裂特征的欲望魔镜只能照出一个破碎性的人学空场。对此，还是让我们回到马克思实践生存论对人的自为自在的真正解码上来吧。在马克思看来，人是世界上唯一一种具有自我认识和反思的社会存在物，人积极自觉自为的实践活动是他处理自己与外部世界关系的基本生活性状，实践是人特殊的存在方式和生存命意，社会的人和人的社会在本质上都是实践性的。换言之，人是通过自己的实践活动来创造和表现自己的存在与生活的，而人怎样创造和表现自己的存在与生活，他也就是怎样的。正是在人创造的人的世界中，才打造了人的社会关系的总和，能够使人作为人并成之为人，只有在社会实践中才能实现对人的本质还原，将人的一切人学语义和社会关系还给人自己，"人就是人的世界"实际上就等于说"人就是人的实践"，[1] 离开了人的社会实践也就没有了人的一切，人就是在社会实践中自我生成的，人是一种自我生成性的实践存在物。马克思向来认为，整个所谓世界历史不外是人通过人的劳动而诞生的过程，是自然界对人说来的生成过程，实践创立了而且每天都在创立着显示人的本质的各种

---

[1] 夏甄陶：《人是什么》，商务印书馆2000年版，第327页。

各样的社会关系,使之获得了多方面的社会性规定并日益成为全面性的人。离开社会实践这一支点,只在极端个人主义的理性—非理性的思想盘旋中进行孤岛写作,根本无法整合人学的多种语义、实现对人的全面解码。唯有马克思实践生存论才实现了人的自为的、开放的、历史的统一,作为阐释人的自我生成、自我解放的基础存在论,它是当代人学语义真正的形上之思、是人的真正的"生活世界的形而上学",[1]从人文价值理性的核心领域昭示了当代人学发展的新方向。

---

[1] 邹诗鹏:《生存论研究》,上海人民出版社2005年版,第391页。

第十五章 "信仰争夺"与"思想引领"

——对马克思主义哲学大众化的青年接纳问题

马克思主义的大众化唯有用习近平新时代中国特色社会主义思想去凝聚青年人的力量、用以爱国主义为核心的民族精神和以改革创新为核心的时代精神鼓舞青年人的斗志、用社会主义核心价值观去引领青年人的人生信念和生活风尚,才能有效整合他们在社会深化改革和文化转型期所可能接触到的各种信息资源,使之从思想深处辨别出马克思主义与非马克思主义的原则界限,从而走出思想困惑、信仰迷失的种种认识误区,巩固与坚信马克思主义的思想认同。

一、加强马克思主义对青年群体的思想融入

时下,文化的多元交融和思想的普遍渗透,一方面有利于激发当代青年人积极进取的文化创造,但另一方面又面临着如何实现青年人的马克思主义思想融入、坚定马克思主义信念的严峻考验。面对价值多元、思想波动极易产生信念动摇、信仰迷失的严峻状况,当代青年人只有刻苦学习并努力实践马克思主义科学真理,真正自觉地将之作为自己行动的指南,才能更好地高举中国特色社会主义的伟大旗帜,坚持爱国主义、集体主义、社会主义思想的主旋律,有效甄别各种社会思潮及其价

值诉求，在内心深处形成强大的凝聚力和共同奋斗的坚强意志，积极投身建设社会主义现代化强国的当代实践中，以自己的高学识、高素养回报这个伟大的时代和人民。党和国家对当代青年人寄予厚望，我们的人民对青年人也寄予厚望，他们的思想境界如何、政治素质如何，他们能否成为马克思主义坚定的信仰者和实践者，事关党的事业的兴旺发达和国家的长治久安。作为中国特色社会主义伟大事业的接班人，当代青年人一定要认真学习马克思主义的科学精神，自觉树立科学的世界观、人生观、价值观，用科学的态度对待马克思主义的当代发展，以马克思主义中国化的最新理论成果作为范导自己人生道路的价值标杆，不断提高自己马克思主义的理性自觉、理论自信与思想认同。本章就如何加强马克思主义大众化的思想融入、引领当代青年人思想健康成长问题，谈些浅见。

加强马克思主义大众化的思想融入、引领当代青年人树立远大理想，旨在引导他们培育正确的人生信念与道德良知，激励其对未来人生的积极向往和科学追求，坚定其对中国特色社会主义理论体系的思想认同和理论自信。近年来，思想理论界关于以马克思主义大众化引领当代青年人理想信念健康发展问题的研究，应该说已经比较深入了，也取得了相当多的成果，达成了诸多理论共识。其理论要点主要是：马克思主义大众化的最新理论成果在高校"三进"（进教材、进课堂、进头脑）教育工作中，对当代大学生树立正确的人生理想信念具有极其重要的作用，特别有助于激发这一青年知识群体对中国特色社会主义这一共同理想的自觉向往。以马克思主义大众化引领当代青年人思想健康成长，不仅在思想领域有助于他们认清当前国内外发展走势，不断提高其马克思主义理论水平和素养，坚定其对中国特色社会主义理论体系的理性自觉和理论自信，而且有助于他们在实践领域增强其用马克思主义的科学理论成果考察问题、分析问题的综合能力，坚定对中国特色社会主义伟大事业的理想信念。坚持以马克思主义大众化引领当代青年人思想健康成长，实现马克思主义大众化与青年人思想教育工作相结合，在当前具有非常重要的现实意义。我们党自成立以来就特别重视对青年群体的"信仰争夺和思想引领工作",在高校通过开设马克思主义理论课和其他有关部门的全方位宣传,不断发挥主渠道、主阵地对大学生理想信念教育的科学引导,这有利于青年人对马克思主义大众化理论成果的自觉认同和努力实践。以马克思主义大众化引领大学生理想信念教育,是当前思想政治理论教育工作最重要的内容。在高校对青年大学生进行马克思主义理论成果的系统教育,旨在引导他们树立正确的人生信念与道德良知,激励其对未来人生的积极向往和科学追求,只有使之真正具备了较高的马克思主义理论素质,成为真正的马克思主义者,才能够牢牢把握当今中国和世界发展的大趋势,坚定热情参与中国特色社会主义建设的人生追求和理想信仰。

虽然学术界对这类问题的研究还算比较深入,但对马克思主义大众化与青年人理想信念教育的意义归结不够全面,可以说只在某些方面谈到了以马克思主义大众化引领青年人思想健康的重要性,只是结合了本地区、本部门的实际情况谈到了以马克思主义大众化对青年人进行理论教育的问题,没有能够从马克思主义大众化的整体发展上系统地对二者的关系进行学理研究。这实际上是没有结合当代青年人的思想特点、成才规律与认知习惯,来构建培养青年马克思主义者的当代教育体系,没有真正将马克思主义理论及时打造成青年人的信念支撑,青年人对马克思主义接受不足的情况依然存在。

我们首先回顾一下历史,十月革命一声炮响给我们送来了马克思列宁主义,自此中国革命的面貌就焕然一新了。随着马克思主义科学真理在中国的广泛传播、大量普及和大力宣传,特别是随着马克思主义理论与中国社会主义革命的不断结合,实际上就开始了它的逐步大众化、时代化发展与建构的光辉历程。马克思主义在中国大地上的这种大众化、时代化的光辉历程,其实就是与中国青年人尤其是知识分子群体的理想信念教育同生共长、并行并育的过程,这二者是相辅相成、互相促进而达到有机统一的过程。青年人是国家和民族的未来和希望,也是党和人民的事业实现科学发展的未来与希望,他们作为中国特色社会主义事业的接班人、参与者和见证人,只有具备深厚的马克思主义理论功底和坚定的马克思主义理论自觉,才能肩负起党和人民赋予他们的重托。而马克思主义理论体系,作为伟大的科学真理只有赢得当代青年人并见重于他们,使之成为真正学习和践行马克思主义理论体系的时代英雄,才能真正赢得并见重于改革开放这一伟大的时代、伟大的实践,最终赢得并见重于中国特色社会主义事业及其未来发展。近百年来的革命与建设的历史发展事实表明,青年群体是传播、普及、宣传和推进马克思主义的主力军和生力军,而马克思主义中国化的科学理论成果——毛泽东思想和中国特色社会主义理论体系,也只有与我国的青年人的人生理想和事业追求紧密结合起来,才能真正推动马克思主义大众化获得系统构建与未来拓展。为此,必须明确三点:要以马克思主义大众化引领青年人思想健康成长,必须从整体上全面深入认识马克思主义历史发展及其辩证整合的科学内涵,从中国化、大众化、时代化的总体布局与系统建构的角度弄清与当代青年人理想信念教育之间相互联系、相互影响的不可分割性,以提升当代思想政治理论教育的教学效果,增强青年人"三观"教育的亲和力、吸引力和感染力。整体把握马克思主义大众化的理论研究与当代青年人理想信念教育与时俱进的理论品质,旨在激发当代青年人的历史责任感、使命感和自豪感,高举马克思主义理想信念旗帜,把他们培养成合格的、适应党和国家事业发展的建设者和接班人,使之紧跟党走在时代前列,热情参与社会实践,为实现中华民族伟大复兴而贡献自己的青春。以马克思主义大众化引领青年人思想健康成长,必须以科学理论武装人,以正确舆论引导人,以高尚的精神塑造人,以优秀的作品鼓舞人,使青年人能够从改革开放的当代视野出发,重演马克思主义的基本原理及其真实思想,使马克思主义理论体系的科学价值全面介于并活跃于对当代青年人的理想信念教育之中,确保马克思主义和科学社会主义的科学信仰成为青年人所不可或缺的一种人生支点和精神支柱。从中国共产党和中国共产主义青年团近百年的发展历史上看，弄清马克思主义大众化与青年人理想信念教育之间相互作用的历史发展进程，旨在从马克思主义大众化的历史发展的视角下，推进对青年人进行"三观"教育的方法创新。依据当代马克思主义大众化的时代立场与中国方向，从逻辑和历史相统一的视角审视当今世界全球化、信息化、现代化的走势，把握当代中国实现科学发展、促进社会和谐的时代背景，使青年人能够运用马克思主义中国化的最新成果，明确当代中国与世界发展的基本特征与未来走势，顺应现时代发展的潮流和方向，并以此为基础认识和分析中国特色社会主义建设过程中的深层次矛盾和问题，唯此才能真正揭示马克思主义与时俱进的理论品质与创新机制，更深刻地从理论上表达当代青年人向前、向上发展的精神要求，把爱国情怀转化为报国行动，使之察古观今、放眼世界，用马克思主义理论成果武装自己的头脑，坚持共产主义的信仰，坚定在共产党领导下建成中国特色社会主义现代化强国的信心。

二、争夺青年群体的信仰阵地

着力以马克思主义大众化的最新理论成果，实施对当代青年人的信仰争夺与思想占领，重在探索和解决培养什么样的人和如何培养人这一核心问题，通过各种理论创新以架设当代青年人与马克思主义大众化之间的思想桥梁，从而增强马克思主义大众化最新成果对他们的感召力、凝聚力和再造力。理想信念教育是当代青年人思想政治教育的核心，理想信念作为一种特殊的精神现象是青年人心灵世界的灵魂，也是他们世界观、人生观、价值观在生活目标、文化诉求、人生选择上的集中体现。我们党和国家历来高度重视用马克思主义中国化最新理论成果对青年大学生进行理想信念教育，引领其思想健康成长。进入新时代以来，思想文化的多变、利益格局的调整、社会结构的变化为当代青年人的理想信念教育提出了新的挑战与要求，能否通过马克思主义大众化加强对青年学生的思想教育，事关党和国家的前途和命运，更关系到民族的兴衰与未来。当前，经济的全球化、文化的多元化、世界的多极化、社会的现代化、工业的信息化等，为青年人政治交往和文化交往拓展了更宽广的思想平台，尤其是以互联网为标志的思想文化交往方式的变革更是改变了青年人社会意识和思想文化的精神状态，促进了他们在思想观念、理想信念、价值观念的强烈撞击和交流，极大地影响了他们的生活方式、思维方式、情感方式，冲击着他们原有的学习方式、生活方式和价值选择。这一方面有利于他们激发新思想的创造活力与生命力、推动思想文化的创新以及树立自立自强的现代意识和创新意识，更有利于他们不断解放思想，释放出科学探索的现代精神活力，使思想文化内容更加丰富多彩、精神生活变得更加充实活泼。但另一方面，也很容易导致青年人在理想信念教育问题上产生价值相对主义、文化多元主义、历史虚无主义和新自由主义等各种错误观点，更容易被各种反马克思主义和非马克思主义的错误思想所俘虏，并被它们引向失败的人生之路，这显然会在一定程度上造成他们在理想信念层面的动摇与偏差，这不能不引起我们的高度重视与警觉。通过马克思主义大众化引领大学生思想健康成长，强调马克思主义对青年学生进行理想信念教育的必要性，正是基于这种背景而提出来的。

通过马克思主义大众化引领大学生思想健康成长，这是当代我国思想政治教育的核心内容与根本任务，是帮助青年人树立马克思主义科学的世界观、人生观、价值观的理性基础。对此，首先要明确用马克思主义大众化对青年人进行理想信念教育的重要性，应将之作为思想政治工作的核心内容和着力点，应深化马克思主义大众化与青年人信念教育内在关系的研究。根据时代的发展和文明的进步，要把马克思主义大众化崭新的内容纳入对青年人进行理想信念教育的当代范畴中，理清对他们进行马克思主义理想信念教育的时代内容与本质特征，以马克思主义科学世界观的立场、观点、方法，结合当前中国社会转型时期的文化特点和教育规律，以寻求加强青年人理想信念教育有效性、针对性、实用性的现代教学方法和科学教育理念。通过分析青年人理想信念教育的现状、特点、原因和对策，进一步拓展马克思主义大众化的实践环境，把青年人理想信念教育放到马克思主义大众化这一特定语境中来加以把握，以彰显青年人理想信念教育面临的挑战和机遇，探讨社会转型、文化转型的特殊时期马克思主义信念教育的基本特征与旗帜功能，以寻求对青年人进行理想信念教育的新途径和新方法。当前，在青年群体中确有一部分受到了历史虚无主义、新自由主义、后现代主义、"普世价值观"等西方错误思潮的负面影响，为了克服这些错误思潮的迷惑性、有害性，为了避免它们对青年人的麻痹和毒害，必须进一步推进马克思主义大众化的进程，要及时地以马克思主义理论成果武装他们的头脑，深化理论研究、加强社会文化建设、净化思想文化氛围、清除错误思潮的负面影响、抵制它们在青年人理想信念教育中的滋生蔓延，使得马克思主义大众化与当代青年人的思想愿望与文化诉求保持内在的一致性，充分发挥马克思主义的基本立场、观点、方法对青年人的宣传教育作用和思想引导功能。

三、以创新精神加强对青年群体的思想引领

通过马克思主义大众化引领青年人思想健康成长，需要研究当代青年人理想信念教育的方法创新、理念创新和体系创新，这些创新是架设当代青年人与马克思主义大众化之间的思想桥梁。加强这种方法创新、体系创新和理念创新，能够充分体现当代青年人理想信念教育的时代性、科学性和实践性，能够提升其理想信念教育的感召力、引领力、凝聚性和时效性。用马克思主义大众化对青年人进行理想信念教育，作为

党和国家的优良传统和政治优势，应该随着社会历史的发展而不断发展。当前党和国家的各项事业进入了一个新的历史时期，中国特色社会主义事业正在向深层开掘，经济的全球化、文化的多元化、世界的多极化、社会的现代化、工业的信息化等，这一切要求对青年人进行理想信念教育在方法、手段、信念、体系等各方面都要有所创新，这样才能使之更能适应现时代党和国家事业发展的最新要求和青年人思想实际的发展要求。以马克思主义最新理论成果引领思想健康成长，这是推进我国各项改革事业和实现高等教育科学发展的重要指导方针，当然也是加强高等学校青年人理想信念教育各方面创新的战略方针，其根本旨趣在于探索和解决培养什么样的人和如何培养人这一问题。以马克思主义最新理论成果为核心和灵魂，进行理想信念教育的各方面改革与创新，必须紧紧围绕培养中国特色社会主义合格建设者和可靠接班人这一根本目标而展开。这种政治目标的科学导引，关系到当代青年人理想信念教育的政治方向与时代立场，关系到如何提升青年人在新的社会文化环境中成才成长的根本任务，关系到党和国家各项事业是否后继有人，这实际上凸显了党和国家在新时期对青年人成才成长的政治关怀、殷切期望和历史重托。为此，要以发展的视角和科学的思路看待青年人理想信念教育客观环境的巨大变化，注意立足于当代马克思主义大众化的实现路径，注意贴近青年人理想信念教育的思想实际、贴近青年人五彩缤纷的日常生活、贴近青年人积极进取的文化诉求，进行有针对性的教育和宣传，使知、情、意、信、行有机统一起来，全面提升理想信念教育的思想效果，这样才能通过马克思主义大众化正确引领当代青年人思想的健康成长，使之积极投身于中国特色社会主义建设事业，不断提高他们的思想道德素质和马克思主义理论水平。加强用马克思主义提升青年人的思想境界和理想信念，必须勇于承认并直面当前社会思想意识多样化的发展态势，在多元异质思想文化的强烈撞击下，更要寻求科学普及马克思主义理想信念的应对之策。坚持马克思主义在社会意识形态领域的指导地位、在青年人理想信念教育中的指导地位，在多样文化相互激荡的复杂的思想局面中，主动增强马克思主义最新成果的吸引力、感召力、凝聚力和再造力，努力转变青年人在理想信念教育问题上的思想紊乱、信仰迷失与文化断裂的现状，推进青年人理想信念教育的科学性、正当性与合理性。青年人必须坚持解放思想、实事求是、与时俱进，从理论和实践的结合上不断研究新情况、解决新问题，做到自觉地把思想认识从那些不合时宜的观念、做法和体制的束缚中解放出来，从对马克思主义的错误的和教条式的理解中解放出来，从主观主义和形而上学的桎梏中解放出来，不断有所发现、有所创造、有所前进，这个问题至关重要。

通过马克思主义大众化系统领大学生的思想政治教育，意在使之坚定共产主义的理想信念，抛弃狭隘的急功近利的人生目的，提高马克思主义的理论鉴别力和政治洞察力及其明辨是非的政治嗅觉，真正找到符合自己未来发展方向的人生定位与价值诉求。

习近平新时代中国特色社会主义思想是马克思主义中国化的最新理论成果，是我党坚持与发展中国特色社会主义的根本指导思想，青年人只有建立在马克思主义基础上的理想信念，才是真正科学的理想信念。以习近平新时代中国特色社会主义思想引领青年人思想健康成长，对我们青年人进行以马克思主义大众化为内容的理论教育的根本目的，就是使我们青年人能够牢固地树立共产主义的理想信念，进而提高马克思主义理论水平和政治判断力，增强其明辨是非的能力和高度的政治嗅觉，当然也有助于青年人从世界观和方法论上认清人类社会发展的基本规律、资本主义发展的现代规律、社会主义发展的基本规律。运用马克思主义的立场、观点和方法去分析问题、解决问题，就会坚定其正确的政治方向和积极的人生信念，而正确的共产主义理想信念，能够为青年人在学习和生活上指明前进的目标和方向，因此必须对青年人进行马克思主义的理想信念教育，使他们树立正确的、科学的共产主义理想信念。当前，以马克思主义最新理论成果引领大学生思想健康成长，就要基于马克思主义科学的世界观和方法论，用辩证唯物主义和历史唯物主义思想引领青年的理想信念教育，把着眼点放在如何使他们科学认识人类世界的理论思维上来，着重激发、活化和引导他们对人民群众的历史命运、党和群众的血肉联系、中国特色社会主义道路的深层推进进行理性思考。如果没有这样的信念就没有凝聚力，如果没有这样的信念就没有理想和未来。无论过去、现在和将来，对青年人进行马克思主义教育，都是我们真正的政治优势。我们一定要经常通过马克思主义大众化，教育我们的青年人，要使他们有理想、有文化、有纪律、有道德。在大力发展社会主义市场经济的今天，必须加强对青年大学生进行马克思主义的理想信念教育，使他们在通晓"三大规律"的基础上，不仅树立对中国特色社会主义的坚强信心、坚定共产主义的理想信念，抛弃狭隘的急功近利的人生目的，培养淡泊名利、勇于奉献的高尚情怀，提高他们捍卫真理、胸怀世界的精神境界，把坚持马克思主义与激发他们政治方向、自觉意识和行为内在统一起来，在自觉认同中国特色社会主义道路的优越性，在坚定"四个自信"基础上，真正树立其共产主义的人生信念，找到符合自己未来发展方向的个人定位。

四、青年人应树立崇高理想、坚定理论自信

马克思主义理论具有彻底的科学性、坚定的革命性与自觉的实践性等本质属性，它之所以能够历久不衰、永葆青春和活力，关键就在于它始终与广大青年的事业追求紧密结合在一起，赢得了广大知识青年对它的继承和发展。坚持一切从实际出发，实事求是，在实践中检验真理、发展真理，这是青年群体在建功立业中坚持并发展马克思主义必须遵循的基本规律和思想路线，违背了这种要求，就会使自己的思想脱离不断变化发展着的中国革命和建设实际，丧失在理论和文化上的先进性。只有在工作中不断地根据时间的发展和时代的变化，丰富和发展自己的马克思主义理论学识和素养，始终都着眼于改革开放的实际、着眼于历史条件的变化，以求真务实的科学态度对待马克思主义，随时随地都要以中国特色社会主义建设的具体情况为转移。马克思主义发展史表明，如果当代青年人不顾历史条件、思想实际的变化而拘泥于马克思主义的个别词句、个别观点，就会因为他们的思想脱离现实而给自己的工作和学习带来严重失误。也表明创新马克思主义需要当代青年人不断解放思想，实事求是，实践没有止境，青年群体创新和发展马克思主义也没有止境，实践不停顿，青年群体学习和实践马克思主义也不能停顿。当代青年人既要坚持基本原理，又要突破前人，既要借鉴人类文明的优秀成果，又要不断总结新时期的实践经验，在理论上不断扩张新视野、做出新概括，在行动上要用中国特色社会主义理论的最新成果来武装自己的头脑。基于社会实践的不断变化而进行的理论创新是当代青年从事社会改革事业的理论先导，当前国内外面临诸多复杂的矛盾和问题，青年人必须从理论上和实践上做出符合马克思主义的探索和回答，既坚持他的基本原理（老祖宗不能丢），又要善于谱写新的理论篇章；既要发扬革命传统，继承优秀文化，又要创造新鲜经验，善于在解放思想中去统一思想，努力用发展着的马克思主义来指导自己的实践工作，使自己的全部理论工作都能体现时代性、把握规律性、赋予创造性。

　　理想是指引人们奋斗方向的航标，也是推动人们前进的强大精神动力。对于当代青年人来说，如果没有马克思主义科学理论的指引，奋斗热情就会锐减。但是青年人的个人理想必须同中国特色社会主义事业的进步保持一致。青年人对美好生活的向往通过努力都是可以实现的。对共产主义的追求和向往也表现为一种社会理想，这种理想并不神秘，也不是不可实现的乌托邦，他与一切空想和幻想有着本质的区别。既不是凭空猜测，也不是空中楼阁，而是建立在马克思主义关于人类社会发展基本规律科学分析的基础之上，反映了历史发展的必然趋势。这种崇高理想的确立，为当代青年人指明了奋斗的道路和前进的方向，必然激励着他们团结起来为大力发展社会主义生产力、建设中国特色社会主义而奋斗。实现共产主义，一方面要求当代青年人树立崇高的社会理想，坚定共产主义信念，踏踏实实地努力工作；另一方面要求把远大理想与当前的奋斗目标结合起来，把最高理想和共同理想结合起来，努力投身于现实的中国特色社会主义各项事业的建设之中。青年人不应沉溺于对未来理想的细节描绘，但完全可以根据社会历史发展的规律去把握未来理想的基本轮廓，完全可以根据社会历史的走向不断加深对共产主义的认识。实现共产主义理想不靠什么神秘的力量或者天上的奇迹，而是靠青年人的努力学习和积极实践，他们建设社会主义事业前进一步就是向共产主义迈进了一步。青年人从内心深处一定要明确，共产主义理想是建立在科学基础之上的社会理想，是以马克思主义为指导的人类最伟大的社会理想，今天建设中国特色社会主义实践不但要坚定共同理想，更要树立远大理想。

第十六章 "学方法"而非"背教条"
——科学的马克思主义学习观及其大众化问题

树立科学的马克思主义学习观既是马克思主义执政党建设规律的根本要求，也是中国共产党的优良传统、优良学风。从党的近百年历史发展经验上看，我党向来以科学的学习观指导着马克思主义学习型政党建设，在坚持和发展马克思列宁主义的过程中不断总结、提升科学的马克思主义学习方法，这集中体现了我们党优良学风的一脉相承性与内在一致性，也集中体现了马克思主义大众化的实践性与开放性品质。

一、树立科学马克思主义学习观的重要意义

从我党近百年发展的历史上看，学风建设历来是党的作风建设的重要内容。我党几代领导集体都特别重视加强学风建设，重视以科学的马克思主义学习观分析、解决我党思想理论建设的各种问题，把不断提高学习意识、学习能力视作保持党的先进性的根本措施。进入 21 世纪以后，我们党通过了《中共中央关于加强和改进党的作风建设的决定》，强调了在新的历史条件下加强学风建设的重要性和紧迫性，号召全党要坚持解放思想、实事求是的马克思主义学习观，反对因循守旧、不思进取的教条主义学习观。两种学习观上的对立，反映的是两条思想路线的斗争，就对马克思主义认识和态度而言，反映的则是两种马克思主义观的根本对立。加强学风建设和学习型政党建设最重要的是解决如何科学对待马克思主义学习观的问题，亦即如何摒弃和反对教条主义、主观主义的错误的学习观，并坚持和弘扬与时俱进、与世偕行的科学的学习观的问题。其实，在马克思主义发展史上，基于曲解和反对马克思主义而产生的各种错误思潮和敌对派别，自然拒斥与反对正确的马克思主义的学习观，认为马克思主义应该被终结、被埋葬，应该用各种各样的非马克思主义或者反马克思主义取而代之。但是，在党内基于学习与研究马克思主义的理论家和实践者，也不都是科学的马克思主义学习观的忠实继承者与坚定发展者，他们中的有些人要么在学习中把马克思主义理论神圣化、绝对化、教条化，要么借口时代与实践的重大变化而把马克思主义视作过时无用的非科学的东西，这些都是变相否定了马克思主义理论的实践性、科学性和开放性。可见，学习观上的对立，反映了对待马克思主义的态度问题的对立，体现了马克思主义科学学习观与非科学学习观的对立。在马克思主义学习观上坚持认识与实践的统一、继承与创新的统一，是我们党永葆生机的内在源泉与不竭动力，既是治党治国之道，也是创新马克思主义之道。在马克思主义学习中重视理论创新与开拓进取，既是我们党的一个根本特点，也是一条重要的政治经验；既是党和国家事业不断获得重大发展的根本保证，也是推进马克思主义中国化、大众化与时代化的重要途径；既是马克思主义认识论的根本要求，也是马克思主义发展观的实践需要。坚持马克思主义科学学习观，就要反对教条主义的错误学习观，取缔对待马克思主义理论所采取的一切非科学的态度。对此，恩格斯曾经多次强调指出，马克思的社会主义理论自从成为科学以来，就要求人们把它当作科学来看待；科学地看待马克思主义，就必须把马克思主义科学的世界观整体性地把握，而不能当成支离破碎的东西。马克思主义不是教义，不是现成的教条，而是进一步研究的出发点和供这种研究使用的方法；马克思主义是行动的指南而非某种包医百病的灵丹妙药，它的科学结论的践行要随时随地根据变化了的情况对之加以改变。这就表明马克思主义理论是发展着的理论，而不是必须背得烂熟并机械地加以重复的教条，否则，如果把马克思认为只在一定条件下起作用的一些原理解释成绝对的真理，或者忽视了马克思主义一些理论产生的背景与使用范围，忽视了真实践的各种条件和实现途径而到处搬运，马克思的那些科学理论本身就会走向反面，成为不正确的某种谬误。列宁也曾经多次讲，每一个党员只有加强学习、学习、再学习，注意用人类创造的全部知识财富来不断丰富自己的头脑，才能成为合格的共产主义者；正因为马克思主义学说具有无限的精神力量，能够给我们提供决不同于任何迷信、任何反动势力、任何为资产阶级压迫所做的辩护相妥协的完整的世界观，所以我们在具体运用时需要不断地学习，而且要科学地学习、实践地学习；但是，在学习中首先需要弄明白的是，我们不是学理主义者，马克思主义的学说不是教条，而是行动的指南。我们决不能把马克思主义理论看成是某种一成不变的和神圣不可侵犯的东西，恰恰相反，我们应该将之看成只是为一种科学理论奠基的前提性的方法，我们既然需要在各个方面把这一科学全面推向前进，当然需要结合变化着的实践情况，真正顺应时代和人民的呼唤、体现与时俱进的实践要求而不断将马克思主义理论全面推向新的阶段。

当然，另一方面，从我党近百年发展的历史上看，教条主义的非马克思主义学习观及其实践者，无论其主观愿望如何，思想动机怎样，即使是对革命忠贞不贰，但考虑到其对无产阶级革命事业造成的严重危害，我们必须彻底予以清除；特别是当无产阶级政党成为执政党之后，对这种教条主义的马克思主义观的危害更要充分认识它可能导致的严重后果，对之，切莫等闲视之，绝不能姑息养奸、一味放任。让我们简单回顾我党近百年的奋斗历程，这对于我们衡量与判别马克思主义学习观上的对立，及其对于我国革命与建设究竟能够带来什么样的重大影响，会看得更明确。我党在各个时期都特别强调要坚持马克思主义的科学学习观，并以之去指导党的学风建设及其他各方面的建设。可以说中国共产党在领导革命、建设和改革的近百年艰苦奋斗的历程，也是两种马克思主义学习观的不断斗争、不断较量的历程，是两种学习观相比较而存在、相斗争而发展的历程。这一历程带给我们的深刻启示是：第一，马克思主义既然是我们立党立国的根本指导思想，科学地看待并运用马克思主义就必须坚持它的立场、观点、方法，它的基本原理和思想精髓任何时候都要坚持，但是这种坚持是在实践中的坚持，是在与中国实际相结合的过程中的坚持，是在贯彻解放思想、实事求是的思想路线并勇于追求真理和探索真理中的坚持，是在及时把握客观情况的变化并善于总结人民群众在实践中创造的新经验从而不断丰富和发展它的新思想中的坚持，这种坚持是时时处处体现它的与时俱进理论品质的科学性的坚持，而非教条主义的故步自封和主观主义的夜郎自大。第二，坚持马克思主义科学学习观就要对教条主义、主观主义的非科学学习观进行最不妥协的批判。在我党近百年奋斗的历史上，凡是思想脱离实际，不顾历史条件和现实情况的变化，拘泥于马克思主义经典作家在特定历史条件下，针对具体情况做出的某些个别论断和制定的具体行动纲领，我们就会犯严重的政治错误，给革命和建设事业带来极大危害，而凡是始终坚持马克思主义的指导地位，科学地对待马克思主义，坚持正确的思想路线，努力不断推进马克思主义大众化进程，就能够汲取实践经验、实现伟大觉醒、获得坚定信心，就能够从严重挫折中重新奋起，顺应时代潮流和人民意愿，勇敢开辟建设中国特色社会主义的新局面，这就是我们党为什么在各个时期都非常强调必须始终以反对教条主义的态度对待马克思主义理论学习的道理之所在。

　　从某种意义说，建党近百年的历史中包含着运用马克思主义科学学习观武装全党、搞好学风建设的历史，也及用马克思主义科学学习观不断击退教条主义错误的学习观的历史。马克思主义中国化也是科学学习观同不科学的学习观的斗争中不断发展起来的。党建之初在领导革命斗争中就特别注意加强自身建设，强调要在思想上、政治上、组织上把党建设成为以马克思主义指导的无产阶级新型政党，注重把马克思主义基本原理与中国实际相结合，要在理论上和实践上体现党的先进性。针对当时党内的那种把马克思主义教条化、把共产国际决议和苏联经验神圣化的错误倾向开展尖锐批判，对那些生吞活剥地照搬马克思主义原理，只唯书、唯上而不唯实的主观主义学风，对那种以为有了马克思的"本本"就无须根据实际情况制定具体办法，就会无往而不胜的种种错误做法，毛泽东同志在其《反对本本主义》中曾明确指出，我们说马克思主义是对的，绝不是因为马克思这个人是什么"先哲"，我们的斗争需要活的马克思主义，而不需要什么"先哲"一类的神秘念头作祟。对待马克思主义正确的态度应当是，马克思主义的"本本"是要学习的，但是必须同我国的实际情况相结合。我们需要"本本"，但是一定要纠正脱离实际情况的"本本"主义。这是我党最早最明确地阐述与时俱进的科学的马克思主义学习观的光辉著作，根本宗旨在于告诫全党要加强思想理论建设、提高马克思主义理论水平，坚持马克思主义大众化方向并以此清除主观主义、教条主义的错误影响。此后，随着革命形势的快速发展，为了彻底清算教条主义的非马克思主义学习观给革命事业造成的极大危害，毛泽东同志又在其《实践论》和《矛盾论》等著作中，从马克思主义哲学的高度，系统总结了党反对教条主义学习观的实践经验，明确阐发了在党内产生教条主义、主观主义错误的认识论根源，强调马克思主义理论一定要与中国具体实际相结合，只有坚持马克思主义大众化的方向并在与时俱进中实现科学发展，才是对它的最好继承等马克思主义科学学习观的一系列理论要点。后来在延安整风运动中，毛泽东同志又从理论上与实践上，强调以与时俱进的科学的马克思主义学习观去批判和克服教条主义的非马克思主义学习观。当时它提出的反对主观主义、教条主义以整顿学风，实际上成为全党整风运动的中心内容。

二、我党历史上特别重视加强学风建设

我们党历来重视学风建设,毛泽东同志和邓小平同志,为党的正确的学风的树立奠定了重要基础,为我们今天继续发扬和发展优良学风作出了典范。

毛泽东同志在其《改造我们的学习》等文献中,明确指出主观主义、教条主义学习观是全党、全国人民的大敌,我们只有打倒了它们,马克思主义真理才会抬头,科学的马克思主义学习观才会得以认同;那些不能掌握马克思主义思想精髓、不了解中国具体实际、常常以大理论家自居的人,之所以能够处处打着马克思主义旗号危害革命事业,关键的原因在于他们背离了科学对待马克思主义的大众化立场,在马克思主义学习观上发生了教条主义、主观主义、经验主义或者实用主义化;在毛泽东同志看来,历史上的马克思主义有很多种,我们所要的是"香"的马克思主义,不是"臭"的马克思主义;是"活"的马克思主义,而不是"死"的马克思主义。全党在学习中,要分清创造性的马克思主义和教条式的马克思主义,书本上的马克思主义与实践中的马克思主义,使中国革命丰富的实际经验马克思主义化,而不能经验主义化或者教条主义化;学习马克思主义不能只一味去引证马克思主义的经典话语,要学会运用它的立场、观点和方法,具体地分析与解决中国革命的实际问题;极"左"的教条主义的学习观,这种学习马列理论的方法恰恰是直接违反马列的,是反科学的反马克思主义的主观主义的学习方法。当时,毛泽东同志曾经谆谆教导全党,我们学习马列主义不是为着好看,也不是因为它有什么神秘,而是为了在实践中灵活的应用;有些人常常把马列主义看作现成的灵丹妙药,只要有了它,就可以毫不费气力地包医百病,这其实是一种幼稚的蒙昧,我们对这些人就应该做启蒙运动。那些将马列主义当宗教教条看待的人,就是这种蒙昧无知的人,

既阻碍了理论前进，也害了自己、害了革命。可以说，正是由于毛泽东同志的马克思主义科学学习观在革命实践中的提出、贯彻与实施，才真正确立了毛泽东思想在党内的指导地位，这对统一思想、凝聚意志，夺取全国胜利、建立新中国，意义重大而深远。

邓小平同志无论在革命年代或者建设时期，向来非常重视加强马克思主义理论的学习，从不因革命问题突出或实际工作繁忙而中断学习，相反越是在革命的重要关头或历史的转折时期，越是注意加强学习，越是提倡用马克思主义的科学学习观，去反对主观主义、教条主义的学习观及其思想错误。他始终坚信：党的事业要想赢得人民群众的信赖，并引导人民群众取得伟大胜利，党员干部除了扎扎实实完成好自己的每一项工作任务以外，必须一刻也不能放松自己对马克思主义理论知识的学习，要把处理日常事务与刻苦学习有机结合起来。否则，就会在工作中迷失方向，就会走向邪路，甚至葬送我们的事业。因为如果不注意加强学习，只顾忙于事物，思想就容易庸俗化。"文革"结束后，邓小平同志明确地提出了"两个凡是"不符合马克思主义，背离了马克思主义学习观的基本要求，对待马克思主义、毛泽东思想不能断章取义，而需要系统地整体加以把握，要把它作为一个理论体系来把握，更要注意运用马克思主义、毛泽东思想解决实际问题，而不能教条主义地对待他们的具体话语或者个别结论，因为马克思主义和毛泽东思想并没有终结真理而只是为开辟真理铺平了道路。进入改革开放以来，邓小平同志特别强调要摆正理论学习与专业学习之间的关系，学习专业知识，可以加深对马克思主义理论的理解，可以进一步丰富和发展马克思主义理论宝库；要把马克思主义理论作为行动指南而不是作为教条，要注意科学对待马克思主义并使之完全能够有效地发挥其指导作用，从而加强我们工作中的原则性、系统性、预见性和创造性，增强我们对事业取得成功的把握和信心。此后，随着改革开放的逐步深入，邓小平同志特别强调要用马克思主义的学习观武装全党头脑，切实搞好马克思主义理论与实践相结合的工作，反对照抄马克思、列宁的原话，反对教条主义的学习观。在他看来，马列主义、毛泽东思想的基本原则，我们任何时候都不能违背，这是毫无疑义的。但是，一定要和实际相结合，要分析研究实际情况，解决实际问题。按照实际情况决定工作方针，这是一切共产党员所必须牢牢记住的最基本的学习方法、思想方法与工作方法。这就是说，马克思列宁主义、毛泽东思想一定不能丢，丢了就丧失了根本。同时一定要以我国改革开放和现代化建设的实际问题、以我们正在做的事情为中心，着眼于马克思主义的运用，着眼于实际问题的理论思考，着眼于新的实践和新的发展，不断解决新问题、开创新局面。特别是"苏东剧变"后，当我们的改革开放事业又遇到了暂时挫折时，邓小平同志多次强调，党员干部不能等同于一个普通的群众，不仅要坚持学习，还必须学会学习、科学学习，坚持理论联系实际，坚持以科学的态度对待马克思主义，在学习中要树立马克思主义的科学学习观，从而引导中国特色社会主义现代化建设事业不断取得新的胜利。他分析说，在新时期，越是在重大历史关头，党员干部越是要加强科学学习，在学习什么的问题上，认为根本的是要学习马列主义、毛泽东思想的实质与精髓，要努力把马克思主义的普遍原则同我国实现现代化的具体实践结合起来，坚持推进马克思主义大众化是学习的根本目的；但是他强调学习马列要精、要管用，不能光用大本子或者厚本子吓人，强调学以致用、学用合一，反对脱离实际的教条主义的学习而注重实事求是的科学学习。这表明，邓小平同志不愧是坚持马克思主义科学学习观的典范，为丰富与发展马克思主义学习观做出了突出贡献。

三、坚持马克思主义学习观搞好党风建设

纵观我党近百年奋斗的光辉历史，党的历届领导集体都对坚持与发

展马克思主义科学学习观进行了不懈的探索，做出了历史性的杰出贡献。坚持马克思主义科学学习观既是马克思主义执政党建设规律的根本要求，也是中国共产党的优良传统、优良学风在新形势下的发展与弘扬，体现了我们党一脉相承而又与时俱进的马克思主义科学学习观的不断丰富与发展。从党的近百年历史发展经验上看，我党向来以科学学习观指导着马克思主义学习型政党建设，向来在坚持和发展马克思列宁主义的过程中整体向前推进，这集中体现了指导思想的一脉相承性与内在一致性；我党向来注重在不断探索和回答一系列重大理论和实际问题、深化和丰富对马克思主义科学学习观再认识的过程中获得整体推进，也向来是在坚持解放思想、实事求是思想路线的过程中实现跨越式发展的，这集中体现了大众化马克思主义理论品质的实践性与开放性；我党坚持以社会主义初级阶段基本国情为立论依据，高度重视马克思主义学习理论过程中的理论探索与实践整合的统一，以科学学习观指导党的理论建设与学风建设，这既反映了对"什么是马克思主义，怎样对待马克思主义"的科学认识过程，体现了中国特色社会主义理论体系在学习理论上的实践指向与政治智慧，也反映了对"什么是马克思主义，怎样对待马克思主义"的科学认识成果，体现了中国特色社会主义理论体系本身就是坚持与发展马克思主义科学学习观的最新理论产物。这表明，当代中国共产党人坚持解放思想、实事求是，一切从实际出发，在实践中探索并发展真理的思想路线，不满足已有的认识结论，不固守已有的理论教条，注重总结改革开放不同时期、不同阶段的新鲜经验，注重探索和回答不同时期、不同阶段遇到的新矛盾、新问题，在理论创新和实践发展上都对马克思主义科学学习观做出了独特贡献。中国特色社会主义理论体系就是当代中国共产党在马克思主义科学学习观的指导下实现的理论成果，既继承和捍卫了马克思列宁主义的理论，又形成了马克思主义中国化的理论创新，推动了马克思主义在当今世纪和当代中国的发展。党在马克思主义科学学习观上的发展历程，既开辟了中国特色社会主义的康庄大道，把建设中国特色社会主义事业全面推向了新世纪，又以之引领我们为夺取全面建设小康社会新胜利而奋斗，奠定了科学学习观在推动中国特色社会主义跨世纪发展进程中的价值取向；既体现了当代中国共产党在思想理论上是继往与开来、坚持与发展的统一，也反映了当代中国共产党科学学习观上的科学性体系、阶段性成果和发展性要求的内在统一。当代中国共产党紧紧围绕"什么是马克思主义，怎样对待马克思主义"这一重大理论和实际问题，以科学学习观指导马克思主义学习型政党建设的历史经验，既反映了中国特色社会主义实践进程的正确方向，也体现了中国特色社会主义理论体系整体建构的时代立场。

坚持马克思主义科学学习观搞好党风建设，必须同时对党内存在的教条主义、本本主义、经验主义、主观主义等各种错误的学习观进行认真清算。应当肯定，当前党员干部的学习状况总体良好，但学风不正的现象仍然严重存在，这主要是不愿学或不肯学、不勤学或不能学、不真学或不深学、不善学或不好学等，这集中表现在经验主义的浅显阅读、实用主义的断章取义、教条主义的机械比附、本本主义的闭门造车等不良学风上，要克服这种不良学风并坚持马克思主义实事求是的学风，关键是理论联系实际、推进马克思主义大众化。理论学习不是坐而论道、纸上谈兵，而是创造性地运用马克思主义的基本原理和方法，去研究和解决现实中的新情况、新问题，理论学习的意义和效果完全取决于能否解决及解决了什么问题。当然，对于马克思主义的学习理论本身，也要能够精通它并应用它，须知精通的目的全在于应用。换言之，马克思主义学习理论，不应把它当作理论教条而应当作行动指南，对于许多实现问题的解决，马克思主义的思想理论提供的只是总的指导原理并非具体答案，我们需要运用马克思主义学习观的有关原理在分析和总结新的情况和新的实践中求得解决方法。如果只抱着经验主义的浅显阅读或者实用主义的断章取义的学习态度，怎能把马克思主义的精髓学深学透、把马克思主义的真理用好用活？如果对马克思主义搞教条主义的机械比附、本本主义的闭门造车，停留在高楼深院、书斋教坛，唯书唯上不唯实，不接触实际、不调查研究，怎能避免主观主义和唯心主义学习观各种错误的不断滋生和蔓延？

有鉴于此，当前坚持并发展马克思主义的科学学习观，在具体途径上必须做到：重点学习的针对性与全面学习的系统性、学习方法的多样性与学习目的明确性、个人学习的独创性与集体学习的普适性、学习目标的阶段性与学习过程的持续性、理论学习的科学性与实践应用的灵活性的统一。在对坚持马克思主义科学学习观的态度上，应当从我们党肩负的历史使命和责任的高度来加以理解。应该及时告诫党员干部，从世界观、人生观和价值观意义上理解坚持马克思主义科学学习观的重要性与紧迫性，使之明确：能否坚持马克思主义科学学习观，这既是一种政治信念也是一种重大责任；能否发展马克思主义科学学习观，这既是一种优良品行也是一种自觉党性；能否完善马克思主义科学学习观，这既是一种博大胸怀也是一种崇高境界；能否实践马克思主义科学学习观，这既是一种务实精神也是一种工作能力。党员干部要想站在时代前列并带领人民不断开创事业发展的新局面，就必须以改革创新的精神牢记科学学习观，始终成为推进马克思主义大众化的典范，使之明确坚持并发展马克思主义科学学习观是我们新时期党的建设的重要内容和重要任务，应当从我们党肩负的历史使命和责任的高度来加以认真理解。改革开放事业的科学发展与和合构建，需要坚持并发展马克思主义的科学学习观；积极捍卫优良党性和高贵品质要求坚持与发展马克思主义的科学学习观；保持党的先进性和与时俱进的实践品格，需要坚持与发展马克思主义的科学学习观。党员干部应该树立在学习面前人人平等的观念，带着学以致用的现代眼光和虚怀若谷的情怀向群众和实践学习，这不仅有助于党风学风的发展，而且带来的将是思想观念的根本变革和一种清新如画的学习正气。对此，习近平总书记明确提出，建设马克思主义学习型政党，要贯彻和体现科学理论武装的要求，要贯彻和体现具有世界眼光的要求，要贯彻和体现善于把握规律的要求，要贯彻和体现富有创新精神的要求，唯此才能对马克思主义科学学习观不断做出新的贡献。

第十七章　返本开新下的理论与现实结合

——推进马克思主义哲学大众化的创新路径

伟大的实践呼唤并产生伟大的理论,伟大的理论反过来又指导和推动伟大实践,基于实践基础的理论创新是社会发展和时代变革的先导。而马克思主义大众化既是马克思主义理论获得批判继承、丰富发展的科学路径和必然选择,也是在实践中不断开拓马克思主义理论新境界和新局面的基本诉求与迫切需要,更是马克思主义创新体系能够科学指导中国特色社会主义建设并不断取得辉煌成就的现实需要。我党近百年发展的光辉历程表明,马克思主义在中国的发展与创新的历史其实就是一部马克思主义基本理论与中国革命和建设实际相结合的历史。

一、推进马克思主义哲学理论创新的意义

众所周知,马克思主义理论是一种开放的、实践的、发展着的创新体系,推进基于实践的理论创新原本是它的本质属性和固有真义。从人类文明整体发展的维度讲,马克思主义的发展史就是一部马克思主义理论与时俱进的创新史,而从中国思想文化发展的维度讲,马克思主义的发展史其实就是一部马克思主义基本原理与中国革命和建设实际不断相结合的历史,就是一部马克思主义理论不断实现中国化、大众化、时代化

的创新史。这是马克思主义理论获得批判继承、丰富发展的科学路径和必然选择，是在实践中不断开拓马克思主义理论新境界和新局面的基本诉求与迫切需要，也是马克思主义理论体系能够科学指导中国特色社会主义建设并不断取得辉煌成就的现实需要。我国当代学者从多视角、多学科、全方位、宽领域深入研究马克思主义创新观，从整体上建构并发展马克思主义理论的当代形态和创新体系，密切关注与着力探讨马克思主义理论大众化的实现途径、中国方向，从学理上构建马克思主义"思入生活"、引领时代的当代逻辑和展示平台，真可谓是立意高远、构思缜密、论证充分、剖析深刻，不仅具有宏阔强大的研究力度与深度，而且在思想领域与事实领域均造成了巨大影响，大大拓展了马克思主义在当代中国融入实践的逻辑层级和时空场域。有的从若干方面对马克思主义中国式的创新表述进行了系统归纳、细致梳理、合理展望、整体预期，有的从内在本源处加强了马克思主义理论研究的现实针对性、理论时效性，还有的从理清思路、明晰现状、积累经验、深化认识、推进研究，提供了更多的思维发展空间和精神生产能力，夯实了马克思主义综合创新的文化底蕴。其实，在当代中国，马克思主义作为我们共同的理论基础和行动指南，它的强大的生命力、感召力、批判力、凝聚力，就表现于它具有彻底的科学性、鲜明的阶级性、自觉的实践性和强烈的革命性，它是在实践基础上融科学性、阶级性、革命性于一身的开放性学说，它之所以能够实现大众化就在于它始终保持着与时俱进的理论品质，就在于它能够不断地被创新、被超越、被发展，就在于对我们所处的伟大的改革时代深层推进而不断产生的重大理论问题的科学发现与合理解决。在当代学界，马克思主义理论创新研究日臻清晰，时代赋予了当代学界同仁开创研究马克思主义理论及其大众化的整合机制的庄严使命与神圣职责，从学理上和实践上认真解决中国特色社会主义建设面临的各种复杂背景与关键问题，在全球化语境下全面开创世界社会主义发展的新局面和提升世界马克思主义未来发展的新境界，都需要对马克思主义大众化的整合机制进行创新性研讨,尽可能多地寻找马克思主义理论获得综合创新的崭新问题域和理论生长点,全面凸显马克思主义理论的内在魅力与时代价值。当然,理论的综合创新要充分反映马克思主义大众化在理论领域的最新成果,充分反映国外马克思主义理论研究的最新进展,从世界观的高度系统总结中外社会主义实践的宝贵经验,特别是集中阐述中国特色社会主义理论体系的理性贡献、改革开放在中国特色社会主义建设发展中的特殊作用和重大意义,着重阐发先进生产力与社会发展、人民群众与历史进程、先进文化与弘扬民族精神的内在关系以及社会主义核心价值体系的基本内容、社会作用,并力图以科学的方法、发展的眼光、与时俱进的精神,系统阐释马克思主义综合创新的核心要点与本质特征,竭力展现马克思主义科学真理的理论魅力与实践品格,努力使现实问题升华为理性问题,实现理论理性与实践理性的统一,并灵活运用马克思主义大众化的整合机制,积极为之营造新的当代语义。

而当代中国的科学发展、和谐社会构建的时代转型,为马克思主义理论的推陈出新,提供了不可多得的时代机遇,和平发展的时代主题改变了战争年代的内外危机和安全忧虑,以信息化、网络化、系统化、社会化为特征的实践转型和以全球性、世界性与局部性、区域性复杂交织的问题转型,为当代马克思主义的推陈出新既提供了力量凝聚的动力机制、强大的思想源泉和强烈的社会需求,也提出了许多迫切需要解决的重大理论问题、实践问题和日渐宽松的创新环境与发展条件。当代学人唯有善于发扬马克思主义理论本身的实践批判精神和科学求实精神,善于灵活运用马克思主义基本原理去解析当代中国特色社会主义实践向深层推进中产生的新情况、新问题、新矛盾,勇于吸收与整合人类文明创造的一切优秀文化成果,才能不断提高高深的理性修养、渊博的知识储备、宽阔的世界眼光、巨大的创新能力、极大的政治勇气、敏锐的洞察能力。任何理论创新都意味着一种精神生产和观念变革,都是对马克思主义思想的再创新、再表述、再拓展，是对既有思想的创新运用和实践操作，都必须使之自觉其为思想，使它的思想成果经过自我革命而提炼为时代性的思想，这都是在坚持马克思主义基本原理的前提下对一些具体结论、具体观点的科学发展与合理增补，使之无论在外延上抑或在内涵上都做到与时俱进、与时偕行、跟进实践、顺时而谋。马克思主义理论既来自实践又指导实践，既接受实践检验又逐步得到发展，不断发展着的实践、不断激发的新问题，要求我们必须不断地进行推陈出新、及时跟进。而进行理论创新就要不断解放思想、实事求是、与时俱进，社会实践没有止境，理论创新也没有止境，实践不停顿，理论创新就不能停顿，只有坚持解放思想、实事求是、与时俱进，才能使马克思主义理论不断获得重大的理论创新。一般地，伟大的实践呼唤并产生伟大的理论，伟大的理论反过来又指导和推动伟大的实践，基于实践基础上的理论创新是实现社会发展和时代变革的先导，中国特色社会主义实践每前进一步，马克思主义理论创新就必须及时地跟进一步，唯有运用发展着、实践着的大众化马克思主义最新理论成果作为我们事业的指导思想，才能自觉承担起发展社会主义、实现伟大民族复兴的历史重任。我党近百年发展的光辉历史一再表明，中国共产党是一个高度重视理论指导作用的党，一个善于进行理论创新的党，一个善于在实践中不断开拓马克思主义理论新境界的党，正因为如此，她才在社会主义革命与建设中领导人民取得了一个又一个的伟大胜利，不断推进马克思主义中国化、大众化、时代化，在马克思主义发展史上实现了两次重大的历史性飞跃，树立起了毛泽东思想体系和中国特色社会主义理论体系这两座不朽的历史丰碑，对丰富发展马克思主义理论宝库做出了属于当代中国人自己的独特贡献。在与时俱进中实现理论创新，这是我们党近百年以来的一贯重点和根本宗旨，只有坚持马克思主义基本原理同中国具体实际相结合，不断在实践基础上推进马克思主义大众化进程，立足于用发展着的马克思主义的最新理论成果指导当代实践，才能保持马克思主义强大的生命力、感知力和内聚力，才能制定出正确的路线、方针和政策，凝聚全党全国各族人民的意志，共同为实现民族伟大复兴而奋斗。

二、不断推进马克思主义实践创新的基本要求

体现时代性、把握规律性、富于创造性，是始终保持马克思主义理论研究与建设与时俱进之精神状态、在大众化实践整合中不断推进其实践创新的基本要求。强调马克思主义理论要体现时代性，就是要使之每一项重大的理论创新及其成果都必须集中体现其赖以产生的时代背景、实践要求及其基本特征与核心内容。实践创新不能不立足于时代发展，不能不是时代性的产物，当代马克思主义理论研究只有挺立时代潮头、站在时代高度，才能把握时代脉搏、充满时代气息，代表并引领时代发展的正确趋势和未来方向，才能真正站在时代的前列和历史的高端"思入生活"并范导实践，使每一项实践创新成果都能赢得时代性的现实意义。做到了这一点，就体现了马克思主义实践创新的时代化与现实性。强调马克思主义理论要把握规律性，就是要求其实践创新必须能够对时代发展的固有规律进行科学把握，善于总结和概括科学文化发展的新材料、新突破，善于及时吸纳与提炼中国特色社会主义建设的新经验、新探索，使马克思主义成为被把握在思想中的时代律动，成为该时代人类实践生活智慧的理性升华，正因为它能够从总体上把握了时代的核心内容和本质特征，集中体现着时代的精神精华、活的灵魂，用一系列基本概念按特定的逻辑路径、经严密的科学论证和高度概括从中把握具有规律性的东西，才能使之上升为科学的、完整的理论体系。做到了这一点，就体现了马克思主义实践创新的大众化与人民性。而强调马克思主义理论要富于创造性，就是要求其理论创新的每一项重大成果都应当是对前一时代理论成果的内在超越与积极扬弃，只有使之从一切旧框框和传统观念的思想桎梏中解放出来，围绕解决世界多极化和经济全球

化的曲折发展、科技进步的日新月异、综合国力竞争的日趋激烈等一系列前进中的重大问题，在坚持马克思主义思想精髓的基础上不断谱写新的篇章，提出新观点新论断、对之进行新的设计新发现，才能使马克思主义富于创造性。做到了这一点，就集中体现了马克思主义实践创新的大众化和超越性。

推进大众化体现了当代马克思主义理论创新的实践整合机制与科学发展态势，它既坚持了马克思主义在意识形态领域的指导地位，又不断提高建设社会主义先进文化的软实力，既贴近了实际、生活与群众，又创新了内容、形式与手段，既破除了对马克思主义错误的和教条式的理解并抵制了各种否定马克思主义的错误思潮，又增强了思想理论工作的说服力、感召力与凝聚力，推动了当代马克思主义在实践创新基础上的制度创新、科技创新、文化创新以及其他各方面的创新，在着力回答重大理论和实际问题的同时努力铸造了马克思主义理论的再度辉煌，为激励亿万人民奋勇前进提供了强大的精神动力和智力支持。在当代马克思主义实践创新过程中，如果不能从整体上把握大众化的实践整合与引导机制，就会使马克思主义的当代发展陷入一种无深度的扁平世界中，即使对之进行开创性的研究也无法维持其固有的大众立场与中国方向。鉴于此，我们必须将当代马克思主义大众化进程中的宝贵经验，凝练、升华为带有规律性的新原理、新原则，并把这些实践性的新原理新原则与改革开放的具体实际结合起来，全面验证与提升中国特色社会主义理论体系的当代价值，使之提升到马克思主义基本原理的科学层面加以概括，让改革开放创造出的中国经验与发展模式沉入到马克思主义历史逻辑的原理层级中。否则，若离开实践整合与现实需要，为创新而创新，就不能从整体上把握马克思主义实践创新的科学内涵与思想魅力，更不可能实现马克思主义创新观的当代建构。返本开新是马克思主义实践品格的内在要求，也是其题中应有之义，马克思、恩格斯、列宁等马克思主义创始人在实现社会主义由空想到科学、由理论到现实的重大转变中，历来十分重视理论的不断创新并积极推进理论的实践升华，中国几代领导人更是特别强调马克思主义基本原理与中国实际的相结合，善于紧密结合执政经验与人民愿望，深入发展大众化马克思主义的理论创新体系与核心价值体系。可以说，一部马克思主义的形成史、发展史与完善史，就是马克思主义理论的实践史、开拓史、创新史。马克思主义当代创新机制与发展规律，体现了社会主义创新实践活动各要素内在联系和实践整合的根本方面，从学理上探讨和梳理马克思主义理论创新的特殊本质和思路历程，有助于我们更好地认识马克思主义大众化的内在机制及其实践规律。

三、返本开新是创新马克思主义的活力源泉

返本开新是马克思主义永葆青春活力的巨大源泉与保持实践敏感性的内在动力，而其基本立场、观点、方法上的创新是实现马克思主义理论创新的前提、基础与先导，从世界观和方法论上加强马克思主义基本原理原则的重大创新，是保持其在发展中既一脉相承而又与时俱进的动力机制，这既秉承了马克思主义理论创新的实践品质又贯彻了马克思主义融入时代并引领未来的创新精神。再者，对马克思主义的返本开新包括语言创新、理论创新和实践创新等不同层面的创新，这是同一创新过程的有机整体，必须整体把握才能克服教条主义和经验主义在学理上割裂马克思主义创新观的错误做法，全面展现马克思主义创新观之实践普遍性和直接现实性的双重品格，将之内化为中国社会主义发展理论的运思方式和思维能力，使马克思主义在当代中国不断研究新问题、解决新矛盾的同时，不断开辟新视野、进入新境界。为此，马克思主义需要经常"返本开新"以便能够重新找到发展的源头活水、重新体认"思入时代"并范导实践的本真精神，使之在不断获得重大创新过程中发扬光大、系统拓展。在社会主义改革的时代精神之新生活阳光的照耀下，

对马克思原典思想重新解读，旨在吸收鲜活的生活智慧、激活崭新的实践经验、找到新的理论生长点并使之焕发出新的生命之光，回到马克思并非为了捍卫原教旨，而是为了使马克思主义思想精髓借助并通过当代实践源源不断地来到我们面前，如果丢掉马克思主义的本真精神而一味地追求开新，开出的只能是无源之水、无本之木，就会没有新的前途、新的担当，而如果马克思主义再不能以融通中西、相摄互补的博大胸怀去批判继承一切优秀文化成果，则将会失掉文化发展、理论创新的话语权、主动权，从而陷于被解构、被消解的尴尬局面。唯有恪守马克思主义的原典精神、基本原理、基本方法，才能获得真正的引申发挥、开拓创新与历史跃迁，在创新中精髓不能抛弃、实质不能异化、历史不能割断、根基不能遗忘，否则马克思主义的思想创新就只能是多元异质的文化拼接、机械僵硬的外在比附，就会使之丧失自我规定性并沦为他者。

实现马克思主义的返本开新须不断提出独特见解，敢于突破前人、打破陈规，这样才能有所进步、有所提升。而在中西文化强烈撞击中采两者之精华而熔为一炉，弃两者之糟粕而引为借鉴，是实现马克思主义返本开新的关键所在，对来自生活实践的经验内容要经过辨析筛选、提炼转化，重加阐释、增入新义，包纳多样、激发活化，才能保证其理论生命的活泼多姿且不断为现代文明输送营养，否则就会因为泥古不化、徒说空话而迷失方向、丢掉真我。作为一种集时代的智慧、实践的总结、科学的升华之创新体系，马克思主义理论势必会随着时代的改变、实践的扩展、科学的进步而不断获得重大进展，其彻底的科学性决定了它不可能是脱离实际的抽象思辨体系，更不是什么虚构的精神花朵或者醉醺醺的思辨，而只能是永远面对现实世界、实际生活，关注和研究时代课题并科学总结实践经验而提出的创新思想；它的自觉的实践性决定了它不是什么宗派主义体系，更不是什么狭隘经验主义学说，而是在实践中生成又是在实践中发展的"实践唯物主义"；而它的坚定的革命性决定了它不是什么故步自封的僵化体系，而是具有自我批评意识并根据时代变化、实践发展和科学进步不断革故鼎新的"文明的活的灵魂",在其"三化合一"的当代探索中不断使之获得新的力量、采取新的形态、获得新的生命。正是由于它自觉植根于时代和实践的沃土之中并不断根据时代和实践发展的需要,为满足广大人民群众的利益和要求而不断革故鼎新,从而才能使之成为一个开放的、不断发展着的创新体系,能够并必将保持长久的生命活力,非但没有结束真理反而开辟了在实践中不断认识真理和发展真理的广阔道路。这表明,马克思主义理论的革故鼎新是在实践基础上不断获得科学性和革命性统一的理论保障,它之所以是一种创新体系就在于它能够把严格的和高度的科学性同鲜明的、激进的革命性结合在自己的理论体系内部。换言之,在马克思主义理论革故鼎新的过程中,不是任何新的提法、新的论断、新的举措、新的概括都可以称之为思想创新的,只有以马克思主义的理论勇气和进取精神,总结新的实践经验、借鉴当代人类文明的优秀成果,在理论上不断开拓新领域、扩展新视野、做出新的概括,自觉地把思想认识从那些不符合时宜的旧观念、旧做法和旧体制的束缚中解放出来,从对马克思主义的错误的和教条式的理解中解放出来,从主观主义和形而上学的桎梏中解放出来,才能在坚持马克思主义基本原理基础上不断谱写新的理论篇章。马克思主义作为一种创新体系,它的优点在于任何时候都不去教条式地预料未来,而只是希望在批判旧世界中发现新世界,也从不主张竖起任何教条主义的旗帜,而只希望在紧密结合实际中不断获得革故鼎新。在笔者看来,只有把马克思主义的一般原理与我国改革开放的具体实际相结合,才能真正发挥马克思主义科学世界观与方法论的指导作用,制定出适合我国实际情况的路线、方针和政策并根据实际情况的变化对之做出变革;只有基于我国改革开放和现代化建设的实际问题,以我们正在做的事情为中心,着眼于马克思主义的实际运用,着眼于对实际问题的理论思考,着眼于新的实践和理论创新,才能把马克思主义同它在现实生活基础生动地结合起来,不断实现革故鼎新。诚然,当代世界社会主义的多种实践、晚期资本主义文化逻辑的最新变化、经济全球化的迅猛发展、世界科技革命的巨大影响以及我国改革开放和现代化建设的科学推进，这一切都向当代马克思主义提出了新的挑战与考验，使得我们必须在坚持其理论原则和思想精髓的基础上，在与马克思主义原生态的理论观点保持前后相继、一脉相承的前提下，按照大众化之创新机制对之进行革故鼎新的当代构建。若离开马克思主义本真精神而革故鼎新，就会失去根本、流于空谈；若背离马克思主义大众化随意创新，就会使之迷失方向、自我消解；若一味标新立异、杜撰新词或者生吞活剥、食洋不化，不把理论创新服务并落实于实践创新，就会失去革故鼎新的科学内涵与真实意义。

第十八章 儒学复兴与"中体马用"

——实现马克思主义哲学大众化的儒学路线

在当今全球化语境下,传统儒学经历百年沿革,从经学、理学的显学地位已处于人文学术的式微状态。在此尴尬境遇中,切问传统儒学再度复兴何以可能的问题,不应离开马克思主义哲学大众化方案而抽象地谈论儒学能否及如何复兴,相反而应基于系统研究儒学之现代性与根源性辩证关系基础上,从民族精神与时代精神如何实现内在契合为切入点,积极探寻儒学在马克思主义哲学大众化过程中如何实现当代转化的途径和模式。这表明,传统儒学不可能再度作为一种主流意识形态复兴,但作为一种内在精神变量经过一番自我革命后,则有可能与马克思主义内在联手并作为其内源因子而获得再生或新生。

一、传统儒学复兴的当代困境

在当今全球化语境下,儒学经历百年沿革,已失去了学术的显学地位而式微状态。在此尴尬境遇中,欲使儒学再度复兴,谈何容易?有人从儒学自身找原因,认为:一是面临多元思想撞击的反复挤压和多重解构,在边缘化、碎片化、隐匿化的衰变中,儒学的农耕基础和宗法制度已然崩裂，其文化原典与叙事结构遭到颠覆，在当代中国主流思想论坛上显得凄凉与悲怆，完全处在无从置喙、瞠目结舌的失语状态；二是在马克思主义中国化及其意识形态批判的强大压力下，传统儒学的知识体系全面崩溃、屏障全失，其主导性的价值原则几近气丧命绝，或是作为断裂的文化碎片散落在人文学科的边缘或是作为失去活性的精神因子沉寂于材料史学研究领域的隐层；三是在场域收缩和思想游弋的当代文化语境下，传统儒学的生命活力已然丧失殆尽，生存空间早已十分狭小，由于被指责为积贫积弱的罪魁祸首，它早已变成漂浮的观念、遥远的记忆、思想的碎片、文化的点缀；四是在现实的社会生活中，市场化、商品化、工业化、都市化浪潮种种横扫的狂飙，使得儒学的生活基础日益贫瘠，几乎没有立足之地，或者沦为材料的身份、成为文化的残渣，或者成为活化石、被收藏家把玩，或者跟风逐臭、无所依归，模糊掉了自己的身份性，甘愿遁入书斋并自我放逐。也有人从儒学之外找原因，认为：本来儒学创造了关于世界和生活的完整、深刻而复杂的独特理解，塑造了具有高度复杂微妙的思想观念体系和情感生活世界，然而，现代中国学人对传统儒学进行理性反思时，不管如何评价和怎样表述它，几乎都要采用西方思想框架和平台来进行诠释，力图给自己"吹一个西方式的牛"。关于儒学复兴何以可能问题的研究，当前中国思想界曾出现了各种流派，无论是持全盘西化观点的历史虚无主义派别，还是弘扬国粹的文化保守主义思潮，无论持实现马克思主义哲学大众化的正统主张，还是强调中国文化的后现代主义转向的激进探索，几乎毫无例外地都是援引某些现代西方的理论范式以为圭臬。以至于今天的中国学人已然习惯于从西方现代性的镜子中照出自己的一脸无奈，并在这种观镜的对象化体验中当代学人已经被训练成各种西方现代理念的代言人。这种喧宾夺主式的集体性精神误认，严重损害了中国儒学的思想意义和理论力度，破坏了它本来的文化性能与学理价值，不仅把中国儒学拆得七零八落，更严重的是它的观念和问题被荒诞化、泡沫化、边缘化了，既破坏了中国儒学原本和谐的概念系统，也破坏了中国概念本来的思想位置，中国概念体系中那些最有解释力和支配力、因而处在最核心层的概念，如：仁、道、天、理等，一经西学阐释完全变得意义轻薄、空洞无物、南辕北辙、相互冲突。传统儒学与作为文化霸权的西学格格不入，如何实现当代复兴？显而易见的是，西学观念的大量涌入倒是唤起了中国学人的问题意识，可是同时也挤掉了中国学人自己的问题领域，使中学丧失了自我规定性并沦为他者；同样显而易见的是，大家感到只有通过中西融通才能摆脱这一理论困境，但问题的关键在于，中西文化传统是这个世界上两个思想血统最不相干的、又都是获得高度发达的思想体系，而且各自有着以各种思想资源为背景而历史造成的"上下文"，根本没有足够多的共点可以实现会通，以至于在当前的思想领域产生了"二王并立"之双重权威并存的理性格局，且基本上是在各说各的、自说自话、南辕北辙、同床异梦。可见，不同体系的思想观念要达成内在通约只能通过思想创新，而不可能通过什么"创造性转化""机械性拼接""简单性比附""后现代转向""生活化还原"等各种伪创新的举措来实现，也不可能通过搭建什么真诚的对话平台并实现文化的交流与对流来完成。因为，对话或者交流的确可以促成一定的理解，但理解往往并不能保证必然接受，只能产生非常有距离的承认。如果异质文化间的互相理解和思想合作要成为可能并通过内在通约构成互惠知识，显然还需要一种基于特定生活需求而产生的共同理解。但吊诡的是，建立双方共同理解并形成交往互惠的困难恰恰在于，以什么生活场域为基础、通过什么样的问答逻辑而产生怎样的视界融合，是"中体西用"抑或"西体中用"，是"援儒入马"抑或"以西非马"、是"以后解马"抑或"以马解马"？正是在这个核心问题上，往往众说纷纭，莫衷一是。有人从儒学的思想内涵上分析说，不可否认，儒学的心性之学对人学意义的追寻，的确实现了精神世界的自我建构和自我提升，它以心性之学与内圣追求的交融为内涵，将人之存在意义的领悟与存在价值的体认提到了引人瞩目的地位，空前地突出了人性的精神自觉，内在地表现了走向人性化存在的当代意向。然而，从人之心性本体的视域出发去考察人之存在的意义领会及精神境界的提升，这同时使之陷入画地为牢和固步自封之中，使之对意义世界的丰富性及人性的多面性未能给予充分关注。因而，它只注重意义世界内在形态或观念形态的建构，而忽视对其现实语境、外在形态的基础建设，这既泯灭了人学之意义世界本身的当代性，也使其意义追寻呈现出某种抽象的特征，且往往以抽象心性之维的虚假存在消解了对象世界的客观实际。而且，一旦这种唯灵主义的旨趣和追求脱离了现实的历史实践过程时，便不免显得苍白、空泛、抽象、玄虚。这样，儒学因隔绝于现实的认识和实践过程之外，仅仅以反身向内的心性涵养和思辨体验为其内容，这种封闭、玄虚的精神自慰，无论如何也难堪重任，更不要说实现真正的当代复兴了。

二、传统儒学再度复兴如何可能

其实，传统儒学是由历史沿传下来的、体现中华民族共同心理特质的思想基底和价值纽带，作为中华民族精神的历史结晶和时代特质的集中表现，它渗透在广大民众的思想道德、风俗心态、审美情趣、思维方式、行为方式及其语言文字中，具有积极宽泛的理性内涵与文化底蕴，深深影响着广大民众的当代实践与未来取向。有人将传统儒学分为三个层面，即政治制度层（儒学的政治维度）、日常生活层（儒学的伦理维度）、精神信仰层（儒学的信仰维度），笔者认为这种分法很有道理。作为主流意识形态的政治制度，儒学的制度规训及其社会基础已经丧失，不仅早已风光不再，而且有隔世之感。作为核心价值体系的精神信仰，儒学的当代建构更难以实行，不要说马克思主义的信仰早已成为我们的共同信念，单单我们民主自由的宗教政策，也无法使儒教再度抬头。看来，复兴儒学最好的路径就是从日常生活层面入手，发挥儒学在民间生活和公共伦理方面的教化作用。若从儒学的延续性、超越性、大众性、时代性等方面分析，儒学本质上是一个开放性的结构，它在当代的确存在着复兴的契机，可以在中国特色社会主义文化建设中得以延续和发展，它能够包容过去、启示现在并开拓未来，实现着我们对中华民族精神的特殊理解、价值选择与文化认同。然而，在它的社会基础严重崩塌、文化观念彻底断层、异质多元思想猛烈冲击的情况下，在马克思主义哲学大众化方案凯歌高奏的科学推进中，尤其在当代文化发展战略的精英化与大众化、知识化与信仰化的两难抉择中，传统儒学的当代复兴的的确确面临着来自外部和自身的诸多困境。那么，作为儒学的当代复兴又何以可能呢？对此有人主张，儒学在义理结构上拒绝大众理解，而现代民众又从情感上拒斥儒学说教，在双方失之交臂情境中，儒学要发挥现代教化作用、实现现代意义转生，应首先考虑如何使自己化为现代民众的日常观念，变成现代民众情感认同和文化认同之不可或缺的东西。为此，儒学必须经由世俗化、生活化的途径，以实现向普世化、时代化的转化。一切果如此，就不能如传统儒家所主张的那样，从内在超越的心性层面抉发其现代价值和谋求其现代发展，而必须彻底抛弃轻视大众世俗价值的贵族化倾向，重新激活并发扬传统儒家人文主义精神意蕴，尊重普通大众的生命欲望和精神追求的合理选择，同情理解并自觉顺应他们的世俗情感、愿望要求和实际行动，将儒学彻底时代化、生活化，由羞于口、弊于言的"内丹学"转化为与现代生活需求和情感认同合拍的"外丹学"。然而，有人对之不以为然，认为儒学一直存在严重的专制顽症和深层痼疾：它的天人感应、仁政思想、史官传统、谏官制度、士人清议以及科举制度、监督制度等，极易滋生权力崇拜，难以控制官僚阶层腐化，无法避免社会分配不公，难以克服种种民生凋敝的情况。对这些顽症以及由此造成的传统社会种种病态，传统儒学志士曾千方百计寻找疗救之道，寄希望于一起以求大同世界，结果只能是缘木求鱼、白费气力，以至于当今仍无法根除这些专制病灶。事实上，在今天现代化过程中已然摧毁了儒学的社会根基和生活原型,所以传统儒学才变成了抽象性的理论、无躯体的幽灵和原教旨的悲叹。如今若欲为之招魂,恐怕很难使之重新确立为主流意识形态,倒不如从生活场域的重构来得实际一些。但是,为之重构生活场域又谈何容易?现代社会生活的特征之一,就是家庭形态的彻底变革和家庭伦理的根本转型。现代人在沐浴五光十色新生活阳光的照耀下,可谓既无田园可归又无家庭可以退守,而现代社会生存状态的漂移又强化了人们的无根性,这是当代人存在的现代困境和生活悖论,被市场化的各种物欲裹胁了的现代人,真的很容易挣脱现代生活型态的樊笼而主动趋向传统儒学的心灵救赎吗?我看未必。连重建日常生活基础尤其是重构家庭伦理生活场域,尚且如此艰难,更遑论公民儒学的真正复兴了。传统儒学作为封建性的农耕文明、宗法制度下的血缘文化和以心性修养为主的内圣之学,它的影响与作用向来具有两面性,既塑造了我们民族精神的凝聚力、公共心理之共同人格,又造就了我们的国民劣根性和文化颓废性,诸如推崇血缘、崇拜祖先、厚古薄今、因循守旧的自贱品格以及逆来顺受、轻视个性、存理灭欲、愚忠保身的懦弱品性,这些都是它的糟粕和毒素,一旦通过平民儒学而死灰复燃,就会毒化人们的心灵、污染社会氛围,极不利于当代社会主义核心价值体系的构建。可见,公民儒学的复兴之路布满荆棘,国粹主义的策略值得警惕。儒学既积淀着精华又含有着糟粕,它的复兴之路既不能采取中体西用而普遍接纳,也不能执行全盘西化而彻底颠覆,只能采取视域融通和实践整合的创新之路,通过马克思主义哲学大众化的科学改造而实现转型式的发展。否则,若割裂传统与现代、民族性与时代性的内在关联,无论是中西文化的简单拼凑抑或西方文化的单纯移植,既无法充分汲取和创新利用儒学资源,更不利于新的民族精神的当代凝聚和中华民族自我形象的重新塑造。

三、儒学复兴与马克思主义哲学大众化

那么，接下来的问题是，儒学的复兴与马克思哲学大众化是何关系？它对马克思主义哲学的大众化有何裨益？有人认为，传统儒学必须进行一次真正的义理革命，以摆脱传统儒学执守抽象研思的旧理路，而与当代思想集体开展深层次的对话与交流。儒学的中庸之道、天人一体、中道圆融、和谐共生的思想体系，能否为人类的文化创新开发出最根本的人性本体与生活世界之原理，这才是值得我们认真省思的关键所在。面对当代人类文明的冲突和矛盾，我们只有在对人类宇宙根源与人性道德根源相互作用、相互生成的切身体悟中，才能洞察人文危机、存在危机和社会危机的总根源，形成新的天人合一观并以此培植出新的国民意识。儒学复兴必须能够为我们提供当代中国文化所凝聚的多元智慧与精神发展的广阔空间，我们今日必须严肃面对如何实现对它的重新界定、如何结合人类文明的多元和谐与当代拓展而发展出儒学的本体之学、发用之学，从而使之成功安立中华民族的精神家园。时下，中华民族正处在伟大民族复兴的进程之中，民族的复兴必然要求民族文化的率先复兴，以儒学为主导的传统文化，自孔子起就自觉地承继和接续着中华文化的优秀传统，从历史上看它曾是中华民族发育、成长的文化之根，无论如何我们绝不可能把这个根斩断，相反，只能适时地在传承这个文化命脉的基础上，使之重新走向新生。就目前我国发展的实际情况看，在21世纪儒学作为一种精神文化在中国乃至在世界上获得新的发展、实现复兴，是很有可能的。以往我们努力学习、吸收和消化西学，这为儒学从传统走向现代奠定了思想基础，儒学复兴必须是能为当代人类社会和平发展的前景提供有意义的精神支撑的生生之学，应该是有益于促进各国人民团结友好、互信互助、和睦相处的和合之学，也必须是反本开新、奋力开拓、与时俱进的创新之学。今天，人类社会正处在重

大变革的时代，世界各地的思想界出现了对"新轴心时代"的呼唤，这就要求我们更加重视对儒学智慧的温习与发掘，回顾我们文化发展的源头，弘扬中华文化、融汇古今中西，为建设中华民族共有的精神家园而努力做出属于我们自己的特殊贡献来。诚然，当今世界正处在一个重要的转折关头、处在十分不和谐的情态之中，有许多我们必须认真面对的共同难题，诸如对自然的无限制开发、残酷的掠夺，造成生态环境的严重破坏；由于对物质利益的片面追求和权力欲望的无限膨胀，造成人与人、国与国、民族与民族之间的矛盾冲突加剧，以至于残酷的局部性战争连绵不断；由于过分注重金钱的感官享受致使身心失调、人格分裂，造成自我身心的扭曲，成为身份迷失、下落不明的"物"，如此等等，不一而足，这些无疑是人类面临的最重大课题，对此，传统儒学的叙事方案，或者可以为当今人类社会提供某些有益的思想资源，或者可以使我们对当前存在的问题保持思想上的自我觉醒。当然，上述难题仅靠儒家思想的启迪不可能完全解决，但有着几千年历史的儒家思想无疑为解决上述难题提供了可供参照的策略选择。这表明，儒学作为一种两千多年占统治地位的意识形态，早已随着辛亥革命和五四新文化运动而终结，已不可能复兴，作为一种意识形态的儒学早已终结并为马克思主义意识形态所代替，这是一个不争的历史事实。但是作为一种学术流派的儒学经过自我变革后，则有可能作为内在精神变量而再度复兴，并成为社会主义多元文化中的重要一元而继续存在和发展。儒学是一个多层次、多方面的复杂的思想体系，其中既有精华也有糟粕，其中作为应世救世的具体主张和观念，自然随着岁月的流逝而过时并失去其原有价值。但儒学在历史传承中经过磨炼积淀、升华凝聚的民族智慧、精神传统却有着普遍的永久价值，这些极具当代意义的思想观念是中华文明之所以能延绵五千余年而不中断的最基本的民族精神基座，它们将随中国特色社会主义的阔步前进而不断丰富和发展。这表明，传统儒学作为一个学术流派要在马克思主义哲学大众化方案的框架下实现创新性转化。

复兴后的新儒学即"后现代儒学",无论在传承中华民族文化、为社会主义新文化建设提供思想资源等方面,还是在教化人的品德、调整人与人的关系、建设社会主义精神文明等方面都能发挥重要的精神塑造作用。当然,它只能是社会主义多元文化中重要的精神变量之一,而不可能成为多元文化中的主导形态。儒学复兴不可能偏离马克思主义哲学大众化方案,相反必须为实现马克思主义大众化提供路径支援和契合空间,儒学只有成为马克思主义哲学大众化的内源因子才能发挥其应有的作用。今天我们要解决中国的现实问题,当然离不开汲取传统文化资源特别是儒学传统资源,但是我们不应该离开马克思主义哲学大众化方案而抽象地教条化地对待儒学复兴,而应系统地研究现代性与传统性之间的辩证关系,以全球化为背景,从民族精神和时代精神相契合的角度全面清理儒学的糟粕,探寻儒学在马克思主义哲学大众化方案中的积淀及创造性转化的途径和模式,深入挖掘传统儒学对当今中华民族精神与时代精神的培育所能贡献的当代价值,提炼儒学中具有普遍意义的思想观念与社会理想,从新的视角审视儒学与马克思主义的相生相容关系,探索在经济全球化、文化多元化的世界浪潮中,儒学的民族特性和马克思主义哲学大众化实现整合的发展道路,抽绎出其中能为当代中国现代化的社会生活中起到积极作用的核心价值观念,以便促进当代马克思主义哲学大众化方案的科学实施。

第十九章　向普遍处生长、对准生活开放

——马克思主义哲学大众化的未来取向

马克思主义哲学整合不同文化类型中的积极性要素而求得在混合文化中的大众化增长,这是它自觉顺应时代发展的最新走势,也是其大众化发展的一般规律;大众化的价值选择,使之摆脱了一切教条的束缚,重新焕发了生机与活力,从社会生活和文化实践中获得了全方位的支撑,从参与重大政治课题的谋划中找到了新的政治出口;而构建社会主义和谐社会正是在推动马克思主义大众化背景下,成功运用和发展马克思主义中国化最新理论成果,并使其在改革开放实践中得以继承和发扬的一个公共政治出口。

一、向普遍处生长为之劈开了新视域

时下,马克思主义哲学通过科际合作、文化融通、实践整合与界外阅读的方式,对现实生活所实现的多边切入和大众表达,正在全面铺开、奋力开拓。这种大众化理论使之大大改变了原有形象,使现代哲学元素的一切形态都别无选择地处于和谐社会这一新生活阳光的照耀之下,使马克思主义哲学的科学精神成为现代大众生活的内在构成要素,不仅在精神生活中和理性层面,而且在经验事实上和实践层面都显着改变了它的当代风格,当代马克思主义哲学对大众生活和大众文化的发散

性影响，不仅照亮了自己前进的航标，开辟了许多自我生成之域，为人文社会科学和各种自然科学的界外联手与并驾齐驱提供了公共性的逻辑之桥，而且还张扬出了一种指向未来、面向大众、多元融通的群众性姿态，使之在大众化语境下赢得了生活、时代和人民。同时，马克思主义大众化方案的确立在一定程度上能够使之避免教条、僵化、保守的纯粹性和教条化取向，有利于防止它通往神秘主义、主观主义、形而上学的危险境地，马克思主义哲学对生活直接性事实的精妙绝伦的体认和情真意切的回味，决不会使之精神失控和意义放任，更不会使之淹没在具体的生活细节、文化泡沫中丧失自己的感召力、再造力和提升力，反而会使之以大众化的姿态重新活在当代思想集体和社会实践活动中，在进行平民化的对话与交流中实现自我深化、自我拓展，以变化了的新姿态重新呈现在历史理性的逻辑运动中，并赋予马克思主义哲学以普遍永恒的大众化形式，从而升华为一种伟大的民族精神和日常性的社会心理。这表明，当代马克思主义哲学研究只有以特殊的超越性把握方式与日常生活世界保持亲密的对话态势，才能使之不断地获得时代性跃迁，多渠道、多层面展示出马克思主义大众化所特有的魅力与风采来。但是，它只有伫立时代变革潮头，以真正的马克思主义方式积极反思和回应重大的时代性课题，积极有效地参与当代社会变革所做出的一切重大安排，踊跃地对各种生活实践谋划、献言献策、概括总结、及时范导，才能在历史与当代、理性与实践、哲理与生活的全新高度、全新意义上激活它的智慧因子，使自己的哲学见解成为革新时代所不可或缺的内在组成部分，与时代、与人民、与实践均保持内生性的文化价值关联，从而真正赢得时代、人民、社会的青睐，因见重于当代与未来而成为一种具有永恒历史价值的内在精神变量。由于实现了大众化运作，当代马克思主义哲学在思想文化界获得了非常特殊的优势地位，因为它通过向相邻学科的交叉和渗透，向其他文化门类的弥漫与扩散，早已逾越了自己与社会隔绝开来的专业屏障，成了一种深受人民大众广泛关注的公共话语、一种出文入史、科际合作的拥有完全知识理想的通观大略，从而获得了多种学科的支撑、混合文化的滋养，涵盖了人文理性、价值理性、科技理性和工具理性，包容了社会实践中的各种智慧，在其专业领域之外也发现了自己的接受群体。由于马克思主义哲学在混合文化中的生长，不仅拭亮了自己的公共形象，编织了多维的和谐文化网络，开拓了新的生存空间，也在学理内部发现了其生存和发展的多种可能性出口和路径，注入了新的语言元素、生命活力和文化之魂。它对其他文化样式的多边切入，使之在当代文化体系中占据了首要地位，甚至全面垄断了文化总体，使之从原来站在文化之外只做袖手旁观的外行人，变成了立足于多元文化内部进行腾挪的内当家。它的科际交叉和界外联手，不仅促进了它与科学、与文化的多元互补、重叠共识、交往互惠与和谐共进，而且开掘了科学和文化获得向高层跃迁的理性基础和价值范式，为其参与科学、文化发展的当代战略进行谋划，为之在核心层面代表并引领当代中国跨越性的发展，搭建了公共的理性平台。马克思主义哲学整合不同文化类型中的积极性要素而求得在混合文化中的快速增长，这既是马克思主义哲学在自觉顺应时代发展的新要求和社会发展的新走势，也是马克思主义哲学在自觉顺应自我发展的本质要求和文化发展的一般规律。马克思主义哲学的这种和合境遇，导致了它的文化间存在与大众性表达，也为它整合各种有益性元素并实现文化的和合取向提供了公共性的文化平台。马克思主义哲学只有在公共文化视域中混合生长，而且这种文化实践必须长期积淀下去，才会形成一种和合的文化传统和和谐理性，它将最直接、最集中地影响着未来和谐社会的构建。当然，由于其参与实践变革的具体情况的变化，马克思主义哲学中的和合精神究竟以哪种方式、在哪一方面以及在何种程度上对其民族性核心价值体系产生怎样的影响，或者反过来说，一种专门服务于特定民族意义构造的文化体系及其马克思主义哲学核心，它能否且以何种方式以及在怎样的程度上能主动认同并参与和谐文化的构建，这一切最终还是取决于我们民族现代化实践所提供的实际需要和可能。在当代中国之所以我们刻意选择并致力于建设社会主义和谐文化,这既是由社会主义社会内在本性所决定的,也是由人类思想文化发展最一般的规律所决定的,当代中国马克思主义哲学积极投身于和谐文化的精神营建,这不是马克思主义哲学的自我多情,不仅不会削弱自己的增长能力,反而会张扬出自己的独立品格和时代意识。

二、对准生活开放使之焕发生机与活力

显而易见,大众化立场的确立,使马克思主义哲学不再把自己的思想只黏连在特定的文化样式上,而是将自己的智慧尽可能地占满现代生活与文化发展的广阔空间和多个层面;不再把自己的视界只停留于一小部分专业问题上,而是通过汲取和利用其他文化资源和生活中的智慧因子,而发现了原来不曾发现或未被重视的新的问题域、信息域和价值域;不再把自己的研究只停留于高楼深院、书斋讲坛,而是推倒了象牙塔、放下了贵族化的架子,弯下腰来贴近了生活、贴近了群众、贴近了时代;也不再把自己禁锢在特定的原理体系中,而是在"解放哲学"的口号声中实现了自我革命,复活了哲学作为时代精神之精华的生命力、创造力。同样显而易见的是,大众化立场的确立,使之摆脱了一切教条的束缚,重新焕发了生机与活力,从社会生活和文化实践中获得了全方位的支撑,从参与极具精神性意义重大政治课题和行政策略的谋划中找到了政治出口,从多元文明因子中采来了百花粉并酿制出了中华蜜,从荟萃人类文明精华中提炼升华出了自我发展的多种可能性方案,以至于使之能够以更加富有弹性和宽容的心态面对时代的挑战和精神的危机,使之以实践性、开放性、批判性、超越性的精神风貌挺立当代改革潮头,在马克思主义哲学大众化实践性中,激发并活化来自各个方面的精神资源,从而在综合利用和开拓创新中走向了成熟和繁荣。马克思主义哲学不失时机地切身于社会变革向深层推进以及多元思想强烈撞击的宏大背景中，将自己的研究触角伸向哲学学理以外的宏大的社会文化空间，积极主动地把大量的哲学精神元素引入到社会变革和文化实践中，扩大了新视野、开辟了新天地、获得了新突破、达到了新境界，全面验证了这一思想体系科学性、现实性的本质和力量，不仅在观念上，而且在事实上都严重改变了马克思主义中国化的社会实践和现实生活。这表明，大众化立场的确立，的确使之在人文境遇和社会变革中别开生面，只有确立这种大众化立场，才能真正保存、接续和彰显研究者的个体化风格，在实现人文理性、工具理性、价值理性的多元融通中，重振自己的生机与活力。事实上，近些年来，马克思主义哲学的快速发展，正是在带有不同性情和风格的研究者个体面对极具精神性意义的马克思主义课题、伫立在马克思主义哲学这一特殊的大众化立场上，才得以完成的，并且早已凝结成了既包容各自的属己性和私人化风格又能体现时代性、民族性风貌的普遍性共识和历史性的大视域。大众化立场的确立，既彰显了个体化的研究风格又实现了个人视域和公共视域的内在对接，是实现多元互动与视域融通的中介或桥梁。从马克思主义哲学研究对象上看，其大众化立场的确立有助于疗治传统理路所固有的气量狭小、内容窄化细化小化等精神内伤。导致马克思主义哲学陷入尴尬境地且傻气十足的一个根本原因就是大众化立场的严重缺失，致使它在语言上及其接受问题上与大众生活和大众文明不通约，不具有公度性，甚至互不关涉、各说各的。这样，哲学就变成一种特种语言学或者特别种类的文字学，一种非常可疑的、蹩脚而又拙劣的文学，虽然总是振振有词地在表白，却言之无物、听者寥寥；操作哲学也演变成了一种有特殊玩法的语言游戏，一种语言上的重组行动——特种语言自我构成、自我繁殖的文字学活动；操做出的精神产品，对内不再关心能否点亮人的生存智慧、启智明心、辅助养思、历练品性，对外也不再关心能否干预政事、咨政育人、范导时代、传承文明，只能成为少数业内人士的精神爱好和文化兴趣，成为一种文化底蕴稀薄、生活信息匮乏的病态的表述，甚至成为一些类仿于专业俱乐部里的行话、俚话与黑话。正是基于这种情况，马克思主义哲学大众化立场确立的一个核心任务就在于彻底疗治传统哲学在气量上、语言上的精神内伤，为之开通一条跨学科、重实验、共话语和自觉融通与配置多种精神资源的哲学走廊，使哲学跳出专业性小圈子，放弃多年来的积习和传统，打破陈规陋习和多种桎梏，回归生活世界，趋向于实践、实证和实验，把哲学内外研究结合起来，注重兼容、注重行动、注重效应。唯有实现大众化，才能解放哲学、完成自我革命、实现向高层次上的跃迁。当代马克思主义哲学大众化从不同层面、以不同方式切身于社会生活的各个领域，直接面对并积极参与当代中国波澜壮阔的社会变革和五彩斑斓的文化生活，以自己所特有的方式对社会发展的价值取向及人文理性的终极挂牵进行直接的审视、衡量、检验与确证，并通过深入揭示现时代的实践内容与本质特征，凸显了社会深层变革过程中所涌现的复杂多样的社会关系以及多元异质文化体系的相互撞击与内在融通，从而为我们提供了一个真正哲学意义上的社会实验场。这既强化了哲学与社会文化生活间的相互亲近感，又彻底改变了以政治宣教为主的高压式的单向接受系统；在哲学与社会实践的双向互动中，既磨平了横亘在哲学与科学间的固有鸿沟，又铲除了哲学与其他文化样式间的种种壁垒；不仅使封存于哲学内部的理性张力和紧张关系得以恰当的调适，而且又为我们正确地处理和驾驭复杂的局势从而发挥思入时代并引领时代的功能，提供了强有力的智力支撑。

三、推进社会和谐是实现马克思主义哲学大众化的政治出口

当前，构建社会主义和谐社会正是从我们推动马克思主义大众化背景下，成功运用和发展马克思主义中国化最新理论成果并使其在改革开放实践中得以继承和发扬的一个重大制度安排，它必将推动整个中国社

会的全面进步和和谐发展,也是实现马克思主义的深度中国化和大众化的出口。马克思主义大众化与构建和谐社会,二者在理论上具有内在一致性,和谐社会是人们共同认可并追求的人类社会的理想状态。我们党提出构建的社会主义和谐社会,是对马克思主义大众化和当代中国社会发展的认识不断深化的结果。所谓社会主义和谐社会是指一个在马克思主义旗帜下、在社会主义总体框架下,既拥有丰富的物质资源,又不缺乏深厚的精神财富的社会,这个社会的各成员之间,彼此关系融洽,互敬互爱,遵守共同的社会法纪秩序和道德规范,追求国家持续协调发展的共同目标,同时又在各自的岗位上尽情展示五彩缤纷的个性魅力。社会和谐是一个十分复杂的动态系统概念,因此我们要致力于构建的社会主义和谐社会的目标,应该是在马克思主义大众化过程中并在它的指导下完成的社会全面系统的和谐,即努力达到民主法治、公平正义、诚信友爱、充满活力、安定有序、人与自然和谐相处的社会主义和谐社会。这种社会主义和谐社会是一个科学发展的社会,是充满生机活力的社会,科学发展是和谐社会的本质和核心,是构建和谐社会的基础和前提;是一个公平正义的社会,正义是一种德行,是社会正气的内在特质。构建社会主义和谐社会、促进社会科学发展具有重大的实践意义。推动当代中国马克思主义大众化,提高马克思主义的修养,建立正确的思想导向,对于我们建立坚实的思想基础,坚定走中国特色社会主义道路,坚定建设中国特色社会主义事业是必不可少的。中国特色社会主义理论体系,是当代中国化的马克思主义,它是建立在马克思主义大众化基础上的。中国特色社会主义理论体系包括了社会主义发展道路、发展阶段、根本任务、发展动力、外部条件、政治保证、战略步骤、领导力量和依靠力量、祖国统一问题的建设与发展等。中国特色社会主义理论体系同时提出了以人为本的价值原理,认为人是经济发展的指挥者和创造者;为他人服务,为人自身服务是以人为本的发展目标;提出以人为本,以人的发展规律指导经济发展规律的办法。没有正确的人的发展规律指导，就没有正确的人生目标和发展手段；没有系统的价值规律的指导将增加物质经济发展的盲目性。社会主义核心价值体系的构建是中国特色社会主义精神文明建设的重要组成部分，构建社会主义核心价值体系的目的是要使之用于在人民心中确立社会主义核心价值观。推动当代中国马克思主义大众化的目的是使中国特色社会主义事业具有坚实的思想基础，在此基础上调动一切积极因素把中国特色社会主义伟大事业向前推进，实现中华民族的伟大复兴。社会主义核心价值观的建立对推动当代马克思主义大众化具有不可估量的隐性作用。大力推进理论创新，不断赋予当代中国马克思主义鲜明的实践特色、民族特色、时代特色。开展中国特色社会主义理论体系宣传普及活动，推动当代中国马克思主义大众化。切实把社会主义核心价值体系融入国民教育和精神文明建设全过程，转化为人民的自觉追求。在推进当代中国马克思主义大众化的过程中，将理论应用于实践才能体现其理论的真正价值和意义。以当代中国化的马克思主义特有的思想、观念和精神帮助人们在头脑中形成应该相信什么、想要什么、坚持追求和实现什么。在推动当代中国马克思主义大众化的过程中，将其融入人的社会化过程，运用显性教育与隐性教育相结合，运用学理化与通俗化相结合，将中国特色社会主义理论和核心价值观内化于人们的头脑中，以核心价值观引导人们在生活实践活动中的价值选择和判断，指导人们的行为取向，才能在错综复杂的社会现象中分清是非、看到本质、明确方向，才能把国家、民族和个人紧紧地联系在一起，充分调动全体人民的积极性，使民族的伟大复兴得以实现，使人民过上宽裕的小康生活，这样才能真正实现当代中国马克思主义大众化的最终目的。推动当代中国马克思主义大众化的过程就是我们不断积累实践经验的过程，在实践中检验并纠正、丰富并发展适用于中国特色社会主义理论体系的过程，不断为马克思主义理论注入鲜活的时代内容。当代中国马克思主义来源于我们的社会实践活动，而社会实践活动的发展促使马克思主义得到不断的补充、完善。以建立在实践基础上的当代社会主义核心价值观引领，将马克思主义的精神融入人的社会化的过程中，在社会生活实践中获取经验，对于进一步推动当代中国马克思主义大众化，为我国的社会主义建设发展，为社会主义国家人的全面发展建立科学的理论具有不可估量的理论意义。总之，实现马克思主义大众化，是增强理论说服力和感召力，推动理论走向群众、服务群众的内在要求和有效途径，当前党和国家事业发展进入新时期新阶段，一系列新的理论认识和实践课题需要研究回答，一系列热点难点问题需要解疑释惑。这就要求我们提高认识、改进内容、创新形式、完善机制等，有效推进马克思主义大众化，巩固和扩大我们共同的思想基础，不断提高全民的马克思主义理论水平。

第二十章　哲学是"共产党人的信仰"

——马克思主义哲学大众化的信仰力量

马克思主义哲学之所以是一种彰显信仰之美、崇高之美的大众哲学，根本原因在于它以系统化的世界观与方法论给人以智慧的启迪、思美的感染与信仰的召唤，在向实践开放、向未来筹划中凝聚成了共同的精神支撑。习近平同志讲，人民心中有信仰，奋斗才会有力量。社会理想与个人境界的这种同频共振，主导了内化于心、外践于行的终极愿景与自觉行动，表明其对未来美好社会的构想、对人自由全面发展的渴望，既是人类社会共同的精神依托与情感归属，也是我们中华民族追梦祈福的热切期盼与家国情怀。当代人民借马克思主义哲学象牙塔里的一缕清风，既面向现实又超越现实而能享有本真自由的生活，并从中升华为一种"美的神圣性"的高远境界。

一、哲学要能够内化于心、外践于行

关于马克思主义哲学是否蕴含信仰价值的问题，学界曾经有过一些讨论，有人附和西方后现代主义哲学的口吻而持否定立场，认为马克思主义哲学不符合中国人民的生活逻辑，不能提供通往神圣性领域的信仰祈求，故而不能成长为人民生活的至极性存在，只能成为"社会政治集团利益的根本体现"及其"政治性价值之彰显"的意识。① 有人主张马克思主义哲学是一种泊自西方的纯粹的理性思辨,早已远离了中国社会改革的特定现实,因而只能作为一种"学说"而存在,根本不能成为一种生活信仰,不可能依凭其思想的深度启示于人,它在人民生活和心目中只是作为一种外在的政治标签而存活,"它确实是一种世俗的信仰,它不是真信仰"。② 还有人依据西方马克思主义者的口吻,认为"马克思主义终结了",它所主导的社会主义实践已经全面失败,中国的红旗也打不了多久了,不可能再成为现当代人民生活的信仰体系而安身立命、护持精神家园,人内心深处原有的崇高信仰已坍塌,受信仰支配的人文价值理性也泯灭了。③ 某些人甚至论证说,"马克思主义已经不只是'幽灵',而是'洪水猛兽'了",它即便是有些道理,也是"有理说不出,或者说了传不开",更用不着指望它能实现信仰融入、自觉内化、入耳入心并成为集体认同的社会共意与信仰根基了。④

对于这些否定马克思主义哲学存在信仰之维及其当代价值的错误观点,更多抱有良知的学者根本不予苟同且持严厉批评立场。譬如,有人认为"中华民族是世界上独一无二、绝无仅有的一个非宗教的民族。大多数中国人不信奉宗教,但不等于说没有信念。这种信念靠中国哲学所提供的价值理念来维系"⑤。换言之,中国人的精神不是靠宗教信仰来维系,而是靠哲学信仰来支撑的。当然,在当代中国,主要是靠马克思主义哲学而获得内在超越并升华为一种自觉信仰的,这与西方宗教信

---

① 孙民:《政治哲学视阈中的"意识形态领导权":从葛兰西到拉克劳、墨菲》,人民出版社 2012 年版,第 2 页。
② 邓晓芒:《中西文化心理比较讲演录》,人民出版社 2013 年版,第 98 页。
③ 中共中央宣传部理论局:《六个"为什么"——对几个重大问题的回答》,学习出版社 2009 年版,第 3 页。
④ 严书翰:《加强我国哲学社会科学话语体系建设的几个重要问题》,载《党的文献》,2014 年第 6 期。
⑤ 宋志明:《中国哲学与价值取向》,载《党政干部学刊》,2014 年第 12 期。

仰所倡导的外在超越具有实质上的差别，所以能成为人民大众的共有精神家园。有人讲得更直接，认为对政治生活抱有一种信仰完全是人的一种天性或秉性，人不可能成为一种无信仰的社会动物。但信仰的形式多种多样，并非仅有宗教崇拜一种，马克思主义哲学就是"工人阶级的圣经"、共产党人的信仰。"选择正确的信仰，是树立科学信仰和科学无神论宗教观的前提"①，今天的中国人民更需要坚定马克思主义信仰，这就是一种充满科学情愫的生活信仰，而且是中国人民科学的、大众的、民族的信仰模式。有人强调马克思主义哲学之所以是一种蕴含信仰之美的生活哲学，恰恰就在于它"作为人的本性之所在，能够为人类生活建立一种信仰，以之为精神的归宿，哲学的宗旨就是建立一个信仰体系，以此作为人类的精神家园"②。而且，马克思主义哲学恰恰也是建基于对社会发展普遍规律的科学认识而得出的具有历史必然性的未来图景，它能够向生活敞开、向实践开放、向未来筹划、向理想放飞。故而，在马克思主义哲学基础上所构建的社会主义—共产主义科学理论，既是对人类现实生活的关注也是对未来理想社会的向往，这种将科学真理、生活实践与理想信仰统一起来的信念价值系统，能够汇聚成一股前所未有的强大的信仰力量，锻造出一种走进群众、内化于心、外践于行的共同理想与坚信态度。可见，马克思主义"这种信仰当然不是非理性的信仰，而是理性的哲学信仰"③。还有人论证说，科学理想是人们的现实需求与未来期盼的集中表达，是激励和推动人们创造美好生活、实现追梦夙愿的巨大力量，也是一种必要的责任意识与使命精神。这种以科学理论为支撑的伟大理想，一旦被广大人民所掌握并内化为他们坚定不移和身体力行的内在动力与奋斗目标，就会成为一种集知情意为一

---

① 李士菊：《马克思主义科学无神论的当代阐释》，人民出版社2006年版，第392页。
② 韩秋红：《西方哲学的人文精神》，人民出版社2010年版，第265页。
③ 张汝伦：《二十一世纪德国哲学》，人民出版社2008年版，第490页。

身、集世界观人生观价值观为一体的科学信念与信仰魅力。马克思主义哲学就是这样一种稳定与持久地对中国人民发挥思想指引作用的共同信念，它在逐步实现深度中国化、时代化、大众化的过程中，不断生成贴近当代中国发展实际、代表先进文化前进方向、符合广大人民根本利益的最新理论成果——中国特色社会主义理论体系和社会主义核心价值体系，这早已成为我们社会主义现代化建设与中华民族伟大复兴之追梦期盼、内在灵魂与信念体系。① 有人撰文认为，由于马克思主义哲学深刻揭示了人类社会发展规律，特别是正确阐明了中国人民建设与发展社会主义现代化强国的理想目标，故而凝练与升华为指导与推动社会全面进步、实现科学发展、创造美好生活的基本信仰。马克思主义哲学蕴含了中国人民追梦祈福的信仰之美，这是一种把科学、理想与信念有机统一起来的共同的时代信念和生活信念，也是中华民族实现伟大复兴之中国梦的民族期盼和共同诉求。②

二、哲学能让人过一种有信仰的生活

马克思主义哲学蕴含一种信念力量与生活价值，首先取决于它的大众品格。这集中表现在，马克思实践唯物主义哲学，是一种彰显信仰之美、崇高之美、理性之美、生活之美的大众哲学。作为一种"真正的哲学"、现实性的哲学，它实质上是一种生活美学，它借一点"'象牙塔'里的清风"，在面向现实的同时又超越了现实，从而能升华为一种以真正的高远精神为特质的境界之美。③ 它能让人过一种有信仰的生活，是那种能够贴近人民大众之生活真情、讲好普通百姓日常琐事的哲

---

① 郑永扣：《信仰与马克思主义哲学》，载《中州学刊》，2008 年第 1 期。
② 荆学民，李红辉：《马克思主义信仰学的科学视野》，载《马克思主义研究》，2009 年第 1 期。
③ 张世英：《当代美学应升华境界之美》，载《人民日报》，2015 年 2 月 2 日。

学，它传达的是人民生活中的大道理，是人民基本生活领域中的"真的事实"与"铁的规律"的理性显现，毕竟说来，人民对美好生活的向往，就是我们的奋斗目标。它刻意要时时处处为民书写、为民抒情、为民抒怀、为民立命，并通过自己的理性推演与事实描绘，让人民明白做人的骨气与底气，洗涤其灵魂、激励其意志、升华其灵性。这种畅达民意、为民请命、安民保民的哲学，既要有对远大理想的憧憬与信仰，更要有对百姓生活的呵护与关注，既要通过个人的独特体验以品鉴人生真味，又要谱写人民大众建设美丽家园的追梦豪气。要写就这种哲学，哲人们就要下含英咀华、焚膏继晷的真功夫，就要对人民的政治生活积极谋划，努力为人民群众的生活情义而讴歌、为党和国家的事业昌盛而颂扬。这种蕴含信仰之美的哲学，需要把微言大义与宏大叙事结合得天衣无缝，换言之，须从政治角度或意识形态视角分析问题、理解问题与解答问题，将其重大的政治蕴含及社会变革的先导功能，淋漓尽致地宣示出来，旨在凸显哲学思想发生与发展的政治生态、政治背景、政治内容与政治使命。而如果谁把马克思主义哲学的写作视作可以疏远人民生活的零度表达，那他就不懂得生活与哲理能够实现相互生成的道理，也就不会通过美的塑造、美的融入而将马克思主义哲学的信仰诠释到时代文明的逻辑深层，就"没有真正进入同时代人的灵魂，没有积极自觉地为民众的现实苦难提供'心灵引导'，没有成为人民的精髓，患'现实冷漠症'"。①

哲学所贴近的人民生活，并非指那种支离破碎、饾饤枝节的伦常之事或者爱恨情仇，而是指社会大变革所主导的政治叙事、政治生活与政治激情。如果一味强调哲学研究的去政治化和回归哲学本身或本性，硬是切断哲学与政治的脐带，远离宏大而火热的政治生活，恰恰就会失去哲学的固有真义、内在蕴含的信仰真谛。有人说，"哲学就是哲学"，

---

① 任平：《当代视野中的马克思主义哲学》，人民出版社2010年版，第1075页。

或者说,"哲学只能是哲学",而不能兼学别样、沦为他者。一般地说,这并不错。而且哲学研究也需要彰显自己的本体性与本己性,哲学毕竟有自己发展的独特规律。古代哲学研究"不尚其辞丽,而贵其存道;不好其巧慧,而恶其伤义也"。古代贤哲反对"竟采浮艳之词,争驰迂诞之说,骋末学之博闻,饰雕虫之小技",主张立德立言、率先垂范。哲学之思,用之当今,足以鉴览兴衰;传之来世,足以承继文明。所以让哲学说人民心窝里的话,也须具有哲学特定的表达风格与出场样态,即使有些抽象玄远,也实属情理之中,原本无可厚非。但哲学并非哲学家的私情宣泄或窃窃私语,亦非自由主义、消遣主义的随意涂鸦,哲学是投射到人民生活园地里的信仰之维,是人民生活中最精致、最珍贵的思想光华,是时代精神的精华与人民生活的"活的灵魂"。"信仰是人对自己和社会未来的期许,是人安身立命的终极关怀,是对描述未来生活的一种思想、理论和行为模式的信赖。"[①] 如果哲学研究脱离了对信仰的祈求和对政治的牵挂而变成所谓的纯粹哲学,或者蜗居书斋,甘愿做耳食之徒;或者隔岸观火,站一边冷眼旁观,害怕时代改革的烈火烧着自己的手指头,对时代变革的社会实践缺乏参与热情,这种象牙塔式的孤岛写作与语义空场,倒是保持了一种可贵的高调姿态。然而,却实实在在地抹杀了哲学真正的政治面相与信仰之美,这就会阉割哲学的思想灵魂、掏空它的信仰蕴含,使之成为一种纯粹的概念堆砌或逻辑谜题,就会对它造成严重的意义遮蔽,失去借重大的政治效应以照亮哲学真义的壮美场域。

当然,哲学研究不能成为政治的传声筒、晴雨表与前哨站,不能仅仅依据政治讲哲学,把哲学讲成政治,或者变成政治的一种干瘪工具,那种跟风跑的风派哲学、时事评论式的哲学、婢女式的哲学,作为一种跳蚤式的小丑哲学,早已"迷头认影"、失却真我。历史上,哲学沦为

---

① 刘建荣:《马克思主义信仰的精神实质》,载《哲学研究》,2013年第1期。

准政治的悲剧，曾经给人民生活带来无穷祸害，这种历史教训太沉重了，我们一定要汲取。显然，马克思实践哲学与那种一味背离主流、贬低经典、颠覆历史、解构文化的小众化写作，不仅大相径庭，而且存在实质差别，形成强烈反差。小众化的哲学书写，关怀的总是哲学家个人的旨趣，只是"欢乐着自己的小欢乐、忧患着自己的小忧患"的某种旁白或自白，它取不到生活的真经、触不到时代的脉搏、激不活人民的热望，囿于私人话语间、拘于个人志趣里，总是咀嚼个人身边的小悲欢、惦念生活万象的小体悟，忘记了一切大思路、大方向、大叙事、大布局。有些非理性的哲学，虽然能够一时触摸到人们心灵深处最难以忍受的痛，但仍然不免要蜕变为自娱自乐的清供、自说自话的魔怔，根本原因在于它究问于杯水微澜、细小节点，执着于风尘往事、文化碎片，最后势必演变成为一种无根的浮萍、一阵空穴来风，或者衰变成媚俗或低俗的无病呻吟、玩弄文字游戏的造作之情。相反，马克思主义哲学要求我们要"透过许多新奇的诡辩言词和学究气十足的烦琐语句"①，不是把哲学变成某种独立的精神王国，而是将之在生活实践中予以实现，它赖以生存与发展的根本动因就在于为无产阶级和全人类的彻底解放服务。哲学家们唯有自觉意识到这一神圣的历史使命，并通过一系列的哲学推断为之做出深刻的哲学论证，从而才能使马克思主义哲学成为诠释在人民生活与社会心理之理性深层的信念价值体系。马克思指出，那些与现实生活渐行渐远的纯粹哲学家所研究的所谓"历史的臆想、模糊的空想和故意的虚构"②，早已被理性的神秘烟雾所遮盖，思辨家无论如何对之进行何种无根性的嫁接和天花乱坠的修饰，都不能改变其龌龊而陈旧的怪诞之思、放荡而轻蔑的陈腐之词。

马克思主义哲学的当代价值还取决于它是人民大众的信念支撑。这

---

① 《列宁全集》第2卷，人民出版社2012年版，第227页。
② 《马克思恩格斯全集》第1卷，人民出版社1956年版，第105页。

主要表现在它是社会变革的先导、时代前进的号角，最能代表一个时代的精神风貌与政治情操。在马克思看来，自从资产阶级把一己的利益说成是全社会普遍利益的那一天起，"政治制度到现在为止一直是宗教的领域，是人民生活的宗教，是同人民生活现实性的人间存在相对立的人民生活普遍性的上天"，因而"就现代的意思讲来，政治生活就是人民生活的经院哲学"。① 与麻醉人民心灵的资产阶级哲学相反，马克思主义哲学才真正是人民生活中的自觉信仰，要为人民而书写、为人民而表达。反映人民的心声，代表人民的愿望，坚持为民的方向，捍卫人民的利益，这是决定马克思主义哲学有否及有何生命力的关键所在，也是它之所以能够历经万世而不灭、诉诸百代而不朽的关键所在。马克思主义哲学要把服务人民、为民立言、为民请命作为自己的立论依据与思想主题，而不能在市场经济大潮中迷失方向，在为了谁、依靠谁的大是大非问题上栽跟头，就要以自己深沉的理性之美、信仰之美，铁肩担道义、妙手著华章，赢得并见重于人民生活及其社会变革。为此，哲学要有亲和力、要接地气，要通俗化、大众化，而不能枯萎于枝头、堕落于纯洁，但绝不能因此而走向了低俗化、媚俗化。② 须知，欲望不能代表希望，恶俗更算不上格调。真正为民而写的哲学，不能成为道学先生的掉书袋，不能成为寻章摘句的"老雕虫"和如坠烟雾的"茫然汉"，不能只在小圈子里秘密传递，不能成为江湖行话或者地方俚语；真正为民而说的哲学，也不是那种借他人之酒杯浇自己心头之块垒的东西。纯粹的个人吐槽、哀叹幽怨，很难说内聚什么真性情的信仰美德与高大上的政治形象，哲学的内在魅力就会被纯粹个人的一腔幽怨所消解，哲学蕴含的信仰之美、社会良知与道德力量，就会成为明日黄花、风光不再。唯有以人民群众的现实生活与幸福期待作为源头活水，透彻其思想语义所

---

① 《马克思恩格斯全集》第1卷，人民出版社1956年版，第285页。
② 徐俊，刘魁：《马克思主义信仰中国化论析》，载《马克思主义研究》，2011年第2期。

从何来,就不会感到眩惑;洞察其生活缘由何兴起,则不会迷惘;马克思主义哲学唯有随着实践与时代的变化而变化,为人民利益的日益发展而谋略,做到登峰而造极、会当凌绝顶,才能破除迷思、断然澄净,启智明心、跃入信仰。正如黑格尔在一封致友人的信中所说,如果哲学一旦学会了说人民生活中的家常话,它就会成为人民自觉接受的公共信仰、精神依托、价值基础与文化基质,那么旧思想秩序中的"那些平庸的思想就永远也难于在语言上貌似深奥了"。此时,哲学就真的成了众人的信仰、每个人的圣经、生活的信条。①

哲学家要写就无愧于我们这个伟大民族、伟大时代的上乘美文,就要做到思想精深、理念精湛、操作精良,通过更多有风骨、有品位、有温度的哲学作品,及时记录人民的伟大实践,正确报道时代的进步要求。以服务人民作为自己最高信仰的哲学,就要彰显内在的信仰之美、弘扬改革的崇高之美,为社会主义历史存正气,为广大人民群众弘美德。马克思强调说,哲学不能只是中看不中用的绣花枕头,"哲学不仅从内部即就其内容来说,而且从外部即就其表现来说,都要和自己时代的现实世界接触并相互作用"②。唯有诉诸变革社会的无产阶级实践,才能使广大人民所接受、所掌握、所信仰的马克思主义哲学,成为"使现存世界革命化,实际地反对并改变现存的事物"的现时代的哲学。恩格斯在《关于共产主义者同盟的历史》一文中说,"我们绝不想把新的科学成就写成厚厚的书,只向'学术'界吐露。正相反,我们两人已经深入到政治运动中;我们已经在知识分子中间,特别是在德国西部的知识分子中间获得一些人的拥护,并且同有组织的无产阶级建立了广泛联系。我们有义务科学地论证我们的观点,但是,对我们来说同样重要的是:争取欧洲无产阶级,首先是争取德国无产阶级拥护我们的

---

① 苗力田:《黑格尔通信百封》,上海人民出版社1981年版,第202页。
② 《马克思恩格斯全集》第1卷,人民出版社1956年版,第121页。

信念。我们明确了这一点以后，就立即着手工作了。"① 集伟大的理论家与革命家于一身的伟大导师，才能传达并激发出人民大众求得自我解放的信仰力量，他们绝不教条式地预想未来，而只是在批判旧世界中发现新世界，将人民崇高信仰的自觉诉求与理想愿望，谱写在人民大众自我奋斗的生活实践中。

　　真正心系人民的哲学家，要有一种"谁道桑榆晚""白衣怀丹心"的报国之志，虚心向人民生活学习，向社会变革的文本或者源头学习，真切从人民实践中找资源、找灵感，不断进行美的发现、美的融入和美的创造，不断进行理论总结、理性提炼与思想升华，始终把一种政治激情与信仰之美倾注在笔端，讴歌伟大实践，刻画最美时代，坚定美好憧憬，引领中国未来。马克思主义哲学作为一种蕴含信仰之美的哲学，犹如蓝天上的阳光、春季里的清风一样，能启迪思想、温润心灵、陶冶性情、润物无声，能一扫颓废萎靡之歪风，能鼓舞开拓进取之正气，能让人经受改革的洗礼而怦然心动，能深入到灵魂深处去运思、深入到信仰层面去期盼，故而能源源不断地发现自然之美、生活之美、心灵之美、理想之美。马克思主义哲学立足当前我国社会转型的政治背景，将信仰之美纳入人民生活视域中予以贯彻，通过对深化改革这一现实基础的敏锐揭示和系统论证，借此探寻出哲学的生活本质、存在语义、人生渴求、信仰威力。复归人民生活本源的哲学，必然大发展于人民生活当中，这是马克思主义哲学能够实现深度大众化的逻辑起点和实践依据。马克思主义哲学所说的生活世界是人民大众生命存活的世界，是中国人民在改革开放伟大实践中求得意义和创造价值的世界。"科学活动与理想信仰统一于人的实践，是马克思历史唯物主义有关世界是普遍联系与

---

① 《马克思恩格斯选集》第4卷，人民出版社2012年版，第205页。

发展观点的运用和体现。"①从哲学角度对人民生活基础或本性进行系统的反思与追问，突破甘愿蜗居书斋的思维模式，把眼光投向更高更远的宏大时空，让哲学信仰向未来开放，这是马克思主义哲学作为当代中国政治变革的最高层面的理性之思，是中国政治实践逻辑内化的思维结晶，它深层地表征了中国政治实践活动的理论自信与理性自觉。

三、哲学能"引人上路"、超凡脱俗

马克思主义哲学的当代价值取决于它把握生活世界的实践方式上。哲学对生活世界的把握方式有两种，一种是对物质活动所构成的现实性领域的实践把握，一种则是对符合世界所构成的可能性领域的实践把握。这两种实践把握，由于都超越了对象性之现实领域的种种羁绊，因而能为自己的存在与发展打开一个多种可能的空间，使自己从只是拥有一个现实世界之自然情怀中挣脱出来，而能够使自己拥有一个充满理想与憧憬的、灵空飞动的信仰世界。②人的物质生活和精神生活从此也不再像自然境界中的人那样，终日劳顿而不知止息，四处漂泊而忘却归路。人不再只是作为现实世界中的直接性存在环节而苟且偷安，相反，而能有意识地把自己的现实生活同可能性的世界相联系，把自己的现实生活世界置于多种可能空间的背景下予以关照。这样，人自身的现实生活便具有了一种非当下直接的存在意义，而是自我开辟了一种成就理想的信仰领域、彼岸世界。在哲学的这种信仰之美的启示与感召下，人知道了当下的现实生活并非唯一的可能生活，当下自身的存在境遇也并非唯一的意义世界，而只是实现了的多种可能中的一种、多种意义生成中

---

① 陈天林：《马克思主义视域中科学与信仰的统一》，载《马克思主义与现实》，2013年第4期。

② 段栋峡：《批判与重建：价值迷失与信仰回归——历史唯物主义的再认识与辩证法的启蒙》，载《江汉论坛》，2012年第1期。

的一种。于是,人也就知道了,在现实的生活世界所蕴含的多种可能方案之中,主动选择一种他所视为最善最美的世界作为自己的理想世界,并通过自己的辛勤劳作来使之美梦成真,此时直接的现实存在和事实世界,也就获得了一种升华灵性的价值世界与超越意义。[①] 人在自己的当下存在境遇中,就获得了一种能够影响到自己未来理想目标之实现与否及如何实现的信仰力量。可见,人借助哲学所把握和领悟到的可能性世界,是一种充满信仰之美的价值世界,人借此就可以在自己的现实生活所蕴含的多种可能性的范围内,经过自觉的选择而拟设出一种美轮美奂的理想图景,并在这种理想力、信仰力的激励和指引下,使自己超凡脱俗并获得本真生存。

当然,哲学作为人的高级的精神生活,它可以超越事实性的当下存在,却无论如何不能脱离自己生活于其中的现实境遇。相反,人只有在自己的生存需要获得基本保障后才谈得上信仰需求,这样,人必然要使自己的理想信仰在某种程度上服从于物质生活,从属于当下存在之实际利益的施予和争夺。回归现实性的生活世界,既是哲学获得超越性本质的物质前提,又内在制约并决定着它的信仰之维的目标及其实现方式。哲学所蕴含的理想与信仰,根本不在什么天城或彼岸,而就在世俗的人间,哲学根本没有纯粹存在的可能,纯净如水而不受任何物质牵挂的哲学根本就不存在,它不可能像随风飘舞的杨花一样,高高盘旋于空中而不谙世事。哲学对社会实践具有高度的依赖性,对于物质交往和精神交往具有高度的依存性,它本身就是社会实践与社会交往的产物,并通过社会实践与社会交往而存在。正是在这种交往中才获得了多种意义的融合与凝聚,并以此而不断创造出新的意义世界来。马克思主义哲学就是这样一种实践唯物主义的哲学,它的全部问题在于破除旧世界而为新世界阐发新原理,它是一种既为当下存在并仅仅因此而为时代和未来存在

---

① 黄明理:《辩证维度中的马克思主义信仰》,载《河南大学学报》,2009年第3期。

的信仰体系，它是一种人民的信仰、生活的宗教。它排除了生活场域中的自发的、朴素的、零散的、地域的等一切可能导致自相矛盾的东西，而成为一种自觉捍卫人民根本利益的信仰体系与价值形态，并从总体上论证人民生活的正当性与合理性。这种蕴含信仰之美的哲学，作为时代精神的基质、时代脉搏的载体、人类智慧的升华，能够以系统化理论化的世界观与方法论，真正给人以智慧的启迪、思美的感染与信仰的召唤，真正教导人们更有智慧、更富理想地处理和驾驭人与世界的各种关系。这种充满信仰之美的哲学，在人的整个精神世界中处于核心地位，起着定向聚焦、统摄一切的灵魂的作用，能将各种精神因子有序地建构起来，并使之按照特定的逻辑程序协调地发挥追梦臻美、引人上路的作用，使人不论自觉与否总是按照它指引的道路前行；它能够在灵魂深处成就人、成全人，不断更新、开拓与激活人的精神空间，使自己成为一个具有内在富足的、充满理想信念的人，一个脱离了低级趣味的高尚的人和纯粹的人。①

马克思主义哲学早已渗透于社会生活的方方面面，在当代精神世界中处于统摄与引领的地位，对于每个人的心智生活都极具影响并发生内在撼动，为人们提供了思想信念之基与主导精神之魂。"理想信念，是一个政党治国理政的旗帜，是一个民族奋力前行的向导。"② 随着改革开放的深入进行，势必催生了多元价值、多元意识、多元思想，在其互相撞击、竞相发展中，更需要以马克思主义哲学来构造各个阶层都普遍认可和广泛接受的信念共识，这样才能有效凝聚各种智慧力量，巩固人民共同奋斗的思想之基与信仰之维，通过对当代人民生活的理性提升与信念牵挂，使马克思主义哲学始终贯穿于现实的社会实践中，成为人民

---

① 张秀勤，刘小华：《批判式信仰：马克思主义信仰方式论析》，载《探索》，2014年第2期。

② 《十六大以来重要文献选编》中卷，中央文献出版社2006年版，第636页。

自觉的理想追求与信仰祈愿。既然"历史上的活动与思想都是'群众'的思想和活动"①，那么，马克思主义哲学创新发展的事业，也当然只能是人民群众自己的事业，在人民生活中原本就蕴藏着马克思主义哲学可资借鉴的最生动、最丰富、最基本的精神因子，这是它取之不尽、用之不竭的唯一源泉。若离开人民生活的社会实践，任何哲学家的哲学创造活动都将成为一种无源之水、无本之木，反过来，若马克思主义哲学丧失了人民群众的积极响应、共同肯认、自觉践行与真诚信仰，马克思主义哲学就会演变成为一剂无疗效的药、一道多余的手续、一种新的精神桎梏。马克思主义哲学要成为"萦回于人们头脑中的传统"②、社会发展不可或缺的内在要素、引领时代前进的精神变量、社会主义的共同信仰，就必须成为人民喜闻乐见、活学活用的实践哲学、大众哲学、生活哲学。

马克思主义哲学蕴含一种信念力量，集中表现在它在文化层面具有一种时代担当意识。马克思主义哲学宣示了一种理性信仰，这并非是一个随意概括出来的学术话语与政治标签，而是基于对现当代以来马克思主义哲学繁荣发展的纵横观察与整体肯认，表达了学界对当代马克思主义哲学自觉开拓理性之外的信仰视域而获得自我建构的目标描述及情感愿景。这种兼具反思批判与集体认同的辩证理路，并非是一种改旗易帜、另起炉灶的极端方案，亦非是一种自我迷失、同流合污的妥协路线，相反，而是基于清醒冷静的理性考量、深思熟虑的创新冲动而对未来重新崛起的一种理性设计与信仰导向。在这种摒弃"西学东渐"思潮之负面影响而获得具有理性自信、文化自信的建构策略中，中国传统哲学的优秀资源被马克思主义哲学辩证地予以汲取，而不再是"已陈之刍狗""无味之鸡肋"。儒释道三教合流、圆融相契中所催生的一切

---

① 《马克思恩格斯全集》第2卷，人民出版社1957年版，第103页。
② 《马克思恩格斯选集》第4卷，人民出版社2012年版，第605页。

文化宝典，不再成为被搁置、被嫌弃、被革除、被糟蹋的"拆烂污"或"客里空"，而是有望借助后马克思主义哲学平台而在当代中国文化实践中重新植根、萌生枝条并获得茁壮生长。此时此刻，莘莘学子借机遁入象牙塔而从事皓首穷经式的义理研究，通过阐明微言大义、重铸思想自我而继绝开新、走向未来，从而达到天地人神聚合为一的澄明之境，超越世俗束缚，享有本真自由，提升一种最高境界的心灵之美，获得一种像海德格尔所说的那种"美的神圣性"。[①] 但这关键取决于它的哲学操作能否及在何种意义上参与了革新时代的社会实践，能否及如何通过当代文化转型而促成信仰之维的生活化、大众化、时代化，能否及如何渗透并侵染当代马克思主义哲学发展的逻辑深层与社会变迁的历史高端。

基于此，就要求当代学子能够学究天人、学思并进，反复思量、锐意创新。能像佛家那样具有"满船空载明月归"之空灵冲淡、悟透生命的出世情怀；能像儒家那样具有"箪食瓢饮""不改其乐"之孔颜乐处、怡然自得的应世精神；能像道家那样具有"万法由来本自闲""仰天大笑出门去"之魁岸洒落、生命风姿的超然境界。对马克思主义哲学精义的阅读与诠释，不仅应经年累月地出入其中、尽究其义，且应浃髓沦肌、"想见其为人"；不仅应具宽恕广博之非凡气度、温文尔雅之淳厚性情，而且应具那种飘逸散落之豪放人格、含蓄淡远之释然胸襟。唯有带着活的灵魂去阅读、去运思、去践行、去品味，才能彻悟马克思主义哲学之妙语、之真谛、之诗情、之画意，唯有对社会实践保持高度的参与热情、对日常生活保持积极的思入姿态，才能不止于旁观和欣赏、不止于复写与模仿，而在深度诠释与当下运用中发挥对生命的养育、作风的养成、品质的历练、境界的提升。若一味对之进行碎片化解

---

① 潘知常：《神圣之维的美学建构——关于"美的神圣性"的思考》，载《中州学刊》，2015年第4期。

读、肢解性引用、粘贴式搬运,就会因猎奇而盲其目、因轻慢而害其义,进而会戕害其文理、窒息其灵魂、腐朽其思想、锈钝其活力,使之成为一种词语堆砌的文字游戏、陈陈相因的沉渣泛起。若如是,焉能将其信仰之美融入个人品质与家国意识,从而为往圣继绝学、为万世开太平?

的确,步入当代学坛的任何一种哲学研究,更不要说如何提炼马克思主义哲学的信仰之维了,都是在一种比较视域中进行的,非比较的、单一性的纯粹研究,再也不可能了。若忽视中西马多元智慧的内在圆融、古今中西多元文化的实践融通,忽视对实践的依赖、对生活的引领,纯粹学院式的哲学研究就会成为一种筚路蓝缕、独自沉吟,悲天悯人、怆然涕下的文化苦役。而再一味远离生活实践与大众需要,在一片故纸堆中找灵感,在饾饤枝节上寻出路,旨在恪守原意、自我尘封,就会使之僵死在自我复制的过程中,沉陷在一种崩溃性的文化保守主义旋涡中,哲学信仰的神圣性空间就会被直接性生活琐事所埋葬。[1] 诚如是,马克思主义哲学的信仰建设就不会回归生命、思入生活,其信仰之美就会处在遮蔽状态,其尴尬处境犹如桑蚕之食叶,总满足于对细碎粉尘的浅吟低唱而忘记了文化发展的大格局;其文化功能犹如阳春之残雪,甘愿消解于清光之下而不留下任何痕迹,忘记了文化引领的大方向;其研究理路犹如凌空之山鹰,宁愿岩穴孤处而不食人间烟火,忘记了文以载道的担当意识;其文化策略犹如郁郁之黄花,宁可枝头抱香死而不结连地气,而遗忘了最起码的生活情调;其文化影响犹如杯水之微澜,任从风云变幻起而我则无动于心,忽略了其参悟生命、文化传承的基本职责。诚如是,要实现马克思主义哲学的繁荣发展、开拓进取,谈何容易!研习马克思主义哲学,的确可以通过追步经典作家之风范,体会感悟其革命人生之壮丽,而获得精神愉悦、安顿魂灵,亦可通过抒发

---

[1] 张俊:《神圣空间与信仰》,载《福建论坛》,2010年第7期。

愤懑、畅怀心智而颐养性情、化解悲悯。在马克思主义哲学研究中不仅可以通过浇平生之块垒、疏导他日之郁结而获得精神解放、洗涤灵魂，而且可以使人"提起一段精神"（即切实做人、不甘暴弃的精神）[1]、开发自我潜能、成就理想人格。若蝇营狗苟、身陷焦虑，整日劳顿、不知止息，心不能安、身不能宁，神不能静、命不能立，又焉能以革命情志、崇高信仰而弘实践真义、代大众立言？若蜗居象牙塔而不愿染指红尘、参与生活，宁愿孤芳自赏、自我陶醉而绝不贴近大众、交通文明，这种拒绝大众理解的纯粹化研究方法，即使能够通达至高之境、开独造之域，又焉能掌握足够多的群众，变精神力量为物质力量从而范导实践、关怀终极呢？一种哲学，若一味自说自话、个人吐槽，既然不能为人确立一种生活信念与可行之道，岂可顶天立地、为民祈福？[2] 总之，马克思主义哲学的实践品格与超越精神，融崇高理想与生活信仰为一体，置人民情怀与家国意识成一统，故而可以一种信仰之美内在触动人之魂魄，若它缺乏这种信仰魅力岂可得以巩固与加强，若它缺乏信仰气息这点做人骨髓，如何能投射到人民心头？事实上，马克思主义哲学信仰与一切宗教信仰有本质区别，"资产阶级的'信仰自由'不过是容忍各种各样的宗教信仰自由而已，工人党则力求把信仰从宗教的妖术中解放出来"[3]。马克思的哲学信仰是人民大众的、科学理性的、积极进取的最高信仰，它在实践基础上对人类历史上一切宗教信仰进行了批判扬弃，实现了人类信仰史的一次划时代的变革，为人类缔造了实现共产主义远大理想这一崇高而伟大的发展愿景与奋斗目标。

---

[1] 程志华：《熊十力哲学研究："新唯识论"之理论体系》，人民出版社2013年版，第475页。

[2] 朱荣英：《当代马克思主义哲学的"后学际遇"及其发展趋向——兼评处在现代与后现代冲突与交融视域下的马克思主义哲学》，载《河南大学学报》，2015年第4期。

[3] 《马克思恩格斯选集》第3卷，人民出版社2012年版，第376页。

四、人民有信仰，民族有希望，国家有力量

马克思主义哲学的当代价值集中表现在它的现实指向上。从来没有什么哲学能像马克思主义哲学那样，将自己的哲学信仰及其未来发展置于社会现实的基础之上，并站在时代与历史的制高点上来理解哲学信仰的现实之维。在人类思想史上，就科学性、真理性、影响力、传播面而言，没有一种思想理论能达到马克思主义哲学的高度，也没有一种学说能像马克思主义哲学那样对世界产生了如此巨大的影响。这体现了马克思主义哲学的巨大真理威力和强大生命力，表明马克思主义对人类认识世界、改造世界、推动社会进步仍然具有不可替代的作用。为人民大众服务的实践哲学，不应该是滞留于主观世界或者客观精神中的观念运动，因为这种概念上的运动，永远也不能突破纯粹思想的范围，它"总是置身于一种虚构的原始状态"①，得到的总是现实的僵尸而非鲜活的生命，成就的是一个"无人身的人类理性"，归根结底它不过是理性王国中的布道者与诠释者，它连一根稻草也举不动，更遑论彻底改变现实世界了。而活在人民生活信仰里的哲学，应该成为现实的人民大众社会变革活动中所蕴含的实践理性与崇高理想，超越思想观念与社会现实的对立，以至极性、超越性、必然性的信仰之美来求得现实世界与理想世界的和解，永远存活在变革当代社会的学理深层与实践深层。他将哲学理想置于实践活动及其未来展开的关系中，并从这一关系出发来把握无产阶级信仰得以显现自身的可能性与必然性。换言之，马克思主义哲学所蕴含的信仰之美并非在当下现存的境遇中自发生成，眼前的现存世界作为"此时此地的特定存在"，只是外在的、非本真的偶然存在，这种存在是哲学理性狡计的自我呈现，是其偶然性的直接存在趋向必然性

---

① 《马克思恩格斯选集》第 1 卷，人民出版社 2012 年版，第 50 页。

的理想存在的必要环节,但并非是哲学理想获得立足的现实生活本身。哲学的信仰之维作为本真性的存在,恰恰在于对当下直接性的现存生活的积极扬弃和对本质性应然存在的合理复归,这在马克思主义哲学中,不仅表现在基于对现代资本逻辑批判解构而对未来社会的设想上,而且还表现在基于扬弃异化而对人的自由全面发展的理想性诉求上。这是一个必须诉诸实践的力量而非观念的力量才能得以解决的现实的运动,所以不能从观念出发来解释实践,而必须从实践出发来解释观念的东西。一切哲学怪论不是通过精神批判,将之消融在自我意识中并化为"幽灵"来消灭的,而是通过颠覆它所由产生的社会制度基础的革命实践来达到的。这内在决定了马克思主义哲学所蕴含的信仰之维,必定是面向未来的开放性运动,正是在它的有原则高度的实践批判中,才确立起现实之维和与之相应的理想之维,从而才推导出共产主义这一伟大的信仰目标。

在马克思看来,真正的哲学都是人民喜闻乐见的生活哲学,是公开的支配一切时代的格言与呼声,是表现人民内心状态的最实际的真理;它与那种爱好宁静孤寂、一味诉求完满体系的自我直观式的哲学,形成鲜明的对照;也与那种喜欢在自身内部进行秘密活动的、不切实际的哲学,存在严重差异。它所关心的不是哲学家个人对生活的点滴感悟,也不是非理性的生命体验,"所关心的是一切人的真理,而不是个别人的真理","不会把特殊的世界观和民族观的虚幻视野和人的精神的真实视野混淆起来";① 它所指引的运动也不是少数人的或者为少数人谋利益的运动,而是绝大多数人的,为绝大多数人谋利益的独立的运动。这种关注人类命运的人文情怀和致力于全人类解放的宏伟叙事,构成了马克思主义哲学的信仰之维、使命精神与担当意识。这种以改变世界为根本旨趣的哲学,强调在人的实践中以及对实践的科学理解中去解决一切

---

① 《马克思恩格斯全集》第1卷,人民出版社1956年版,第116页。

理论难题和哲学迷思，而不是遁入书斋讲坛、高楼书院，只从事纸上谈兵式的书斋里的词句革命。旧哲学恰如"半是挽歌，半是谤文，半是过去的回音，半是未来的恫吓"，[①] 它高高地悬浮于空中的哲学，犹如一种醉醺醺的思辨或者虚幻的精神之花，因抽离了一切现实内容，试图为人类提供可以适用于各个历史时代的药方与公式，给"干瘪的'永恒真理'披上用思辨的蛛丝织成的、绣满华丽辞藻的花朵和浸透甜情蜜意的甘露的外衣"，实际上都属于"卑鄙龌龊的、令人萎靡的文献"，[②] 而根本没有想到提出自己与社会生活的真实联系，这种纯粹的理性抽象一点价值也没有，只对整理历史资料提供些许方便。与之相反，诉诸实践的哲学会使那种纯粹的哲学失去任何生存环境，它时时处处都扎根于特定的经济事实中，总是预设一种基于现实又超越现实的理想之维，启示并召唤人民在自己伟大的社会实践中永葆生机勃勃的信仰力量。它以阐扬崇高和贬抑猥琐作为自己奋斗的价值选择，以消解各种神圣形象所带给人们的虚幻幸福期许作为自己的理论使命，以寻找意义、建构信仰并克服异化、复归本我作为自己的终极关切。这种实践性的哲学与人民的亲近，主要是以信仰的力量来实现的，由于它汇集了人民生活的最美好、最珍贵、最隐秘的思想精髓，它的精神闪电一旦射进人民生活的精神园地，就会焕发出最绚烂的理想力量与信仰魅力。

一个人要想"避免陷入少知而迷，不知而盲、无知而乱的困境"，就必须毫不放松对马克思主义理想信念的自觉学习，将之"作为做好一切工作的看家本领"。[③] 唯有以马克思主义哲学作为我们的科学信仰和正确的思想导向，才能"为全国各族人民不断前进提供坚强的思想保证、强大的精神力量、丰韵的道德滋养"；须知："革命理想高于

[①] 《马克思恩格斯选集》第1卷，人民出版社2012年版，第423页。
[②] 《马克思恩格斯选集》第1卷，人民出版社2012年版，第428—429页。
[③] 《习近平谈治国理政》，外文出版社2014年版，第404—405页。

天","人民有信仰,民族有希望,国家有力量"。① 相反,若一个人信念模糊、理想迷失、信仰动摇,那是最危险的,就会经受不住各种诱惑与考验而堕落成人民的罪人。唯有将马克思主义哲学的科学信仰自觉融入其灵魂深处,以社会主义核心价值观筑牢自己的思想防线,潜移默化、润物无声、急学先用、点亮魂灵,有守有为有担当,齐心聚气凝共识,才能明辨是非、鉴往知来,情志飞扬、人品灵秀。自觉学习与积极实践马克思主义哲学,的确能升华一种科学的精神信仰并提振其高尚的人格力量。

一个没有哲学思想、没有理想信念的人,注定是一个日渐平庸的人,他必将受一种被动而又功利的谋生态度所驱使,终日劳顿而不知片刻止息,蝇营狗苟而不懂得涵养内心。在物质上他可能什么也不缺,但他势必感触不到外部世界的精彩、人生价值的厚重、终极宿命的神圣、生命意义的富足。一种没有哲学提供理性基础的信仰,换言之,一种信仰若不能获得哲学的理解与支持,就不会树立起神圣性的思想维度,就极易发生动摇并陷入危机。唯有依靠信仰的力量、哲学的支撑,才能把高贵的生命与做人的智慧内在结合起来,并及时地传递、呈现在你面前,融于你的灵魂深处和血脉基因中,成为内在坚守的精神高地与慎思笃行的行为指南。唯有激活信仰的力量、点燃信念的光华,方能找准人生基点、唤醒人性良知、恪守伦理底线、捕捉人生航标,让清风正气润泽内心、浸透生命,让崇高理想充实灵魂、富足心怀。没有信仰,就没有名副其实的品格和生命;没有信仰上的历久弥坚,就不能自觉撑起民族的脊梁;没有信仰上的学深悟透、融会贯通,就谈不上补足精神之钙、培育思想之源、固牢信念之根、夯实做人之基。信仰的淬炼,既需要内在选择与价值坚守,也需要外在催生与正确导引,少一些理论上的

---

① 习近平:《习近平论基层宣传思想文化工作——十八大以来重要论述摘编》,载《党建》,2015年第5期。

呐喊，多一些生活中的历练，唯有将内在约束与外在约束统一起来，才能支撑起一个人对真善美不懈的追求，让他过一种有信仰、有灵魂的生活，即积极地站出来生活并活出靓丽大美的人生来。① 总之，马克思主义哲学就是我们党和人民事业不断发展的参天大树之根本，就是我们党和人民不断奋进的万里长河之泉源。背离或放弃马克思主义哲学，我们党就会失去灵魂、迷失方向。在坚持以马克思主义哲学为指导这一根本问题上，我们必须坚定不移，任何时候任何情况下都不能动摇。要有这样的理论自觉，更要有这样的理论自信。

---

① 徐贵相：《过有信仰的生活》，载《人民日报》，2015 年 7 月 2 日。

参考文献

1. 《马克思恩格斯选集》1—4卷，人民出版社2012年版。
2. 《马克思恩格斯文集》1—10卷，人民出版社2009年版。
3. 《列宁选集》1—4卷，人民出版社2012年版。
4. 《毛泽东选集》1—4卷，人民出版社1991年版。
5. 北大哲学系外哲史教研室编：《古希腊罗马哲学》，商务印书馆1962年版。
6. 李泽厚：《批判哲学的批判——康德述评》，人民出版社1979年版。
7. 周辅成：《西方著名伦理学家评传》，上海人民出版社1987年版。
8. 苗力田：《西方哲学史新编》，人民出版社1990年版。
9. 尚志英：《寻找家园——多维视野中的维特根斯坦语言哲学》，人民出版社1992年版。
10. 邓晓芒：《思辨的张力——黑格尔辩证法新探》，湖南教育出版社1992年版。
11. 王岳川：《后现代主义文化与美学》，北京大学出版社1992年版。
12. 张世英：《天人之际——中西哲学的困惑与选择》，人民出版社1995年版。

13. 蒙培元：《心灵超越与境界》，人民出版社1998年版。

14. 张汝伦：《思考与批判》，上海三联书店1999年版。

15. 张志伟：《西方哲学问题研究》，中国人民大学出版社1999年版。

16. 叶秀山：《思、史、诗——现象学和存在哲学研究》，人民出版社1999年版。

17. 杨耕：《马克思主义哲学研究》，中国人民大学出版社2000年版。

18. 夏甄陶：《人是什么》，商务印书馆2000年版。

19. 洪汉鼎：《理解的真理——解读伽达默尔〈真理与方法〉》，山东人民出版社，2001年版。

20. 刘放桐：《马克思主义与西方哲学的现当代走向》，人民出版社2001年版。

21. 张世英：《哲学导论》，北京大学出版社2002年版。

22. 张志伟：《西方哲学史》，中国人民大学出版社2002年版。

23. 卢世林：《美与人性教育——席勒美学思想研究》，人民出版社2009年版。

24. 张之沧：《科学哲学导论》，人民出版社2004年版。

25. 康渝生：《马克思主义哲学的人学致思里路》，社会科学文献出版社2004年版。

26. 陈小鸿：《论人的自由全面发展》，人民出版社2004年版。

27. 韩庆祥，亢安毅：《马克思开辟的道路——人的全面发展研究》，人民出版社2005年版。

28. 曾永成：《回归实践论人类学——马克思主义文艺学新解读》，人民出版社2005年版。

29. 张庆熊：《二十世纪英美哲学》，人民出版社2005年版。

30. 李景源：《新中国哲学研究50年》，人民出版社2005年版。

31. 李文阁：《生活价值论》，云南人民出版社2005年版。

32. 叶启绩：《马克思主义人学视域中的现代人生问题》，人民出版社2006年版。

33. 郭湛：《关于文化与非文化的断想》，人民出版社2006年版。

34. 吴晓明：《形而上学的没落——马克思与费尔巴哈关系的当代解读》，人民出版社2006年版。

35. 李大兴：《超越——从思辨人学到实证人学》，人民出版社2006年版。

36. 张玉能：《新实践美学论》，人民出版社2007年版。

37. 俞吾金：《问题域转换——对马克思和黑格尔关系的当代理解》，人民出版社2007年版。

38. 邹广文：《当代文化哲学》，人民出版社2007年版。

39. 陈修斋：《欧洲哲学史上的经验主义和理性主义》，人民出版社2007年版。

40. 杨楹：《马克思生活哲学引论——生活世界的哲学审视》，人民出版社2008年版。

后 记

哲学是无用之用，有益于反思人生、检视灵魂。毕竟，漫无目的的生活就像出海航行而没有航标一样，遭遇困局是迟早的事。哲学操作并非文字游戏而是对一种精神的操作，是思者从事精神生产的智力劳作。笔者在教研闲暇时所闪现的智慧火种，只是一些非常稚嫩的"小见识"，很多方面都说不上成功。但若只是萌动于心头而不公开于世，久而久之就会被忽略了，废弃学思会使人心智生锈。基于此，就信心满满地开始了自己的探寻。本书就是一年多来不断探寻与分析的结果。究竟有否及有何价值，我且不讲，特留待读者您阅而评之、斧而正之。

全书除"引论""附录"外共分上下两篇、各十章，主要探讨了马克思主义哲学大众化的现代视域与践行路径问题，对于讲授"马克思主义哲学大众化专题研究"这门研究生课程和从事专门的问题研究将不无裨益。在学习探索中，吸收了学界同仁对这些问题的真知灼见，这里一并表示感谢。本人才疏学浅且行文匆匆，定有不少纰漏，诚望学术同仁不吝施教。

朱荣英

2018 年 5 月 31 日于河南大学 22 号家属院